专利权纠纷行政裁决研究

ZHUANLIQUAN
JIUFEN XINGZHENG
CAIJUE YANJIU

石鹏飞◎著

中国政法大学出版社

2023·北京

声　　明　1. 版权所有，侵权必究。
　　　　　2. 如有缺页、倒装问题，由出版社负责退换。

图书在版编目（CIP）数据

专利权纠纷行政裁决研究/石鹏飞著. —北京：中国政法大学出版社，2023.11
ISBN 978-7-5764-1196-6

Ⅰ.①专… Ⅱ.①石… Ⅲ.①专利权－民事纠纷－裁定－研究 Ⅳ.①D923.424

中国国家版本馆CIP数据核字(2023)第219710号

出　版　者	中国政法大学出版社	
地　　　址	北京市海淀区西土城路25号	
邮　　　箱	fadapress@163.com	
网　　　址	http://www.cuplpress.com（网络实名：中国政法大学出版社）	
电　　　话	010-58908435（第一编辑部）58908334（邮购部）	
承　　　印	固安华明印业有限公司	
开　　　本	880mm×1230mm　1/32	
印　　　张	10.875	
字　　　数	262千字	
版　　　次	2023年11月第1版	
印　　　次	2023年11月第1次印刷	
定　　　价	56.00元	

序 言

专利具有创新性、实用性、时间性,是人们用宝贵的时间潜心钻研、不断试错而创制出来的智力成果!专利虽然是科学成果,但是它的诞生与生存却超越了科学活动本身,是一项复杂的社会活动:既需要人的深度、睿智、敏捷的思考,也需要耗费大量的时间经过反复、大胆的尝试,才可能终有所成!经历了漫长的时间等待,又要在尽可能短暂的时间内完成成果转化,专利的这些特质本身就是一场与时间的"赛跑"!

专利是宝贵的,为专利所创设的一系列保护制度也同样重要!在中国政法大学攻读博士期间,我将研究兴趣投放到专利权的法律保护领域。2008 年,《中华人民共和国专利法》进行了第 3 次修正。该次修正,"行政裁决"作为一种纠纷化解方式首次在该法中出现。时光荏苒,一晃到了 2020 年,该法又迎来了第 4 次修正。"行政裁决"的相关制度设计从初步建立到不断完善。这期间,我先是在高校攻读博士、任教,后入职甘肃省高级人民法院从事行政审判、理论研究工作,经过 8 年司法实践的历练,又回到高校任教。不管是从事理论研究,还是司法实务工作,我一直保持着学习与钻研的习惯,对专利权相关法律制度,尤其是保护制度的研究更是孜孜以求、乐此不疲!

"科学来不得半点虚假,只有研究真问题、做真学问,才能实现高水平科技自立自强。"习近平总书记认为:"欲致其高,必丰其基。打好地基，关键在人。"他指出："中国式现代化关键在科技现代化……加强基础研究，归根结底要靠高水平人才……要学习科技知识、发扬科学精神，主动靠前为科技工作者排忧解难、松绑减负、加油鼓劲，把党中央关于科技创新的一系列战略部署落到实处。"[1] 本书是我多年专注于专利权相关法律制度学习与研究的部分成果。专利权的行政执法保护与司法保护为专利营造了安全的外在环境，其中的行政裁决是一种特殊的、兼有行政与司法特质的制度，受到国家的重视。《国家知识产权局办公室关于开展专利侵权纠纷行政裁决示范建设工作的通知》（国知办发保字〔2019〕40号）将行政裁决界定为"行政机关根据当事人申请，根据法律法规授权，居中对与行政管理活动密切相关的民事纠纷进行裁处的行为"，认为"行政裁决作为多元化纠纷解决的重要方式，具有效率高、成本低、专业性强、程序简便的优势，有利于促进矛盾纠纷的快速解决"。党中央、国务院高度重视行政裁决工作，把行政裁决作为完善矛盾纠纷多元化解机制的重要环节，作为促进社会和谐稳定的重要举措。中共中央办公厅、国务院办公厅印发的《关于完善矛盾纠纷多元化解机制的意见》规定"健全行政裁决制度，明确行政裁决的适用范围、裁决程序和救济途径，强化行政机关解决同行政管理活动密切相关的民事纠纷功能"。这一系列部署和要求为建立、健全行政裁决制度、加强行政裁决工作提供了重要指引。充分发挥行政裁决在化解专利权纠纷中的"分流阀"作用，切实维护社会稳定和谐，推进法治政府建设，优化营商环境，是新时期、新时代，在习近平法治思想指导下推进纠纷化解多元化机制的形成的必然选择。

---

[1] 习近平：《加强基础研究实现高水平科技自立自强》，载《求是》2023年第15期。

在多元化纠纷解决机制中的各种方式，各有优缺点。最适合当事人自己的，最能体现当事人意愿的，或者最符合当事人个人利益的，对当事人来说往往就是最好的选择。当然，由于当事人双方立场的不同，角度的不同，往往难以在选择纠纷解决方式上取得一致，这是由双方的不同利益决定的，也是由不同的纠纷解决方式各自的优势与缺点所决定的。对于一方当事人最好的解决方式，对于相对方来说往往可能是相反的情形，如果任由双方当事人自由地发挥自己的程序选择自由权，那么，结果很难达成一致。对于纠纷双方的当事人来说，没有法律规制的自由所带来的，往往是一个苦果。基于这种无序状态给纠纷的当事人，尤其是权利受侵害方所带来的损失，国家有责任利用合法、合理的渠道，不断完善、充实纠纷解决的规则，以满足当事人解决纠纷的需要。正是出于为专利权纠纷解决提供优质的公共服务的动机，行政机关的专业性与权威性更需要发挥出来，也就是"正义的实现，离不开一套完善的行政纠纷解决制度体系。在构建和谐社会的进程中，当务之急是要建立一套内容完整、相互配合、公正高效、权威性强的行政纠纷解决制度体系，及时有效地化解各类行政纠纷，达至官民和谐，实现社会正义。"[1]

沟通是纠纷解决中最为便捷与有效的方式之一。"纠纷解决最有效的方式应如打隧道一样，必须从两端对向推进才最有效率"，也就是在当事人之间展开不断的沟通，裁决者与当事人之间不断沟通，最后达成一致。不管何种纠纷解决方式，最有效的方式应该是能够充分调动参与人的积极性，打开当事人信息沟通渠道，在信息对称的情形下达成一致，才更加有效与公正。在行政裁决环节，裁

---

[1] 应松年：《构建行政纠纷解决制度体系》，载《国家行政学院学报》2007年第3期。

决者与当事人之间，以及当事人之间沟通的方式更为简便，沟通的更为专业、更为有效。

"桃李不言，下自成蹊。"[1] 对于专利权人来说，能够在满足自己利益的同时，仍能造福于民、回报社会、增强国力是专利相关法律制度能够创造出的"制度红利"！对于一位学者来说，能够为多元化纠纷化解机制的形成奉献终生也是一种幸运、一种使命！是为序！

石鹏飞

2023年8月1日

---

[1] 西汉·司马迁：《史记·李将军列传》。

前言

信息时代不期而至，创新成为社会发展的动力源泉与时代进步的标志之一。专利本身具有多重价值，兼顾国家利益、社会公共利益和个人利益为一体。专利在为专利权人带来巨大经济利益的同时，也为国家的科学竞争力带来无限活力，进而推进国家经济、社会的发展。专利权在当下信息社会里更具有特殊的时代价值，其传播速度更快，并且经济社会的发展为专利价值的发挥创设了更为广阔的空间，使其以更为快捷的方式进行投资融资，使得专利技术可以迅速变为现实产品，产生更大的效益，并反馈于专利权人，同时，信息传播的扩散性、蔓延性决定了专利技术保护的难度也与日俱增。专利数量更是出现几何级增长，专利权纠纷也随之呈"井喷式"增加，对于专利权纠纷的解决方式，在纠纷化解的实践过程中也出现了诸多新问题，亟待解决。问题是开展研究的源泉。为积极应对专利增长，以及专利权纠纷呈现出各式各样、变化无穷的系列难题，"专利权纠纷行政裁决"便应运而生。"专利权纠纷行政裁决"是一种值得关注与研究的纠纷化解方式，该专题研究也因为专利权保护的特殊性、重要性与紧迫性而更富有现实意义。

专利权由发明创造等知识成果的所有权人或利益相关人向国家专利机关提出授予专利申请，由国家专利机关经过法定的程序予以审查与确认，批准为专利，并予以公示，专利得到国家与社会的认可的同时，专利权也得以产生，或者说专利权依附于专利。专利权纠纷也必然以国家对专利的确认为起点。尽管专利权纠纷与一般民事纠纷在解决方式上并没有太大的区别，但是纠纷解决的意义与侧重点仍有所不同。表现在：专利权纠纷涉及的专业背景、法律法规繁杂程度等都远远高于一般的民事纠纷。因而，专利权纠纷的解决对国家公权力（如法院、行政机关等公共权力部门）更有依赖性。国家公权力通过专利权纠纷的解决，一方面，可以为当事人提供解决纠纷的机会，使当事人之间被破坏的法律关系尽快得到恢复；另一方面，也是国家专利主管部门代表国家公权力实施的一种防止专利受到非法侵害的保护手段。

专利权纠纷的表现形式不一，也往往夹杂着其他性质的纠纷。根据我国现有法律法规对行政裁决的制度设计，能够进入行政裁决环节的专利权纠纷并不明确。

在本书行文之初，正值《中华人民共和国专利法》（2008年修正）颁布，关于行政裁决的界定与应用仍然处于摸索阶段，因而笔者围绕该法着重论述以下几个类型的行政裁决：其一，《中华人民共和国专利法》第46条、第47条规定的，"国务院专利行政部门对宣告专利权无效的请求"进行的"审查和作出决定"；其二，《中华人民共和国专利法》第62条规定的，对当事人强制许可费用争议"由国务院专利行政部门"进行的"裁决"；其三，《中华人民共和国专利法》第65条规定的，当事人之间就专利侵权纠纷"请求管理专利工作的部门"进行的"处理"等。

在专利法修改之后，即2018年3月，《国务院机构改革方案》中进一步改进了专利行政裁决机制，逐步完成从"管执一体"向"管执分离"发展。《国务院机构改革方案》将专利行政裁决方面的具体事项交由国家知识产权局负责，进一步明确其在专利行政裁决建设中的职责。2019年6月，中共中央办公厅和国务院办公厅印发《关于健全行政裁决制度加强行政裁决工作的意见》(以下简称《意见》)。

经历了12年之后,《中华人民共和国专利法》在2020年再次迎来重大修改,其中关于行政裁决的界定越来越成熟,关于行政裁决的应用越来越受到专利行政机关的重视,自然也日益受到当事人的青睐。伴随着专利法的修改,相应的行政裁决的内容也有较大的变化,体现在:其一,该法第20条规定的"滥用专利权,排除或者限制竞争,构成垄断行为的,依照《中华人民共和国反垄断法》处理",其中的"处理"实际上就是行政裁决;其二,在2008年修改的《中华人民共和国专利法》第47条、第48条规定的基础上,2020年修改后,该条取消了"专利复审委员会"的规定,代之以国务院专利行政机关进行"审查和决定",使得行政裁决的职权更加清晰,纠纷解决更为便捷;其三,该法修改后第62条,第63条的规定是在2008年修改的专利法第57条基础上的完善,"双方不能达成协议的,由国务院专利行政部门裁决";其四,2008年修改的专利法第60条的规定,在2020年修改后变更为专利法第70条,进一步明确行使行政职权的主体只能是国家专利行政机关或地方专利行政机关,而不是"专利复审委员会",虽仍然命名为"处理",但当下对此的界定已没有太大争议,即是一种行政裁决,可以提起行政诉讼;其五,2020年修改的专利法第76条规定了"药品上市许可申请人与有关专利权人或者利害关系人也可以就申请注册的药品相关的专利权纠纷,向国务院专利行政部门请求行政裁决"。这些规定日趋专业化,复杂化,涉及领域越来越广,急需要解决的问题也不断增多。整体来说,经过2020年的修改,专利权纠纷行政裁决在立法上不断取得历史性突破。

一项法律制度能否得到良好的运行,首要因素在于市场的需求,即其生态土壤如何;其次,该制度的设计,尤其是与相关制度的衔接设计要非常合理;最后,有相应的立法支持,也就是制度的架构。对于专利权纠纷行政裁决而言,除了有市场需求、明确的法律规定支持之外,最直接的决定因素,还是行政裁决机关(专利管理部门)所提供的公共服务的质量和水平。行政裁决机关(专利管理部门)对专利权纠纷所主持的行政裁决的公信力基准除了有专业与经验优势之外,最关键的是有一套较为令人信得过的程序,所得出的判断具有专业性、公正性、便捷性。习近平总书记常说:"金杯银杯,不如老百姓的口碑。"专利权人自己将根据我国目前的法治状况所能够提供的纠纷化解方式,做出理性的选择。专利管理行政机关不断完善专利权纠纷行政裁决自身程序的建设,不仅可以惠及当事人,也必将有利于国家专利政策的落实与相关法律制度的日益健全完善。

中国的专利权纠纷行政裁决尽管是一国的内部管理行为,但是由于专利可以跨越国界,也必须信守国际条约中的承诺,因而专利法规兼有国际法与国内法的属性,或二者具有一定的融合性。英国、美国、墨西哥等国对专利权纠纷的解决方式各具特色,为中国对专利权行政裁决制度进行进一步的改革提供了有益的参考。专利权纠纷的行政裁决并非是中国的独创,有许多国家对专利的保护,或对专利权纠纷的解决采取的是"双轨制"模式,即兼有司法解决与专利主管部门等行政组织主持的行政裁决方式,只不过在表现形式、侧重点等方面有所不同。

纠纷的多元化解,不仅仅丰富了当事人选择纠纷化解方式与途径的多元性与多样性,更重要的是由此拓展了纠纷化解的思路与方法。实践中,专利权纠纷的当事人选择行政裁决,并不等于放弃其他纠纷解决方式,而是在行政裁决过程中,尽可能实现自己的诉求。在纠纷化解多元背景下,专利权纠纷的各种解决方式之间不仅不应排斥,还应有效地结合成一个完整的体系,为尽快实现"定分止争"创设机会。因而,各种纠纷解决方式之间的"衔接机制"是纠纷多元化解机制中的"黏合剂",也是促进纠纷多元化解机制不断走向良性循环的"催化剂"。本书关于专利权纠纷行政裁决过程中的"衔接——与其他解纷方式的协作与配合"的探讨,力求在整个纠纷处理系统上建构一种合法合规、高效便捷、合情合理的纠纷解决机制,为当事人提供更加优良的公共服务,同时对于国家治理层面对于专利制度的改进创设更加切实可行的制度设计,为多元化纠纷化解机制的日臻完善提供范本。

目录

引　言 ··· 1
  一、问题的缘起 ··· 1
  二、研究意义 ··· 8
  三、研究现状 ·· 16
  四、研究内容 ·· 17
  五、研究方法 ·· 20

第一章　专利权纠纷行政裁决的基础理论 ············· 23
  一、专利权纠纷行政裁决的概念界定 ············· 24
  二、专利权纠纷行政裁决的本质属性 ············· 47
  三、专利权纠纷行政裁决的构成要件 ············· 65

第二章　专利权纠纷行政裁决相关立法与实践 ······· 79
  一、专利权纠纷行政裁决的域外考察 ············· 80
  二、我国行政裁决制度的立法现状 ················ 100
  三、我国专利权纠纷行政裁决制度的演进 ······ 122
  四、我国专利权纠纷行政裁决制度存在的问题分析 ······· 134

第三章　专利权纠纷行政裁决的效能分析 ················ 146
　一、专利权纠纷解决的特殊性 ······················· 147
　二、专利权纠纷当事人选择行政裁决的动因考察 ········· 154
　三、专利权纠纷解决方式与国家对于专利的治理有着
　　　直接的关系 ································· 158
　四、选择专利权纠纷行政裁决 ······················· 161

第四章　专利权纠纷行政裁决的程序 ··················· 170
　一、行政裁决程序与行政程序、正当法律程序的比较 ····· 172
　二、专利权纠纷行政裁决程序存在的现状 ··············· 176
　三、专利权纠纷行政裁决程序的特殊价值 ··············· 180
　四、专利权纠纷行政裁决的基本制度 ··················· 184
　五、专利权纠纷行政裁决的步骤 ······················· 198

第五章　创设多元化纠纷化解机制 ····················· 220
　一、创设多元化纠纷解决机制的时代背景 ··············· 220
　二、创设多元化纠纷解决机制的价值追求 ··············· 222
　三、创设多元化纠纷解决机制与人民法院审判体系的
　　　协调 ······································· 223

第六章　专利权纠纷行政裁决与其他解纷方式的"衔接" ····· 229
　一、专利权纠纷行政裁决"衔接"的效能分析 ············ 230
　二、专利权纠纷行政裁决与其他纠纷解决途径之间的
　　　"衔接点" ··································· 234
　三、从协商到行政裁决（即行政裁决前的协商环节）····· 238
　四、专利权纠纷的当事人调解失败后，选择行政裁决

（即行政裁决前的调解环节）…………………… 245
    五、行政裁决与行政复议的"衔接"…………………… 258
    六、行政裁决后与诉讼程序的"衔接"…………………… 269

第七章 专利权纠纷行政裁决的进一步完善…………… 287
    一、信守国际条约，追求公开、公平、公正 …………… 288
    二、专利权纠纷行政裁决融入行政法治进程 ………… 296
    三、专利权纠纷行政裁决助推国家综合治理能力与水平的
        提高 ………………………………………………… 304

结　论 ……………………………………………………… 311

参考文献 …………………………………………………… 316

后　记 ……………………………………………………… 330

引 言

一、问题的缘起

创新时代,研发能力成为国与国之间、地区与地区之间竞争的核心问题。研发能力是由一定机制造就的,所谓"十年树木,百年树人",研发能力不可能一蹴而就,不可能靠"临时抱佛脚"侥幸获得,而是需要多方位、多方面的坚持不懈的努力,进而营造出一种人才辈出,从竞相发挥自己的聪明才智、智力成果得到重视与进一步研发,创造智力成果的人也得到相应尊重的氛围。在这种朝气蓬勃、人才辈出的氛围里,人才的优势自然就成为竞争的优势!人才的争夺也即意味着对人才创新能力的苦苦追求。人才之所以成为人才,不是自封的,也不是靠评估机制评审出来的,而是这些人确实能够引领社会前进的方向,一直在为国家社会做着自己的贡献,即使一时不被认可,仍然会笃定前行,正是一批批真才实学的饱学之士创造了和创造着日益强大美丽幸福的中国。虽然人才应当受到足够的重视,但是,如何判断人才?确定人才的标准是什么?实际上,社会的文明程度决定了人才被重视的程度。现实是,人才未必总是受到重视,甚至在一定时期会受到不同程度的歧视,其科研成果也可能会遇到不公的待遇,但是,一个充满活力、文明上进的社会,一定会对人才充满爱心与包容。在权利社会,对个体权利的尊重彰显着一个国家的文明程度,无论法治如何进步,如果还是要先把人分出人才与普通人来进行不同的尊重,也就意味着区分本身就将存在着公平、公正、公开的问题,以及人才如何展示自我的问题,也就意味着差别对待可能出现新的不公正问题。这也说明,真正的人才保护必然是从尊重每一个人的人格开始的,而绝不可能是从区分出人才与否开始的。罗伯特·C.埃克森认为:"如果立法者对那些促成非正式合作的社会条件缺乏眼力,他们就可能造就一个法律更多但秩序更少的世界。"[1]把每一个人都当人才是一种尊重,虽然有难度,却是最大程度保护智力成果,最大程度保护人才的最有效的方式,这是社会能够给予每一位有思考能力、积极回报社会的人的最大鼓励。创新时代,智力成果如雨后春笋般涌现将给社会带来无限的生机与活力!

智力成果是人才的"命根子"。人才之所以能够不断涌现,关键在于国家与社会对人才的尊重与保护。对创新的渴望,对人才的求贤若渴,能够营造起人才孵化的优越环境,不断创设人才辈出、科技成果不断涌现的大好局面。对人才的尊重与保护,一个最为重要的指标就是对其智力成果的尊重与保护。实际上,对于人才来说,除了父母赋予的自然生命,还有一个科学生命,那就是研发能力,不断将自己的思考、思维与现实相对接,产生出一系列思维方法与科学产品,这些是人才的使命,更是其第二生命。无论是人才的天然生命,还是其科学生命,国家与社会都会倾力保护。"专利权纠纷行政裁决"命题的提出,也正是基于这样的背景。专利制度是国家对重要研发成果进行保护的一种方式。专利权则意味着,专利不仅是科技,也不仅与经济利益相关,还涉及一系列重要的权

---

[1] [美]罗伯特·C.埃里克森:《无需法律的秩序——邻人如何解决纠纷》,苏力译,中国政法大学出版社2003年版,第286页。

利。法治社会下，权利的存在，也不可避免产生权利的纠纷。有纠纷并不意味着社会的倒退，更不是社会落后的表现，关键在于面对纠纷的态度，以及处理纠纷的方式是否公正与公平，这才体现了整个社会的法治状况与文明程度。

"专利权纠纷行政裁决"蕴涵着这样几层意思：首先，这是一个关于专利与专利权的话题。在这个层面阐明什么是专利，专利的本质特征；什么是专利权，专利权与专利的关系，专利权的本质属性等。其次，这不仅是一个专利权纠纷解决的问题，而且对专利权纠纷解决的同时还潜藏着专利权保护的话题，也就是专利权纠纷的解决不仅仅是当事人的事情，它同时体现着国家的专利保护状况，还与国家的专利战略、政策，专利法规等息息相关。最后，问题的落脚点在纠纷的解决方式——行政裁决制度上，由于行政裁决是由专利管理部门代表国家公权力，对专利权纠纷的当事人之间的法律关系（主要是民事关系，但又有其他性质的法律关系）做出的权威裁断，具有公信力与执行力，这也同时潜藏着一个专利权国家保护的问题。

专利在任何国家都会受到重视与保护，专利甚至成为知识经济时代国际竞争的重要标志。按照国际条约的相关规定，申请专利也可以跨越国界的限制，但是各国的专利保护制度至今并没有达成一致。在目前的情况下，世界各国对专利保护主要采取两种方式：一种是专利的行政执法保护，另一种是专利司法诉讼保护。按照TRIPS协议第62条第5款的规定：任何程序作出的终局行政决定，均应接受司法或准司法当局的审查。也就是说，不管对专利采用怎样的保护制度，都应有司法审查作为最终的保护与救济途径，才可以最终确保正义的实现。TRIPS协议并不排斥专利的其他保护方式，尤其是对国家行政权力介入专利保护持肯定态度，这既是对传统专利保护制度的尊重,也是对行政权力对专利进行行政保护的效果与效率的认可。

专利保护的强弱尽管与国家的经济发展状况相关,但并不完全由其经济状况所决定。实际上,专利保护的效果往往能够在一定程度上影响到国家的经济发展与国民生活水平的提高。专利与国家经济发展的关系极其紧密,一个小小的专利就可以引发"蝴蝶效应";一项专利权的保护,将波及其他专利权人的信心,也会最终影响国家的竞争力。

一直以来,马克思关于"经济基础决定上层建筑"的著名论断早已深入人心。作为国家法律体系中(上层建筑的重要体现)的一个并不太引人瞩目的专利保护制度,其对经济发展的影响力之大,似乎成了这个传统理论的一个特例。然而事实上,专利首先是一种物质(发明创造等有价值的东西),可能是有体物,也可能是无体物,但能够产生价值是其本质属性。在这个意义上,专利本身就是"经济基础"中的一个重要元素,专利保护制度具有相对的独立性,且能够影响到专利的存在与发展,甚至对"经济基础"产生反作用,这恰恰是马克思经典论述的一部分。

我国自2001年加入WTO后,按照国际条约的要求,专利法规也做了相应的修正。目前,我国采用的是专利行政执法保护与司法诉讼保护并行的"双轨制"模式。这种模式并非是中国的独创。即便在发达国家,这两种模式基本上都存在,只不过表现形式、侧重点等有所不同。如英国的专利权保护有专门的行政裁判所,也有普通的法院进行司法审查,不过,英国更倾向于专利的司法保护,即使是专利行政裁判所进行的专利纠纷解决,其运作方式也更像是一个准司法机构。美国与英国的专利保护有相似的地方,但是,美国存在很多专利的社会化保护方式,即社会性组织的存在——被称为

"第四权",用来解决专利权纠纷,同时起到有效的保护。墨西哥授予专利管理部门极大的行政裁决权与行政调解权,倾向于专利的行政保护,司法保护相对而言只是一种最后的救济方式,即司法最终救济,这也是专利国际条约的要求。

《中华人民共和国专利法》自 2008 年修改以来,专利权纠纷的司法(诉讼)解决案件呈逐年上升趋势。与令人日益担忧的"诉讼爆炸"相比,专利权纠纷诉讼的增速超过其他领域,并大有赶超的趋向。加上一些企业或个人试图通过专利诉讼拖垮、打击竞争对手,乐此不疲地提起专利诉讼,而所针对的企业或个人则是被动地疲于应付,不得不付出高昂的代价,经营更是苦不堪言,同时,也枉费了大量的司法资源。与专利诉讼呈几何级增长相比,专利权纠纷的行政裁决却是意外的门庭冷落,不仅没有增加,还出现了萎缩,并且多数以行政调解的形式结案。以 2010 年为例,全国法院一审受理的专利案件为 5785 件,其中大多为专利侵权案件,远远高于同期专利行政部门受理的案件。[1] 国内关于专利权的纠纷解决出现了"旱涝不均"的局面:一方面,法院的审理资源紧张,不堪重负;另一方面,行政裁决的优势不仅得不到发挥,还出现了资源闲置的局面,在一定程度上造成人、财、物的浪费。

专利权纠纷的行政裁决是专利行政执法保护的一项重要内容。不断完善专利权纠纷的行政裁决机制,有助于提高国家对专利的行政保护水平。从当事人的角度来说,利益,或者争取尽可能大的利益是其参与纠纷解决过程中首要考虑的问题。利益是当事人选择何种纠纷解决方式的根本动力。日本学者棚濑孝雄指出:"无论审判能怎样完美地实现正义,如果付出的代价过于昂贵,则人们往往

---

[1] 参见《二〇一〇年中国知识产权保护状况》,载国家知识产权战略网,http://www.nipso.cn/onews.asp?id=11394,最后访问日期:2023 年 1 月 20 日。

只能放弃通过审判来实现正义的希望。"[1] 与法院进行的专利诉讼相比,通过专利行政部门裁决的专利权纠纷费用开支总的来说相对较小。许多省份的专利管理部门在进行行政裁决时,基本上不收费,即使收费也不会超过 300 元。行政裁决所需的费用大大低于司法诉讼过程的费用。如浙江省专利管理部门在进行行政裁决时不收取费用,当事人只需要提出申请就可以进入到行政裁决程序。北京、上海等地,收取的行政裁决费也不超过 300 元。考虑到在诉讼环节请律师、代理、应诉与举证等所花费的人力、财力与时间成本,专利权纠纷的行政裁决途径要节省许多。

专利权纠纷行政裁决没有引起当事人太多关注或缺少吸引力的原因很多,但主要的原因还是因为专利权纠纷行政裁决与公众,尤其是与当事人之间的心理距离较远,缺少必要的沟通与信任,也就缺少认同感。与法院的裁判相比较而言,公众对行政裁决的公信力有一定的怀疑与不信任。许多民众,尤其是当事人由于缺乏相应的法律知识与实践,加上行政裁决机关疏于与当事人沟通,尤其是现有制度设计有偏差,使得行政裁决机关缺少进行裁决活动的热情,导致产生一种认识误区:认为法院的裁决客观公正、无懈可击,而行政裁决却有角色混乱、公信力不足之嫌。事实上,司法实践告诉我们,法官断案也不是什么绝对公正的神话,与行政裁决一样,也是由多种因素综合作用所得出的结论。韦伯曾经形象地描述了法官断案的常态:"现代的法官是自动售货机,投进去的是诉状和诉讼费,吐出来的是判决和从法典上抄下来的理由。"[2] 弗兰克更是深

---

[1] 参见[日]棚濑孝雄:《纠纷的解决与审判制度》,王亚新译,中国政法大学出版社 1994 年版,第 266 页。
[2] [美]刘易斯·A. 科瑟:《社会学思想名家》,石人译,中国社会科学出版社 1990 年版,第 253 页。

入到人的内心,从心理学角度分析人们对裁判客观性的幻想。弗兰克提出了司法裁判的"神话公式"和"现实公式"。"神话公式"是:R(rule,法律规则)×F(fact,案件事实)=D(decision,判决)。而"现实公式"为:S(stimulus,法官受到的刺激)×P(personality,法官的个性)=D(decision,判决)。很明显,法官断案过程在理想与现实之间仍有着不小的差距。一向被公认为真理的与被法官断案视为圭臬的"三段论"也并非无懈可击,更不可能"行之四海而皆准"。弗兰克认为理想的三段论推理是虚假和虚伪的,在裁判过程中,法官的直觉、个性才是主导裁判的主要因素。[1] 弗兰克的质疑是以客观的考察为基础的,具有一定的说服力。弗兰克的理性思考方式,以及独特的研究视角,都有一种令人耳目一新、豁然开朗的感觉。出于对传统诉讼解决方式的反思,也为构建和谐社会而构筑和谐司法的需要,我国法院系统越来越倾向于以调解、和解的方式结案。这个趋向也说明,假如用调解或和解方式结案,专利管理部门更有进行调解的便利与专业优势,至少在经验上不逊于法官主持的调解;假如鼓励当事人之间进行协商与沟通,激励当事人积极参与纠纷解决过程,那么,在行政裁决过程中,由于有相应的行政职权优势,行政裁决部门更有亲和力与说服力来引导当事人积极化解纷争;即使法院裁判是最客观公正的,法院裁判也不可能将多元的纠纷解决机制冲垮,相反,多元纠纷解决方式不仅一直存在,且大行其道,日益受到纠纷当事人的推崇与青睐。我们不应怀疑法院在国家法律体系中的重要作用,但也必须理性地看待法院解决纠纷的价值与功能:法院的公正裁判,是国家正义的最后一道屏障,而不是第一道屏障,更不是唯一的屏障!

---

〔1〕 Jerome Frank, *Law and Modern Mind*, New York: Tudor Publishing Co. 1936, p. 120.

专利权纠纷的当事人是纠纷解决的发起者，假定每一位提起案件解决申请的当事人都是理性的，可以做出最有利于自己的判断，那么在现有法律体系下，他们的理性选择就形成了一种纠纷解决的市场需求。选择什么样的产品或服务完全是申请人出于多方面的考虑与权衡后的理性选择，而绝不应是强制性的、别无他途的无奈之举。因此，纠纷解决机构能够提供怎样的服务，服务的质量与水平决定了纠纷解决方式的走向。不容否认，当事人的理性选择也必然受到现实情况、法律条件的制约，也会出现与当事人理性选择相背离的扭曲现象，甚至这种现象反而可能会成为一种生活常态，而当事人本来希望通过纠纷解决所达到的目标却成了一种难得一见的憧憬，或化为泡影。在专利权纠纷的解决上就面临着这样的局面。基于现实的考量，努力厘清专利权纠纷行政裁决存在的困境，展开研究的最终目的，在于为专利权纠纷的当事人提供一种较为便捷、有效的纠纷解决方式，为国内专利的层出不穷创造良好的生存空间。

二、研究意义

通过对专利权纠纷行政裁决的研究，可以实现以下目标：

（一）有助于充分发挥专利行政职权部门解决专利权纠纷的能力

学界关于专利本质属性的论述意见不一。但是，不管专利的本质属性是私权，还是公权，专利从被"冠名"（专利认可）到被"除名"（期限完结或被取消）的生命周期里始终对国家的公权力有着一种天然的依赖性。专利有两个不可或缺的要素：一个是客观要素，或叫物的要素，也就是发明创造本身是否具有价值（如新颖性、创造性与实用性等），否则，权利就失去了依附物，失去了受保护的意义；另一个是主观要素，或叫精神要素（也可称之为心理要素），也就是经过国家专利审核部门的审批程序，被公开认可

(即使涉及国家机密,也应按照相应的保密程序进行确认)后所获得的法律保护。可见,专利的存在与国家的专利制度息息相关。专利权并不仅仅是拥有发明创造的一种权利,它同时依赖于国家的专利确认与保护程序。

专利本身的价值,具有期待性与不可估量性,因而,对于专利的争夺,也自然会产生一系列不和谐的因素。"天下熙熙,皆为利来;天下攘攘,皆为利往。"[1] 纠纷(disputes)是人类社会的普遍现象,是社会关系中不可避免,也最能引起社会关系发生变化的一种元素。专利权与专利权纠纷恰是一对孪生兄弟,有专利权,就必然有专利权纠纷的产生。反过来,专利权纠纷存在的前提是专利权的存在。没有专利权就无所谓专利权纠纷。纠纷产生与否,不是一个国家法治状况的体现,能否及时有效地化解纠纷却最能反映一个国家的法治状况。也就是贝勒斯所阐述的:"解决纠纷是全部法律的目的之一。与纯科学不同,法律的目的并不在于发现真相,并不在于发现全部真相,并不纯粹在于发现真相。这不但代价过高,而且往往与解决争执的目的不沾边。"[2] 关注问题本身,着力解决纠纷是我们研究的目的,也是法律适用的目的。

专利权纠纷不同于其他纠纷的地方,首先在于其专业性与复杂性,其次在于其时限性,还有易于泄密,又难于按照普通物寻求证据那样的可视性,因而结果更加难以预料,从而带来一定的不确定性。专利权纠纷所影响的不仅仅是当事人,而且会对社会产生一定的影响。这些特点决定了专利权纠纷解决方式对公权力的依赖性。

---

[1] 该句最早出自先秦的《六韬引谚》中。后在西汉著名史学家、文学家司马迁《史记》的第一百二十九章"货殖列传"出现并流传。

[2] [美]迈克尔·D·贝勒斯:《法律的原则——一个规范的分析》,张文显等译,中国大百科全书出版社1996年版,第22~23页。

不管是专利权纠纷的自力解决方式，还是社会解决方式，都遇到了极大的技术瓶颈与程序保障的缺失，不仅公正难以实现，而且很难得出相应的结论。

在实践中，能够有效发挥解决纠纷的最有公信力的解决方式是仰仗于人民法院的诉讼程序。但是，凡事都有一个限度，一个过分追求公平、公开、公正的纠纷解决程序，所付出的成本与其他方式相比，也必然是高昂的。韦德在对英美诉讼模式解决纠纷认真考察与思索之后，提出了纠纷解决过程的成本核算与效果权衡原则："众所周知，法院的法律程序是琐碎、缓慢、费用高昂的。但它的缺陷也正是其优点，因为法院的任务是实现高标准的公正。一般而言，公众总是想要尽可能获得最好的产品，并准备为此付出最小的代价，这是一种理性的选择。但在处理社会事务当中，即行政管理中，目标就不同了。这个目标并不是不惜任何代价以获得最好的结果。为了节省社会和当事人的开支，应当使争议得到迅速和经济的处理。"[1] 这个理由，恰好是专利权纠纷行政裁决方式的理论基础之一。"迅速和经济的处理纠纷"也是专利权纠纷行政裁决方式的努力方向。

司法权中人民法院的关键性权力存在于对争议的"最后决定权"，而非"第一手发言权"。除了人民法院的诉讼程序之外，能够代表公权力，且具有一定的公信力与权威性的纠纷解决方式就是行政机关参与的，或者说是行政机关主导的行政解决纠纷方式。行政裁决，就是其中运用极广，而又富有成效的方式。与法院相比，行政机关往往可以利用自己行使行政职权的便利与经验，及时参与、引导专利权纠纷的解决，完全有解决专利权纠纷的"第一手发

---

[1] [英]威廉·韦德:《行政法》，徐炳等译，中国大百科全书出版社1997年版，第621页。

言权"资格。作者的研究就是要着重探讨专利权纠纷行政裁决的效果。在对现有行政裁决制度进行考察的基础上,通过对域外制度的比较,力争不断完善专利权纠纷的行政裁决程序,充分发挥专利管理机构解决专利权纠纷的能力。

(二) 有利于发挥当事人解决专利权纠纷的主导性与合意性

沟通是文明社会的标志之一。沟通也是纠纷解决的最为便捷的方式之一。纠纷解决最有效的方式应如打隧道一样,必须从两端对向推进才最有效率,也就是在当事人之间展开不断的沟通,裁决者与当事人之间不断沟通,最后达成一致。不管何种纠纷解决方式,最有效的方式应该是能够充分调动参与人的积极性,打开当事人信息沟通渠道,在信息对称的情形下达成一致,才更加有效与公正。

专利权纠纷行政裁决是在法治文明社会下专利权人理性选择的结果,而不是也不可能是强权压制的产品。我们必须承认人的意志的相对自由性,肯定人的主观能动性,承认人在自由意志支配下的理性判断与自由选择权。在纠纷处理过程中,正当的法律程序应当建立在承认当事人意志的自由,尊重当事人意思自治的基础之上,允许当事人通过理性判断选择对其最为有利的解决方式,从而实现当事人利益的最大化。

纠纷的各种解决方式,并不存在优劣之分。最适合当事人自己的,最能体现当事人自己意愿的,或者最符合当事人个人利益的,对当事人来说往往就是最好的。当然,由于当事人双方立场的不同,角度的不同,往往难以在选择纠纷解决方式上取得一致,这是由双方的不同利益决定的,也是由不同的纠纷解决方式各自的优势与缺点所决定的。对于一方当事人最好的解决方式,对于相对方来说往往可能是相反的情形,如果任由双方当事人自由地发挥自己的程序选择自由权,那么,结果很难达成一致,甚至没有结果。双方一直在争执中消耗时间与财力，纠纷解决的成本也会无声无息地增长。对于纠纷双方的当事人来说，没有法律规制的自由所带来的，往往是一个苦果。纠纷发生对于权利被侵害方来说，已是一个不幸，在不知道下一步该如何的纠纷解决过程中煎熬，则又新添了一个不幸。基于这种无序状态给纠纷的当事人，尤其是权利受侵害方所带来的苦痛，国家有责任利用合法、合理的渠道，不断完善、充实纠纷解决的规则，以满足当事人解决纠纷的需要。

正是出于为专利权纠纷解决提供优质的公共服务的动机，行政机关的专业性与权威性更需要发挥出来，也就是"正义的实现，离不开一套完善的行政纠纷解决制度体系。在构建和谐社会的进程中，当务之急是要建立一套内容完整、相互配合、公正高效、权威性强的行政纠纷解决制度体系，及时有效地化解各类行政纠纷，达至官民和谐，实现社会正义。"〔1〕由于专利本身的国家属性，仅靠私力救济途径解决纠纷显然不足，国家政府有义务为专利的研发与使用创造高效有序的环境，也应当为专利权人提供充分有力的保护，通过公正高效解决纠纷，不断提升自己的治理能力与水平。

（三）为行政裁决的延续提供一个成功范例

采取什么样的方式来解决纠纷，既是基于制度设计，也是基于当事人的信任。信任本身就是一种经历，信任的建立往往需要付出一定的代价，往往既需要一定的实践予以试错，也需要一定的时间予以验证。"信任就是风险。"〔2〕任何制度得到社会与民众的认同都有一个过程。信任的建立也需要一定的理论与实践基础。甚至，信任也意味着一定程度的冒险。时下，不少学者对行政裁决制度的

---

〔1〕 应松年：《构建行政纠纷解决制度体系》，载《国家行政学院学报》2007年第3期。

〔2〕 韦斯特定理："信任就是风险。"由美国管理学家T. 韦斯特提出。

存在价值持怀疑态度。认为"任何人都不应做自己的法官",这是正当法律程序,也是自然正义的基本要求,而行政裁决主体既做管理者,又做裁判者,角色混乱,程序难有保障,实际效果也不尽如人意,理应取消。然而,将行政裁决制度当作法治革新的靶子或绊脚石,认为行政裁决制度是计划经济的产物、理应摒弃的思想,难免忽视了行政裁决制度本身的价值,以及对行政法治发展趋向的认知。

中国目前的法治状况决定了行政裁决制度存在的合理性。中国当下的行政法治是一种服务行政与给付行政的融合体。行政效能的发挥程度决定了行政主体的服务水平与质量,也决定了给付行政所能提供产品的多寡与质量的优劣。行政裁决是一种特别的行政行为,不管学者如何界定,它至少应包括这样几个内涵:其一,服务性。行政裁决存在本身不是为了扩展行政主体的职权,而是更便于为民服务,为当事人纠纷的解决提供更多的机会与便利。其二,专业性。行政裁决过程更有利于发挥出行政效能,原因就在于,行政主体可以充分利用自己熟悉的管理经验、专业背景,用专业的眼光审视纠纷,得出更加切合实际的结论,更能说服当事人,促进双方沟通而不是简单的对抗,因而更能体现实质正义。其三,时效性。法谚云:"迟来的正义是非正义。"不仅仅如此,专利权存在本身就是一种与时间赛跑的设计。旷日长久的纠纷解决过程极有可能使争取到的胜利毫无价值,因为特定的时间段过后,专利就会如同菜市场的新鲜蔬菜在早市与晚市的价格大相径庭一样,失去其原有的价值。这也是当事人选择专利权纠纷行政裁决的一大动因。

在探讨专利权纠纷解决路径的过程中,行政裁决这种方式是否适合,或者说能否在专利权纠纷的多元解决机制中立足,甚至扮演重要角色,仍然值得期待与论证。行政裁决作为一种行政职权部门利用自己的管理经验与公信力优势,为当事人提供解决纷争机会的服务手段,能否得到当事人的认可,能否有更合理的制度设计使得行政裁决不仅可以存在,而且可以与其他纠纷解决机制一起夯实和谐社会的地基?通过专利权纠纷行政裁决这样一个个案,将更有利于处理行政裁决发展中面对的实际困境。

(四)为专利权纠纷的当事人提供更有效的公共服务

专利权纠纷行政裁决制度设立的最终目的是为当事人提供较为有效的专利权保护,提供优质的与值得信赖的公共服务。纠纷解决的多元化是多元社会背景下,当事人理性选择的必然结果。纠纷解决方式的多元化是一种趋势。范愉教授认为:"人们这种多元化的需求是由利益和冲突的多元化、社会主体关系的多元化、价值观和文化传统的多元化以及纠纷解决手段的多元化决定的。"[1] 在法社会学研究方面,以前曾进行过将以审判程序为中心的利用法院的诉讼与否,来作为判定人们"法意识"和"权利意识"高低的标准的讨论,指出和解妨碍了"权利意识"的成长,并对民主主义的成熟度也是有影响的。[2] 如今,和解与调解等纠纷解决方式不仅不再是一种禁忌,而且在法院诉讼过程中,也积极鼓励当事人双方的和解,引导当事人之间的调解,不再像传统司法裁判那样坚持"客观的裁判",而是加入了不少"主观的权衡"。也正因为这样,兼有接近于法院裁判公信力,又有充分发挥双方当事人的沟通与协商优势的行政裁决方式,在解决专利权纠纷方面可以发挥出令当事人满意的效果。

---

[1] 范愉:《非诉讼程序(ADR)教程》,中国人民大学出版社2002年版,第10~16页。朱景文教授认为利益的计算也是影响多元化需求的因素。参见朱景文主编:《法社会学》,中国人民大学出版社2005年版,第192~194页。

[2] 参见[日]高见泽磨:《现代中国的纠纷与法》,何勤华、李秀清、曲阳译,法律出版社2003年版,第6页。

"定分止争",一直被公认为是人民法院的职责所在。在现实中,解决纠纷,营造和谐的社会氛围,并不仅仅是人民法院的职责,行政机关也应积极参与其中。最高人民法院在《关于建立健全诉讼与非诉讼相衔接的矛盾纠纷解决机制的若干意见》[1](以下简称《衔接意见》)中关于行政裁决权的规定主要涉及第1条和第8条。第1条概括性规定,在民事纠纷的解决中应当充分发挥行政机关的作用;第8条规定:"当事人不服行政机关对平等主体之间民事争议所作的调解、裁决或者其他处理,以对方当事人为被告就原争议向人民法院起诉的,由人民法院作为民事案件受理。法律或司法解释明确规定作为行政案件受理的,人民法院在对行政行为进行审查时,可对其中的民事争议一并审理,并在作出行政判决的同时,依法对当事人之间的民事争议一并作出民事判决"。《衔接意见》关于行政裁判权的规定,既赋予了行政主体解决民事纠纷的职权,又解除了行政机关的后顾之忧。《人民法院第三个五年改革纲要(2009-2013)》提出,要建立健全多元纠纷解决机制。按照"党委领导、政府支持、多方参与、司法推动"的多元纠纷解决机制的要求,配合有关部门大力发展替代性纠纷解决机制,扩大调解主体范围,完善调解机制,为人民群众提供更多可供选择的纠纷解决方式。党的十九届四中全会提出:"完善社会矛盾纠纷多元预防调处化解综合机制。"习近平总书记于2019年中央政法工作会议上提出要"把非诉讼纠纷解决机制挺在前面"。《法治中国建设规划(2020-2025年)》《法治政府建设实施纲要(2021-2025年)》《法治社会建设实施纲要(2020-2025年)》也分别提出对多元纠纷解决机制和行政裁决的相关部署和总体要求。2021年8月11日公布

---

[1] 最高人民法院2009年7月24日公布(法发〔2009〕45号)。

的《法治政府建设实施纲要（2021-2025年）》将行政裁决作为建设高效法治实施体系的重要内容，明确提出"有序推进行政裁决工作，发挥行政裁决化解民事纠纷的'分流阀'作用"。2021年中央全面深化改革委员会第十八次会议审议《关于加强诉源治理推动矛盾纠纷源头化解的意见》也提出了"加强矛盾纠纷源头预防、前端化解、关口把控，完善预防性法律制度，从源头上减少诉讼增量"的社会治理理念。纠纷化解趋向于多元，其实还是要发挥行政机关等专门机关的职权与能力，形成解决争议的整体合力。

基于此，本书将有助于专利管理机关能够充分发挥行政裁决职能，提高化解纠纷的满意度，不断提升公共服务的水平，以及综合治理能力等。

三、研究现状

在2012年3月4日登录时所查到的网络资料显示：以行政裁决为标题的论文有246篇；中文学位论文47篇（其中仅有一篇博士论文，[1] 其余46篇全部为硕士论文）。中文会议论文18篇。关于行政裁决制度的著作有4本。均没有查到关于专利权纠纷行政裁决的论文与著作。在时隔10年之后，即在2023年的1月14日，以上数据有了较大的变化，数据显示：以行政裁决为标题的论文3627篇；中文学位论文1920篇（其中博士论文269篇，硕士论文1649篇）。关于行政裁决制度的著作有10本。可以看出，行政裁决的研究越来越引起了国家的重视，也吸引了越来越多的学者参与研究，研究的问题也越来越深入，与2012年之前的研究背景相比，研究状况已经大有改观。但是很多问题仍然存在，且急需要解决，体

---

[1] 付士成：《当代中国行政裁决制度研究》，南开大学2007年博士学位论文。

现在：

第一，学界关于行政裁决的界定众说纷纭。学者们在行政裁决的概念表述、行为性质、行为客体、救济方式等诸多方面的观点不尽相同，直至目前，也未达成共识。

第二，行政裁决制度受到学界的质疑，该制度的"去"与"留"仍存在较大争议。

第三，专利权纠纷的行政解决方式，尤其是行政裁决的可操作性系仍需要深入研究。

第四，中国加入WTO后，根据相关承诺，对专利权纠纷的行政裁决做了较大幅度的修订，不仅仅是缩小了行政裁决的范围，而且行政裁决的法律效力也变得令人捉摸不定，似乎在鼓励当事人选择行政调解或行政诉讼。再加上司法终审或对专利权纠纷行政裁决司法审查的规定等，使得其走向不甚明朗。这激起了学界关于专利权纠纷行政裁决制度"去""留"之争。

第五，专利权纠纷行政裁决制度的自身优势在于能够提供公正、权威的裁断。学界却对此多持怀疑态度。本书旨在探索专利权纠纷行政裁决的自身的制度优势，以及与其他纠纷解决方式之间应当合力构建一种协调有序的纠纷解决机制。

四、研究内容

第一章：专利权纠纷行政裁决的基础理论。本章主要探讨专利权纠纷行政裁决概念、本质属性、构成要件等，以及对域外的专利权纠纷行政裁决的状况进行比较研究。由于专利权纠纷行政裁决是行政裁决的一个特例，有必要对行政裁决的概念、法律属性做一下梳理。

第二章：专利权纠纷行政裁决相关立法与实践。任何一项制度的产生都存在促使其生成的条件,专利权纠纷的行政裁决也不例外。本章先从国外关于专利权纠纷的行政解决方式入手,然后对中国专利权纠纷行政裁决的现有立法与司法实践进行考察。本章注重对纠纷解决制度背后的动因考察,从横向与纵向两个向度全面考察其存在的立法状况与趋向。所谓横向,也就是国内关于行政裁决的立法现状;纵向,就是对各个领域的行政裁决的历史演进,尤其是专利权纠纷行政裁决的立法历程进行考察。文章在对行政裁决的立法状况,以及专利权纠纷解决的多元化社会背景考察后,着重探讨我国专利法规关于专利权纠纷行政裁决的立法演进。通过对《中华人民共和国专利法》《中华人民共和国专利法实施细则》《中华人民共和国专利行政执法办法》等法规、政策的分析,试图厘清专利权纠纷的多种解决方式,除了要注重实证研究,用事实说话之外,作者试图将行政裁决放入多元解纷机制中考察其"原生态",避免出现偏激或对行政裁决的偏爱,而是尽可能尊重现实,立足于现实。自1984年我国公布第一部《中华人民共和国专利法》到现在,国家关于专利被管理部门参与专利权纠纷解决的态度发生了较大的变化,专利制度演进的历程也预测着一些特定的趋向。当然,也潜伏着问题的根源——期待改革的动因。

第三章:专利权纠纷行政裁决的效能分析。对多元社会下纠纷的多元解决进行考察。就此得出,专利权纠纷行政裁决制度不但不会取消,反倒会随着社会发展而有其独特价值和发展空间,并有着继续完善的必要。也就是说,专利权纠纷行政裁决制度的存在和发展,是由其自身提供的服务质量,即固有价值决定的。

第四章:专利权纠纷行政裁决的程序。程序正义是实质正义的基础与保障。专利权纠纷行政裁决的公信力基准就在于有一套较为信得过的程序。不断完善专利权纠纷行政裁决自身程序的建设，不仅惠及当事人，也有利于国家专利政策、制度的落实与日益健全。

第五章：创设多元化纠纷解决机制。多元化纠纷化解机制当事人对专利权纠纷行政裁决不满后的路径选择以及行政裁决过程中，对于裁决主体的结论不满，或对裁决过程中裁决人员的违法行为，有权利寻求法律保护，也就是寻求救济。正式的救济途径有行政复议、行政诉讼、行政诉讼附带民事诉讼、国家赔偿等；非正式的救济途径有信访、申诉、控告、检举揭发等。救济的目的首先在于化解纠纷、令人满意；其次则在于反馈制度上的缺陷，及时改进，最终减少纠纷的发生，尽可能避免对当事人造成新的伤害。这是以人为本，创造和谐社会的要求，也是基于对专利权纠纷行政裁决制度行政效能的发挥与对正当程序遵守相权衡的考量。

第六章：专利权纠纷行政裁决与其他解纷方式的"衔接"。纠纷的自力与社会解决方式一直存在着，且在不同的领域发挥着积极的作用。专利权纠纷的化解中，也存在着诸如和解、调解、仲裁等方式，而这些方式的存在不仅不应与行政裁决、诉讼解决等方式相冲突，而且还应极力为纠纷的化解起到补充作用。选择行政裁决，并不等于放弃其他纠纷解决方式，不仅不应排斥，还应有效地结合，在整个纠纷处理系统上建构一种合情合理、合法高效的制度。本章则着重用系统论与整体论的观点考察行政裁决过程中的衔接：协作与配合。本章着重探讨私力解决和社会解决方式与行政裁决的制度衔接。从三个衔接点入手：一是选择性程序还是前置性程序，或者是后续性程序；二是前后程序对对方处理结果的认可度，或者说是处理结果的法律效力；三是证据规则的延续性。行政裁决后，即形成行政裁决决定以后的可能模式：由于行政裁决决定可能会对原来当事人之间的权利与义务造成新的影响，因而，行政裁决决定作出后就形成两个纠纷,一个是当事人之间原来的纠纷;另一个是因为决定对当事人双方权利义务的处理不服而可能产生一个新的纠纷。也正以为这样,承接其后的程序也将有所不同。

第七章:专利权纠纷行政裁决的进一步完善。专利具有地域性。专利保护以及专利权纠纷的解决也有地域性。国家在加入相关的国际条约之后,根据禁止反言的国际法原则,自然产生了国际法义务。与普通的公权与私权不同,专利的特殊法律属性决定了专利权纠纷解决的多元化。专利权纠纷的行政裁决制度是一种动态的过程,国家的立法、政策会对其构成一定程度的影响,而专利权纠纷的行政裁决实践也是国家进行相关变革的实践基础。

五、研究方法

本书研究进行过程中,采取了以下方法:

(一)实证分析方法

从法学研究的角度看,广义的实证分析法是与阶级分析法、价值分析法相对应的法学三大研究方法之一,是在价值去除的前提下,以对经验事实的观察为基础建立和检验理论,包括社会调查法、历史研究法、比较研究法、逻辑分析法、语义分析法五种研究方法在内的一系列研究方法的集群。[1] 从社会学研究的角度看,实证主义是一种努力向自然科学研究看齐、以数学语言表达和定量研究为特征的方法论倾向,其与以定性研究为特征、能更加"整体性"地理解和解释社会现象的人文主义方法论互有长短,适用于不同的研究对象和研究场景。[2] 专利权纠纷行政裁决本身就是一个

---

[1] 参见张文显主编:《法理学》,高等教育出版社 2018 年版,第 10~13 页。
[2] 参见风笑天:《社会学研究方法》,中国人民大学出版社 2009 年版,第 8~13 页。

实践性较强的问题，本书的展开，也不仅仅是理论上的简单设计，更多的是建立在对专利权纠纷行政裁决过程所遇到的实际问题的认真分析与考察的基础上，并用来为进一步的制度完善做好理论铺垫。

（二）比较研究方法

康德在论述研究方法时认为："每当理智缺乏可靠论证的思路时，类比这个方法往往能指引我们前进。"[1] 本书对域外的相关制度予以考察，分析国外制度存在的经济、社会、文化基础，进行制度嫁接或借鉴的可能性。专利权纠纷本身就有国际因素存在。各国的公权力在对专利权纠纷进行化解的过程中，也会与其他国家的相关制度作比较，以便更有效地解决专利权纠纷，同时，实现专利权的国家保护。本书通过对域外相关制度的比较，可以借鉴域外经验，完善自己的制度。比较不仅仅局限于国内外比较，还有专利权纠纷行政裁决的横向比较——与其他纠纷解决方式的比较，以及纵向比较——专利权纠纷行政裁决的历史演进过程。通过比较分析，使得专利权纠纷行政裁决的理论架构更加分明。

（三）系统研究方法

不管是从专利权纠纷化解的视角，还是从行政裁决解决纠纷的视角，都不应孤立论证，而是用系统论或整体论方法，注重制度的衔接，为当事人与行政裁决主体等之间的沟通与配合创造条件。

（四）规范分析方法

这种方法是在"根据法律思考"（法律方法）的基础上进行"关于法律的思考"（法学研究）。如果说，规范分析方法中关于法律规范价值和规范本身的是静态研究的话，那么对规范的运行效果

---

[1]［德］伊曼努尔·康德：《宇宙发展史概论》，全增嘏译，上海译文出版社2001年版，第77页。

进行分析就是动态的研究。而动态的研究必须进行相应的实证方面的调研，获取关于社会效果和经济效益的资料和数据，这就需要其他研究方面与之相配合。

第一章

专利权纠纷行政裁决的基础理论

> 概念绝不仅仅是外部的装饰品,而且是架起科学思想大厦的工具。[1]
> ——[奥]尤根·埃利希

> 概念像一张轮廓模糊且愈到边上愈加模糊的照片。[2]
> ——K. G. Wurzel

专利权纠纷行政裁决的理论基础,离不开对行政裁决与其他纠纷解决方式之间的比较,也就是,一方面,必须把专利权纠纷的行政裁决放在纠纷的多元解决背景下进行考察,行政裁决所面对的现实问题也是专利权纠纷行政裁决所将要或正在面对的问题,这是一个纠纷解决机制的权力配置背景,专利权纠纷行政裁决尽管可能是行政裁决领域的一枝独秀,但仍无法改变其"行政裁决"的本质内核。另一方面,既然把专利权纠纷作为一个研究对象,那么,专利权纠纷解决的状态,也就成为专利权纠纷得以生存的外部土壤。专利权纠纷行政裁决既是行政裁决的一个特色,也是专利权纠纷解决的一个特色。

---

[1] [奥]尤根·埃利希:《法律社会学基本原理》,叶名怡、袁震译,九州出版社2007年版,第17页。

[2] K. G. Wurzel, "Methods of Judicial Thinking", in Science of Legal Method (Boston, 1917), p. 342. 转引自[美]E. 博登海默:《法理学:法律哲学与法律方法》,邓正来译,中国政法大学出版社1999年版,第487页。

一、专利权纠纷行政裁决的概念界定

概念是我们研究问题的开端。概念起到指引研究方向的作用，也同时为研究无形中设定了研究前提，或潜在条件。"概念乃是解决法律问题所必须的和必不可少的工具。没有限定严格的专门概念，我们便不能清楚地和理性地思考法律问题。没有概念便无法将我们对法律的思考转化为语言，也无法以一种可理解的方式把这些思考传达给他人。"[1] 博登海默强调"人类对法律概念的需要"，只是关于概念的一个方面的描述，而概念的另一面则是使用概念时所受到的各种限制，这一点却经常被人忽略。博登海默虽然强调概念的重要性，但对于概念的界定却是小心翼翼，他认为："如果我们决定在司法时放弃使用概念判断，那么即使是想趋近法律确定性及审判可预见性的理想，也是根本不可能的。如果一个法律制度仅以主观的反应为基础，且否定理性分析工具的必要性，那么它一定是荒谬的。"[2]

（一）专利权纠纷的界定

1. 专利的由来与界定

专利（patent）一词来源于拉丁语 Literate patents，意为公开的信件或公共文献，意为"使得公众能够知晓"，是中世纪的君主用来颁布某种特权的证明。其最原始的含义是，通过皇室授予个人一种排他性的权利，使得公众能够获知该个人的发明创造。现在，

---

[1] ［美］E. 博登海默：《法理学：法律哲学与法律方法》，邓正来译，中国政法大学出版社1999年版，第486页。

[2] ［美］E. 博登海默：《法理学：法律哲学与法律方法》，邓正来译，中国政法大学出版社1999年版，第487页。

"专利"一般理解为专利证书，或理解为专利权。[1] 专利是世界上最大的技术信息源，据实证统计分析，专利包含了世界科技信息的90%~95%。专利是生产力中最富有生命力的因子。没有完善的专利制度，就无法对专利予以充分的保护与利用。专利需要一种规制与保护都非常合理的氛围，专利必须在这种和谐的土壤里才能够发挥出自己的价值，并激发其他发明人为生产力提供源源不断的精神财富。

从国际上来说，一般认为最早的一件专利是英王亨利三世于1236年授予波尔多的一个市民以制作各种色布的15年的垄断权。实际上这是封建特权的一种形式，并非现代意义上的专利。第一个建立专利制度的国家威尼斯，于1474年颁布了第一部具有近代特征的专利法，1476年2月20日即批准了第一件有记载的专利。英国1624年的《垄断法规》被认为是现代专利法的起点，对以后各国的专利法影响很大。德国法学家J. 柯勒曾称之为"发明人权利的大宪章"。从18世纪末到19世纪末，美国（1790年）、法国（1791年）、西班牙（1820年）、德国（1877年）、日本（1826年）等西方工业国家陆续制定了专利法。到了20世纪，特别是第二次世界大战结束以后，工业发达国家的专利法陆续进行了修订，许多发展中国家也相继制定了专利法。[2] 根据美国法，专利是指一项技术使用一定的程序和法律体系转化为一项知识产权的过程。[3]

---

〔1〕 中国大百科全书总编辑委员会《法学》编辑委员会中国大百科全书出版社编辑部编：《中国大百科全书（法学）》，中国大百科全书出版社1984年版，第817页。
〔2〕 参见中国大百科全书总编辑委员会《法学》编辑委员会中国大百科全书出版社编辑部编：《中国大百科全书（法学）》，中国大百科全书出版社1984年版，第817~818页。
〔3〕 [美] 韦斯顿·安森编著：《知识产权价值评估基础》，李艳译，知识产权出版社2009年版，第80页。

在印度，专利被定义为国家通过授予发明人或者其受让人在一定期限内利用、实施和出售其发明的独占权以换取其在专利说明书中对该发明进行公开。该公开应当确保技术人员能够实现该发明。[1]

不管各国如何界定专利，有两个要素是必不可少的：一个是客观要素，或叫物的要素，也就是发明创造本身是否具有价值（如新颖性、创造性与实用性等）；另一个是主观要素，或叫精神要素，心理要素，也就是经过国家专利审核部门的审批程序，被公开认可（即使设计国家机密，也应按照相应的保密程序进行确认），并被授予专利的"名头"。没有发明创造，即使有所谓的专利"头衔"，也无法产生什么价值，仅仅是"噱头"；即使是一项颇有创新价值的发明创造，也未必能够获得专利的"名头"，其中原因很多，如是否有人申请在先，是否符合申请程序等。用一句通俗的话就是：专利是被国家有权部门假定有发明创造价值（与有价值无法划等号）的一种特殊的物，专利既可能是有体物，也可能是无体物。以专利的产生过程来看，专利曾经是一种国王授予的"特权"，但这个所谓的"特权"并非可以指鹿为马。做一个形象的比喻：假如一根普通的稻草救了国王一命，国王可能出于感激给这根稻草起一个非同寻常的名号，甚至贴上"金条"的标签，也可能叫这根稻草为"专利"，然而，无论这根稻草被冠以什么"名头"，它的价值就是一根稻草，而不可能是别的。没有实际价值的专利犹如爱迪生童话故事中的那件"皇帝的新衣"，无论被裁缝描述的多么光彩绝伦，皇帝还是什么也没穿！一种物质也许被搞得面目全非，但其自身的、内在的价值依然是支撑它价值的骨架。专利也是这样，专利尽管必须要经过特定部门的授权，但其自身的价值（发明创造的价

---

[1] [印] 甘古力：《知识产权：释放知识经济的能量》，宋建华、姜丹明、张永华译，知识产权出版社2004年版，第58页。

值,如新颖性、创造性与实用性等) 始终是专利存在的基础。专利是一种特别的物,与"皇帝的新衣"不同,即使大家看不到它(技术等无体物),它仍然有价值,即使受限于当时的认识水平、科技水平,一时被误认为没有价值,专利仍然会在一个合适的时期里发挥自己的作用,也正因为专利的这些"神秘莫测"的特性,使得专利的确认与保护充满了难度。

2.《中华人民共和国专利法》中的专利界定

《中华人民共和国专利法》(2020 年修正) 中将可以申请专利的事项列举为:发明、实用新型、外观设计。具体内容为:发明,是指对产品、方法或者其改进所提出的新的技术方案。实用新型,是指对产品的形状、构造或者其结合所提出的适于实用的新的技术方案。外观设计,是指对产品的整体或者局部的形状、图案或者其结合以及色彩与形状、图案的结合所作出的富有美感并适于工业应用的新设计。[1] 专利是一种国家行为,由"国务院专利行政部门负责管理全国的专利工作;统一受理和审查专利申请,依法授予专利权。"[2] 也就是说,专利虽然具有天然的价值性,但是必须经过申请,并经过国家主管专利部门的审查、认可,并公之于众(也有例外,当涉及国家安全或者重大利益需要保密的,按照国家有关规定办理) 后,才获得专利。

随着网络时代的到来,专利的产品层出不穷,已经远远突破了传统的界定,申请与认可过程也在面临巨大的变革。

3. 专利权纠纷的界定

(1) 纠纷是一种司空见惯的社会现象。纠纷 (disputes) 是人类社会的普遍现象,是社会关系中不可避免,也最能引起社会关系

---

[1] 参见《中华人民共和国专利法》(2020 年修正) 第 2 条之规定。
[2] 参见《中华人民共和国专利法》(2020 年修正) 第 3 条之规定。

发生变化的一种元素。纠纷作为人类社会的一种生存常态，它所指称的意义是易感知而又捉摸不定的。学界从多个角度来界定纠纷：其一，纠纷指一定范围的社会主体相互之间丧失均衡（equilibrium）关系的状态。包括：对争（contention）、争论（dispute）、竞争（competition）、混争（disturbance）、纠纷（conflict）五种基本类型。[1] 其二，从法律意义上认识社会冲突，我们所力图揭示的是这样的机理：社会冲突——无论是统治阶层内部的冲突还是统治阶层外部的冲突都是与现实统治秩序（从而也是与法律秩序）不相协调的，严重的社会冲突都危及着统治秩序或法律秩序的稳定。[2] 这里的社会冲突的范围显然要小于纠纷，应该属于纠纷范围内的一些典型的、程度较为剧烈的纠纷。其三，可以权且将冲突看作是有关价值、对稀有地位的要求，权力和资源的斗争，在这种斗争中，对立双方的目的是要破坏以至伤害对方。[3] 这里的冲突即指纠纷。其四，纠纷是双方当事人根植于实际生活中的真正的利害关系的对立而施行的相反、对向的行为。[4] 所谓纠纷，从社会学的角度来看，是指社会主体之间的一种利益对抗状态。[5] 其五，纠纷是社会主体基于资源稀缺的客观事实，在相互交往中为追求或维护利益从而产生矛盾进而引起社会秩序失衡，或创生的行为。它是主体相互行为的过程，同时也是一种社会运动过程。[6]

---

〔1〕［日］千叶正士：《法与纠纷》，转引自刘荣军：《程序保障的理论视角》，法律出版社1999年版，第3页。

〔2〕顾培东：《社会冲突与诉讼机制》，法律出版社2004年版，第20页。

〔3〕［美］L. 科塞：《社会冲突的功能》，孙立平等译，华夏出版社1989年版，前言。

〔4〕［日］六本佳平：《纠纷与法》，转引自刘荣军：《程序保障的理论视角》，法律出版社1999年版，第4页。

〔5〕何兵：《现代社会的纠纷解决》，法律出版社2003年版，第1页。

〔6〕马国强：《和谐社会视阈中的纠纷解决机制》，吉林大学2007年博士学位论文。

纠纷的这些定义,大致勾勒了纠纷产生的根源,为进一步对纠纷予以细致考察打下了基础。

纠纷通常表现为基于利益冲突而产生的对抗,意味着一定范围内社会关系的协调均衡状态或者正常社会秩序被打破。与大规模的社会冲突不同,纠纷不是对社会整体秩序的破坏,是社会正常发展状况下社会主体之间具体利益的冲突或者权利实现的障碍。

根据法社会学的研究,一个纠纷的发生大致上应当具备下列几个要素:其一,提出主张或要求;其二,对主张或要求的反主张,或反要求;其三,两个以上主张或要求相互间的持续抗衡;其四,对冲突结果的积极追求。[1]

法律能够解决的纠纷与生活中的纠纷无法等同,甚至说,只有少数可以付诸法律来解决,生活中更多的琐琐碎碎的争执或许更要靠双方的妥协与协商,或宽容与谅解的德化。对于时下学者们倾向于以纠纷所破坏的法律关系来界定纠纷的类别不同,如学者们将纠纷依据所侵犯的法律关系不同,分为民事纠纷、行政纠纷、刑事纠纷,作者倾向于对纠纷以当事人受到的侵害的性质和当事人据此所提出的主张来界定纠纷的性质。基于此,作者认为,所谓纠纷就是打破法律保护的现有社会关系的那些行为,这些行为可以是人为的,也可以是其他物所为,但最终应可以归结到"人"(包括法人、企业、社会组织等)。这些"破坏行为"有些可以通过法律途径来解决,有些则只能依靠道德等来解决。

(2) 专利权纠纷的特殊性。如前文所述,专利权自身也应至少包含两个要素:一个是客观要素,或叫物的要素,也就是发明创造本身是否具有价值(如新颖性、创造性与实用性等),否则,权利

---

[1] 贺海仁:《谁是纠纷的最终裁判者——权利救济原理导论》,社会科学文献出版社2007年版,第167页。

就失去了依附物，失去了受保护的意义，如一个危害于社会的发明创造，尽管可能有用，却没有价值，也不可能被授予专利权；另一个是主观要素，或叫精神要素、心理要素，也就是经过国家专利审核部门的审批程序，被公开认可（即使涉及国家机密，也应按照相应的保密程序进行确认）后所获得的法律保护，一旦受到侵犯，可以寻求法律保护。这两个因素，缺一不可。由此可以看出，专利权并不仅仅是发明创造自身的一种权利，它同时依赖于国家的专利确认与保护程序。享有专利权的人，也并非一定是发明创造者本人，如可以通过转让等来完成权利的移交，但无论专利权如何周转，专利自身的价值一直是专利权存在的基础，一旦专利的价值失去，专利权也就失去了被保护的意义，即使有所谓的纠纷，也不在法律所保护的范围之列。由此得出所谓专利权纠纷就是对专利的认可、保护等带来破坏的那些因素。

  根据专利权纠纷的性质，也就是那些破坏因素的性质来划分专利权纠纷可以较为贴切地描述纠纷，更有利于纠纷的解决，使得破坏因素尽快消失或恢复原状是专利权纠纷解决的使命。专利权纠纷是有关专利权的利益冲突和价值纷争，围绕着专利权而展开，由于专利权制度建构于这样的逻辑过程中：发明创造⇒申请专利⇒成为专利（专利权人获得专利权）⇒专利产品市场化，因而，专利权纠纷也必然发生在有关权利的界定、交易、限制、保护和管理的过程中，由此产生专利权的权属纠纷、交易纠纷、权限纠纷、侵权纠纷，管理纠纷等。这个过程也反应出公权力介入专利权的事实，或者说，专利权必须经过公权力介入，并以严格的行政职权的行使为前提，最后，以行政许可等形式受到法律确认与保护。在这个规范结构中，既存在平等主体之间的法律关系，包括同行业竞争者和同行业专利生产者、发明者之间的关系等，同时，也存在不平等主体之间的法律关系，即专利主管行政机关与专利生产者、发明者之间的关系。相应的，在该领域发生的纠纷存在平等主体之间的民事纠纷，也存在不平等主体之间的行政纠纷。因而，专利权纠纷很难区分出单纯的民事纠纷或行政纠纷，呈现在世人面前的是一个与传统概念不一致的特例。

4. 专利权纠纷的表现形式

在我国专利法规中，专利纠纷与专利权纠纷并非一个概念。专利纠纷包括专利权纠纷。如《最高人民法院关于审理专利纠纷案件适用法律问题的若干规定》中关于人民法院受理专利纠纷案件的规定，可以总结出能够通过法院解决的专利纠纷，这个范围要比实际生活中的专利纠纷小得多。姑且将专利法规中的专利纠纷称为狭义的专利纠纷，包括以下内容：①专利申请权纠纷；②专利权权属纠纷；③专利权、专利申请权转让合同纠纷；④侵犯专利权纠纷；⑤假冒他人专利纠纷；⑥发明专利申请公布后、专利权授予前使用费纠纷；⑦职务发明创造发明人、设计人奖励、报酬纠纷；⑧诉前申请停止侵权、财产保全；⑨发明人、设计人资格纠纷；⑩不服专利复审委员会维持驳回申请复审决定；⑪不服专利复审委员会专利权无效宣告请求决定；⑫不服国务院专利行政部门实施强制许可决定；⑬不服国务院专利行政部门实施强制许可使用费裁决；⑭不服国务院专利行政部门行政复议决定；⑮不服管理专利工作的部门行政决定；⑯其他专利纠纷。[1] 专利权纠纷与专利纠纷的区别在于专利权纠纷必须是在授予专利之后，或者说是在专利存在为前提的，基于对专利的拥有，或使用权等而产生的争议。专利纠纷除了

---

〔1〕《最高人民法院关于审理专利纠纷案件适用法律问题的若干规定》（2001年6月19日最高人民法院审判委员会第1180次会议通过）法释〔2001〕21号，第1条规定。

包括专利权纠纷,还包括专利在授予前,或被取消等一系列争议,以上所列举的专利纠纷也绝非专利纠纷的全部,只是一部分而已。其中能够进行行政裁决的范围就更少,作者将在下文中论述。

(二) 行政裁决的界定

很少有一个法律概念的界定如行政裁决那样混乱不堪,令人捉摸不定,既没有明确的法律解释,也没有权威的具有说服力的论述,再加上国外关于行政裁决的表述与翻译也各有侧重,与国内所指称的行政裁决往往大相径庭,因而就更增加了对行政裁决概念进行界定的难度。

1. 行政裁决在形式上的不统一

在 20 世纪 90 年代初,关于行政裁判与行政裁决的表述有些交叉,这与当时的法治状况与法学研究状况息息相关。如行政裁判是指司法机关对行政案件的裁定和判决,或指司法机关处理行政纠纷的司法活动。[1] 行政裁判用来指法院对行政案件的裁判,是相对于法院就民事案件所作的民事裁判和就刑事案件所作的刑事裁判而言的。随着行政机关解决纠纷功能的提升,行政裁判慢慢也另有所指:如有学者将行政裁决称为行政裁判。[2] 如"行政裁判是行政机关裁判民事争议的活动"。[3] "行政裁判是指行政机关以中间人身份裁断有关民事争议和行政争议活动的法律制度。它同司法机关审判行为相比较具有行政性;同行政机关的行政处理行为相比较,

---

[1] 应松年主编:《行政法与行政诉讼法词典》,中国政法大学出版社 1992 年版,第 217 页。

[2] 胡建淼主编:《行政法教程》,杭州大学出版社 1990 年版,第 177 页。

[3] 高萍:《我国行政裁判制度立法的法治化》,载《山西高等学校社会科学学报》2003 年第 11 期。

又具有司法性。故有准司法行为之称。"[1]"行政裁判意指在行政机关的内部设置专门机构，同时解决特定的行政争议和民事纠纷的制度。"[2]

总结以上关于行政裁判的界定，基本上都包含了两个要素：一方面，从职权行使的主体来看，行政裁判是由拥有行政职权的机关或者机构而非司法机关解决纠纷。另一方面，从裁决的对象看，裁断的纠纷既包括行政争议，也包括特定的民事争议。

随着学术研究的深入以及行政法治的不断健全，考虑到与诉讼判决的区别，学界基本上倾向于用行政裁决来表述行政机关居间解决纠纷的功能，而不用行政裁判，以避免混淆。

在我国现行立法中，"行政裁决"或"裁决"是一个相当模糊的概念，它可能是行政裁决，也可能指代行政行为、行政主体内部行政行为或者行政复议等。而一些字面上与"裁决"相去甚远的用词却表达了行政裁决的含义，如"处理""解决""调处""责令改正"等。[3]这在一定程度上导致了对于"行政裁决"理解及适用上的混乱。由于立法用词的不规范，无法以统一的形式标准明确哪些法律规范确定了行政裁决的适用。

行政裁决也不仅仅限于法律明文规定的"裁决"，如《中华人民共和国专利法》（2008年修正）第57条关于强制许可使用费争议，"双方不能达成协议的，由国务院专利行政部门裁决"。2020年《中华人民共和国专利法》修改后，该条变为第63条，"专利权人对国务院专利行政部门关于实施强制许可的决定不服的，专利权

---

[1] 应松年主编：《行政法与行政诉讼法词典》，中国政法大学出版社1992年版，第217页。

[2] 应松年主编：《行政法学新论》，中国方正出版社1999年版，第328页。

[3] 参见徐昕主编：《司法（第1辑）》，法律出版社2006年版，第102页。

人和取得实施强制许可的单位或者个人对国务院专利行政部门关于实施强制许可的使用费的裁决不服的,可以自收到通知之日起三个月内向人民法院起诉。"[1] 该条直接规定了由主管行政机关的"裁决"。这就是法律明确规定的行政裁决。而该法第60条关于侵犯专利权纠纷的解决中规定的"可以请求管理专利工作的部门处理",以及"管理专利工作的部门处理时,认定侵权行为成立的,可以责令侵权人立即停止侵权行为"等,2020年《中华人民共和国专利法》修改后变为第65条规定:"未经专利权人许可,实施其专利,即侵犯其专利权,引起纠纷的,由当事人协商解决;不愿协商或者协商不成的,专利权人或者利害关系人可以向人民法院起诉,也可以请求管理专利工作的部门处理。管理专利工作的部门处理时,认定侵权行为成立的,可以责令侵权人立即停止侵权行为,当事人不服的,可以自收到处理通知之日起十五日内依照《中华人民共和国行政诉讼法》向人民法院起诉;侵权人期满不起诉又不停止侵权行为的,管理专利工作的部门可以申请人民法院强制执行。进行处理的管理专利工作的部门应当事人的请求,可以就侵犯专利权的赔偿数额进行调解;调解不成的,当事人可以依照《中华人民共和国民

---

[1] 参见《中华人民共和国专利法》(2008年修正)第57条规定:"取得实施强制许可的单位或者个人应当付给专利权人合理的使用费,或者依照中华人民共和国参加的有关国际条约的规定处理使用费问题。付给使用费的,其数额由双方协商;双方不能达成协议的,由国务院专利行政部门裁决。"《中华人民共和国专利法》2020年修改后变为第63条:"专利权人对国务院专利行政部门关于实施强制许可的决定不服的,专利权人和取得实施强制许可的单位或者个人对国务院专利行政部门关于实施强制许可的使用费的裁决不服的,可以自收到通知之日起3个月内向人民法院起诉。"其中的"裁决"所裁定的对象就超越了专利侵权,其实,这种"裁决"体现了行政职权,也体现了当事人对自己的专利权利的维护,把这种"裁决"也称之为行政裁决,扩大了行政裁决的范畴,实际上对当事人来说,可以更为快捷便利的解决问题。

事诉讼法》向人民法院起诉。"[1] 其中的"处理",有些学者称为行政处理,但更多的学者倾向于认为这也是一种行政裁决。因为虽然没有明确规定为行政裁决,专利管理部门行使的是一种被动的裁决职权,而不同于其他主动实施的行政职权。由于行政处理的定义混乱,难以清楚地将居间裁决的那个行政处理从众多异议中分辨出来。行政处理在我国目前法律文本中的使用存在至少三种截然不同的涵义:其一,指行政主体依法对特定相对人所作的具体的、单方的、能对相对人实体权利义务产生直接影响的具体行政行为,属于行政管理范畴,如《中华人民共和国专利法》(2008年修正)第21条规定的国务院专利行政部门及其专利复审委员会对有关专利的申请和请求的"依法处理",2020年该法修改后将专利复审委员会去掉,改为第21条:"国务院专利行政部门应当按照客观、公正、准确、及时的要求,依法处理有关专利的申请和请求。"其中的"处理"更加强调是一种行政职权;其二,指具有纠纷解决权的行政主体解决行政机关与行政相对人之间发生的与行政管理有关的行政纠纷以及平等主体当事人之间发生的与行政管理有关的民事纠纷的行为,属于纠纷诉讼外解决机制;其三,以更狭义的方式予以界定,仅指依法具有纠纷解决权的行政主体解决平等主体当事人之间发生的与行政管理有关的民事纠纷行为。[2] 第三种解释与学者们对行政裁决的定义相符合。日本学者棚濑孝雄提出从三个基准出发来考察一个行政机构是否为纠纷处理机关:处理的是个人或私人团体间的纠纷(对行政处分不服而向上一级行政机关要求复议的情况除外),以处理纠纷为第一任务(行政机关执行公务中附带性的

---

[1] 参见《中华人民共和国专利法》(2020年修正)第65条。
[2] 熊文钊:《现代行政法原理》,法律出版社2000年版,第359页。另外,参见叶必丰:《行政法学》,武汉大学出版社2003年版,第238页。

纠纷处理和第三者临时介入纠纷的情况除外），是第三者进行的处理（当事者一方内部机关作为代理机关处理纠纷的情况除外）。[1] 这里的行政处理与我国学者对行政裁决的定义完全吻合，因而，行政裁决的界定不应仅仅局限于法律字眼，而应从其法律特征、本质属性上来予以界定。

2. 准司法行为说

早在20世纪八九十年代，学界就对行政裁决有所关注，但是，直到现在关于行政裁决的概念仍不能达成一致的意见。依据对行政裁决范围的不同，大致可以将其界定为广义与狭义两种。80年代末，有学者认为广义的行政裁决是指行政机关依照某种特定程序（准司法程序），对特定人权利义务做出具有法律效力决定的活动，这种行政裁决除了解决民事、行政纠纷外，还直接运用准司法程序对相对人实施制裁，提供救济（实际上是指行政机关作出除行政立法行为以外所有行政行为的活动）。[2] 根据这种理解，行政机关依据准司法程序进行的一切职权行为都可以成为行政裁决，包括行政机关对行政争议、民事纠纷的处理，也包括行政处罚行为等。这个定义有着特殊的社会、法治背景，必须结合作者当年定义行政裁决时的社会法治背景来考察。[3]

进入21世纪之后，我国行政法规日益健全，在公布了《中华人民共和国行政诉讼法》《中华人民共和国行政复议法》之后，又

---

〔1〕 [日] 棚濑孝雄：《纠纷的解决与审判制度》，王亚新译，中国政法大学出版社2004年版，第300页。

〔2〕 马怀德：《行政裁决辨析》，载《法学研究》1990年第6期。

〔3〕 作为"民告官"里程碑的《中华人民共和国行政诉讼法》制定并颁布的时间是1989年4月4日，自1990年10月1日起施行；而作为解决行政纠纷的法律依据的《中华人民共和国行政复议法》制定并颁布的时间是1999年4月29日，自1999年10月1日起施行。作者在1990年从广义上界定行政裁决，与当时的法治环境是相吻合的。

相继出台了《中华人民共和国行政处罚法》《中华人民共和国行政许可法》《中华人民共和国行政强制法》等，随着行政法治的不断完备，行政裁决的范围却出现了不同程度的萎缩，关于行政裁决概念的界定也发生了不小的变化。这时候的争议的焦点基本上集中于裁决范围的大小，或者更明确地说是否包含行政纠纷，是否包括所有的民事纠纷，还是仅仅包括特殊的几种民事纠纷？有学者仍然坚持对行政裁决作广义理解，认为行政裁决是指行政机关作为第三方解决民事纠纷、行政争议的活动，其对象既包括行政争议，也包括民事纠纷。[1]

对于行政裁决作广义理解的法理基础是基于行政司法或准司法的判断，这既是对纠纷解决过程的一种抽象概括，也寄托了学者对行政裁决解决纠纷功能的肯定与期待。作者倾向于对行政裁决做广义理解，但在具体表述上又与先前的理解有所不同。

3. 民事纠纷居间处理说

在考察最近的一些地方行政程序立法中关于行政裁决的界定后发现，基本上采用了行政机关处理民事纠纷的概念。2012年1月1日起施行的《山东省行政程序规定》第112条将行政裁决定义为"指行政机关根据法律、法规的授权，处理公民、法人和其他组织之间发生的与行使行政职权相关的民事纠纷的行为"。另外，2011年5月1日起施行的《汕头市行政程序规定》第115条规定，"本规定所称行政裁决，是指行政机关根据法律、法规的授权，处理公民、法人或者其他组织相互之间发生的与其行政职权密切相关的民事纠纷的活动"。这些法规都几乎表述了基本相同的内容。

学界关于这一定义多有赞同，但在具体表述上又有所区别。本

---

[1] 张树义主编：《纠纷的行政解决机制研究——以行政裁决为中心》，中国政法大学出版社2006年版，第29页。

书对其简单归纳如下：

第一，"行政裁决是指行政机关对合同以外的与其管理事项有关的民事纠纷的裁决"[1]"行政裁决是一个学理概念，它与我国法律、法规中所称的行政机关对民事纠纷的'处理'，含义基本一致，都是指行政机关依法审理和裁断与行政管理活动相关的民事纠纷的活动"[2]。这个定义在表述行政裁决概念的同时，也旨在说明行政裁决并不单单局限于这四个字眼，而是要从具体场景的具体含义中理解行政裁决，除了法律明确规定的行政裁决之外，有些"交给行政机关处理""由行政机关裁断"等也可以被看作是行政裁决。

第二，行政裁决是指行政主体依照法律授权，对平等主体之间发生的，与行政管理活动密切相关的、特定的民事纠纷（争议）进行审查并作出裁决的具体行政行为。[3] 另一个相似的定义是将合同纠纷排除在外，认为：行政裁决是指依法由行政机关依照法律授权，对当事人之间发生的、与行政管理活动密切相关的、与合同无关的民事纠纷进行审查，并作出裁决的行政行为，它是一种行政执法行为。[4]

第三，行政裁决是指行政机关依法裁决民事纠纷的行为方式。[5]

---

[1] 应松年：《行政法学教程》，中国政法大学出版社1988年版，第362页。
[2] 应松年主编：《行政法学新论》，中国方正出版社1999年版，第470页。
[3] 罗豪才主编：《行政法学》，北京大学出版社1996年版，第249页。另外，崔卓兰教授也有类似主张：行政裁决是指行政机关依照法律授权，对与行政管理活动密切相关的民事纠纷，进行审查并作出裁判的行政行为。参见崔卓兰主编：《行政法与行政诉讼法》，人民出版社2010年版，第229页。
[4] 谢晓琳："关于法院对行政裁决享有司法变更权的思考"，载《佛山科学技术学院学报（社会科学版）》2003年第1期。
[5] 张尚鹭：《走出低谷的中国行政法学——中国行政法学综述与评价》，中国政法大学出版社1991年版，第285~286页。

第四，行政裁决是指国家行政主体依据法律的授权，以第三者的身份依照一定的程序，裁决平等主体间与行政管理相关的民事纠纷的行为。[1]

第五，行政裁决是指国家行政主体对特定的民事纠纷的处理活动。[2]

民事纠纷是发生在平等民事主体之间的纠纷。从以上学者对行政裁决的定义看，对于民事纠纷是否适合由行政机关来裁决，学界仍有争论。对于行政裁决是否仅仅只能裁决民事纠纷，甚至是"特定的"民事纠纷也不统一。而对于"特定的"解释则更是出现了"百家争鸣"。学者对于行政裁决的界定，其法理基础在于对法治社会下"应将权力关进制度的笼子里"的严格遵守，即认为行政机关行使的是行政职权，而不应插手或行使理应有法院来行使的司法判断权。但现实生活中，是否所有的纠纷解决都由司法系统来解决？社会纠纷的解决方式一直都是多元的，只不过在不同的时期，哪一种纠纷更占优势，就更能让当事人倾向于选择这种方式。所以，司法权不可能垄断所有的纠纷解决，而纠纷解决的方式中也没有排除行政机关参与解决的方式，其中就包括行政裁决。当然这并不能直接说明行政机关进行行政裁决的合法性与合理性，本书将在其他章节论证这一问题。

4. 行政争议裁断说

与行政裁决仅指行政机关解决民事纠纷的活动不同，有学者却认为行政裁决是行政机关对行政争议进行审理裁断的制度。[3]这

---

[1] 吉雅:《关于不服行政裁决的复议与诉讼问题》，载《行政法学研究》1996年第1期。
[2] 崔卓兰主编：《行政法与行政诉讼法》，人民出版社2010年版，第229页。
[3] 沈开举：《WTO与我国行政裁决制度公正性研究》，载《中国法学》2002年第5期。

个学说尽管支持不多,但是反映了行政纠纷得到解决,或者行政机关参与解决纠纷的市场需求。这不是要简单嫁接美国的行政裁决制度,而是出于对中国目前解决纠纷不足的现实考量。

5. 私权争议居间裁断说

也有学者以公法与私法的划分为基础来界定行政裁决。行政裁决是"行政机关或其附设的机构根据公民、法人或者其他组织的申请,运用国家权力,居间对私法上的争议进行的裁断行为"[1]。这个定义即扩大了先前学界一直主张的行政裁决的主体,即由行政机关扩大为"行政机关或其附设的机构",私法上的争议本身也突破了以往关于民事争议、行政争议、刑事争议的界定,而是从公、私法的角度来界定争议,也就是说,私法上的争议可能包括先前所界定的民事争议、行政争议、刑事争议三种,而不对三者作区分。

然而,在私法中,个人意志的自治性正在逐渐消失;个人意志自身缺乏为赢得法律地位的力量。在公法领域,我们不再相信在公职人员背后存在一个集合性的具有人格和主权的实体,这些公职人员只是这一实体的代理人或"器官"。政府有义务组织特定的服务,确保服务的持续性并控制这些服务的运作。[2]

对于行政裁决的理解,不同的角度得出的结论也不尽相同,比如有学者从以下三方面理解行政裁决:其一,从宪政的角度来看,行政裁决涉及在民事纠纷的处理上行政机关与人民法院之间的管辖权分配与衔接问题;其二,从法律制度的功能来看,作为一种法律纠纷的解决机制,行政裁决与司法审判在社会成本和效率等方面上的比较优势;其三,从权力控制的角度来看,行政裁决涉及行政权

---

[1] 王小红:《行政裁决制度研究》,知识产权出版社2011年版,第35页。
[2] [法] 狄骥:《公法的变迁》,郑戈译,中国法制出版社2010年版,第195页。

对私人事务的干预，其存在程序正义和司法救济等合法性问题。[1]由于行政裁决所涉行政领域极其广泛，如公害纠纷、特定民事侵权纠纷、自然资源权益纠纷等，在这些不同的领域，不同的行政职权对行政裁决的要求也不尽相同，因而能否形成一个统一的概念，也是必须要加以考虑的问题。要想形成一个统一的概念，行政裁决在不同领域的彼此妥协与删繁就简就非常必要，并且要求界定时也应有一定的灵活性或留有余地。

6. 民事、经济纠纷居间说

有学者考虑到行政裁决的对象不仅仅限于民事纠纷，还应包括经济纠纷等。在这个基础上，将行政裁决定义为：行政机关根据法律的授权，以第三人的身份，依照一定的程序，裁决平等主体之间与行政管理相关的民事、经济纠纷的行为。[2] 该定义具有以下特征：其一，行政裁决的主体必须是行政机关，而不是民间组织或司法系统。其二，行政机关的裁决权来源于法律的授权，而不是行政法规、行政规章、地方法性法规、规章等。其三，行政裁决的对象必须是与行政管理职权相关联的民事纠纷与经济纠纷。

7. 服务说

沃泽尔关于概念的界定有一个形象的比喻，他说"概念像一张轮廓模糊且愈到边上愈加模糊的照片"。[3] 一个概念的中心含义是清楚的和明确的，但当我们离开该中心时它就趋于变得模糊不清，

---

[1] 叶必丰：《行政法与行政诉讼法》，中国人民大学出版社2011年版，第157页。

[2] 苏宪君、高芳：《对行政裁决行为的合法性审查》，载《黑龙江省政法管理干部学院学报》2011年第5期。

[3] K. G. Wurzel, "Methods of Judicial Thinking", in Science of Legal Method (Boston, 1917), p. 342. 转引自[美] E. 博登海默：《法理学：法律哲学与法律方法》，邓正来译，中国政法大学出版社1999年版，第487页。

难以把握。我们在界定法律概念时习惯性地关注那些能够说明某个特定概念的最为典型的情形,而极少顾及那些处在模棱两可状态的情形。这种近于归纳式的定义方式往往是不够周延的,过于理想化的。实际上在法律的各个领域,我们都发现了棘手的难以确定的两可性情况,亦即边缘情况。[1] 基于此,作者对行政裁决概念的核心予以界定,同时,对于行政裁决的边缘情形则在本文的其他章节不断予以充实与澄清。首先,行政裁决是一种纠纷解决方式。也就是说纠纷的存在是行政裁决产生的前提和存在的客观基础,没有纠纷,也就无所谓行政裁决、行政调解,还是行政诉讼等。其次,为当事人提供解决纠纷的答案,或者说为当事人提供解决纠纷的服务,是行政裁决概念的核心。最后,行政裁决所要裁决的利益的总量是基本不变的。所谓利益的总量不变,只能是一种理想状态下的衡量,也就是,不计任何损耗状态下的结果。只能在当事人之间分配,而不是额外的增减。这与单纯的行政机关的管理行为相区分,管理行为必然利用职权对权利做一下重新的配置或分配,就有可能减少或增加当事人的利益。但是,在解决纠纷的过程中,当事人双方必然要投入一定的成本,包括时间成本和必要的费用,所争执的利益也在这种消耗中的日益减少。与其他纠纷解决方式相比,行政裁决可以达到快捷、高效的目的,也就是最大限度地减少损耗,维护当事人的利益。如对一方当事人的处罚,必然是当事人双方的利益总量减少,或对所争执利益确认无效,如专利权的无效确认,是当事人双方的争执利益消失。基于以上剖析,作者倾向于将行政裁决定义为行政职权部门利用自己的管理经验为当事人化解纠纷提供权威、公正判断的服务。"行政裁决是行政机关根据当事人申请,

---

〔1〕 〔美〕E. 博登海默:《法理学:法律哲学与法律方法》,邓正来译,中国政法大学出版社1999年版,第487~488页。

根据法律法规授权，居中对与行政管理活动密切相关的民事纠纷进行裁处的行为。行政裁决具有效率高、成本低、专业性强、程序简便的特点，有利于促成矛盾纠纷的快速解决，发挥化解民事纠纷的'分流阀'作用。"[1]

专利权纠纷的行政裁决既是一种行政执法手段，也是一项行政服务。行政裁决主管部门应充分发挥自己的资源优势，以提供优质行政服务作为基本理念和核心。国家知识产权局也强调：充分发挥行政裁决在化解专利侵权纠纷中的"分流阀"作用，切实维护社会稳定和谐，推进法治政府建设，优化营商环境，国家知识产权局决定组织开展专利侵权纠纷行政裁决示范建设工作。[2] 直到2019年6月2日，中共中央办公厅、国务院办公厅印发《关于健全行政裁决制度加强行政裁决工作的意见》，第一次在官方文件中对行政裁决进行定义，该意见指出："行政裁决是行政机关根据当事人申请，根据法律法规授权，居中对与行政管理活动密切相关的民事纠纷进行裁处的行为。"《法治政府建设实施纲要（2015-2020）》中明确提到"健全行政裁决制度，强化行政机关解决同行政管理活动密切相关的民事纠纷功能"。《法治中国建设规划（2020-2025）》强调："有序推进行政裁决工作，探索扩大行政裁决适用范围。"行政裁决的制度设计逐步提到议事日程，相关问题的研究与深入分析也更为紧迫。

（三）专利权纠纷行政裁决的概念界定

专利权是一种国家对专利的认可与保护，体现着国家的专利政

---

[1] 参见中共中央办公厅、国务院办公厅颁布的《关于健全行政裁决制度加强行政裁决工作的意见》。

[2] 参见2019年11月14日，国家知识产权局公布的《关于开展专利侵权纠纷行政裁决示范建设工作的通知》（国知办发保字〔2019〕40号）。

策,也体现着专利权人的利益需求。行政裁决在专利权纠纷领域更能体现自己的专业特长,方便当事人解决纠纷,从而维护专利的稳定状态。时下很难从教科书上找到一个关于某个领域的行政裁决的概念,原因首先在于国内学界关于行政裁决的研究仅仅局限于理论上的宏观研究,还没有深入细致到每一个具体部门的行政裁决。其次,国内关于行政裁决概念的表述尚没有统一,更遑论具体领域的行政裁决(加上修饰词,就意味着跨入一个专业的领域)。最后,事实上,概念最难做到的不是文字的表达是否华美、引人入胜,而是要对概念背后的现实给予准确的界定。就像著名的法社会学专家尤根·埃利希对概念有所期待的那样:"概念绝不仅仅是外部的装饰品,而且是架起科学思想大厦的工具。"〔1〕概念的提纲挈领本身,就是一种对客观现象的抽象概括,值得进一步仔细观察与深入分析。

专利权纠纷行政裁决制度本身,就处于两个理论群的交汇处:一个理论群是专利权纠纷的解决方式;另一个理论群就是关于行政裁决的法规与基本制度。专利权纠纷行政裁决制度并不是专利权纠纷的解决方式与行政裁决基本制度简单叠加。这两个理论群的交汇不是简单的两个群的拼凑,而是在保留原来特点的基础上,又产生了一些新鲜的制度,一种更能发挥行政效能,更能有利于专利权纠纷解决的制度,也是一种令人期待的制度。

国内学者关于专利权纠纷行政裁决概念的界定并不多见。有学者根据《中华人民共和国专利法》(2008年修正)第60条中的"处理"概念,提出了"专利侵权纠纷行政处理"。将传统定义上的行政裁决与行政调解列为"专利侵权纠纷行政处理"的两项重要

---

〔1〕 [奥]尤根·埃利希:《法律社会学基本原理》,叶名怡、袁震译,九州出版社2007年版,第17页。

内容。认为"专利侵权纠纷行政处理"是一种特殊的法律行为，是专利行政部门根据当事人的请求，作为中立的第三方来处理专利侵权纠纷的专门活动，是一种非诉讼的专利侵权纠纷解决机制。[1]在这个定义下，该学者将"专利侵权纠纷的行政裁决"限定为"指专利行政部门依照有关法律规定，对专利侵权纠纷做出具有法律效力的行政决定的处理方式，认定侵权成立的，责令停止侵权；认定侵权不成立的，当事人撤销案件或专利行政部门驳回当事人的处理请求。行政裁决属于行政部门的具体行政行为，当事人不服，可以提起行政诉讼"。而"专利侵权纠纷的行政调解"，是指"专利行政部门依照有关法律、法规规定，以第三方的身份居间对专利侵权纠纷的双方当事人进行调解的活动。这是居间行为，调解不成的，由行政部门做出处理决定，当事人也可以依法提起民事诉讼"。

根据《中华人民共和国专利法》（2020年修正）第62条规定的"取得实施强制许可的单位或者个人应当付给专利权人合理的使用费，或者依照中华人民共和国参加的有关国际条约的规定处理使用费问题。付给使用费的，其数额由双方协商；双方不能达成协议的，由国务院专利行政部门裁决。"以及该法第63条"专利权人对国务院专利行政部门关于实施强制许可的决定不服的，专利权人和取得实施强制许可的单位或者个人对国务院专利行政部门关于实施强制许可的使用费的裁决不服的，可以自收到通知之日起三个月内向人民法院起诉"的规定，可以看出"向人民法院起诉"其实就是行政诉讼。这就意味着，行政裁决与之前的行政处理一样都是可诉的行政行为。新法修改后与之前相比有了较大的变化。

作者并不反对以上学者关于"专利侵权行政裁决"的界定，但

---

〔1〕 参见冀瑜、李建民：《试论我国专利侵权纠纷行政处理机制及其完善》，载《知识产权》2011年第7期。

是必须说明的是，本书论述的"专利权纠纷行政裁决"的范围不仅比"专利侵权纠纷的行政裁决"的范围要广，而且直接涵盖了"专利侵权纠纷行政处理"概念后，还包括专利权纠纷中的其他方面的行政裁决。根据以上分析，专利权纠纷行政裁决的概念可以作如下界定：按照我国《中华人民共和国专利法》（2020年修正）的规定，由特定的专利管理部门对当事人之间的专利权纠纷进行裁决或处理的活动。这个定义看似周延，但却不能说明专利权纠纷行政裁决究竟要解决怎样的纠纷，以及怎样处理，裁决后决定的效力等，因而有必要从两个方面分别对专利权纠纷行政裁决予以进一步的界定：

第一，结合以上对行政裁决概念的界定，专利权纠纷行政裁决的发动一定是当事人一方或双方就他们之间的关于专利权益的争执而向专利管理部门提出解决申请的，专利主管部门在审查相关资料的基础上仅仅是居间对双方当事人的利益或法律地位予以确认，所得出的结论具有法律效力，当事人可就此结论的准确与否提起行政复议或行政诉讼，也可以就双方当事人的利益纠纷直接提起民事诉讼，在有权部门得出新的结论前，行政裁决决定的效力并不自然终止，直到被复议决定推翻或要求变更时，或法院判决无效或变更时，才发生相应的变化。这个定义是对专利权纠纷行政裁决过程的动态考察，词语的核心概念是专利管理部门的中立裁判，次中心是对当事人之间的利益的一个分配，最后才是限于专利权纠纷。

第二，专利权纠纷行政裁决是专利权纠纷的多元背景下解决的一种选择。在这种选择的过程中，当事人具有充分的主导权，也就是可以自由决定自己以什么方式解决纠纷。多元解决方式设立的目的就是为了满足当事人的程序选择自由权，为当事人化解纠纷提供一个充足的"市场机制"，行政裁决等都是一个个的"产品"，产品的品质与针对性、有效性是当事人必然要考虑的因素,假如在专利权纠纷的解决中,当事人选择了行政裁决的渠道,那么,这个纠纷解决过程就是专利权纠纷行政裁决。这个定义突出强调了专利权纠纷解决的市场机制,存在以下假定:假如行政裁决机制与其他的纠纷解决机制相比是无效的、或显失公正的,便会造成一种自然淘汰,被挤出纠纷解决市场,专利权纠纷行政裁决的概念便形同虚设,这必然对专利权的行政裁决过程提出质量和效率等的要求;假如,限于现有的法律设计,不能发挥当事人的程序选择自由权,便会扭曲纠纷解决的市场机制,难以体现优胜劣汰,而可能出现纠纷的反复处理,或纠纷的久拖不决,甚至有多少人利用这样的设计而故意拖延纠纷解决的时间,提高对方参与解决纠纷的成本,使得所争执的利益在一天天地消耗掉,这种状态下即使有专利权纠纷行政裁决这样一种纠纷解决方式,由于其他解纷方式的干扰,也使得裁决的效果荡然无存。这也就意味着,专利权纠纷行政裁决的定义既依赖于现有法律的设计,也与其实际的解纷效果密切相关,这是对其服务质量的要求。

二、专利权纠纷行政裁决的本质属性

(一) 行政裁决本质属性的传统界定

专利权纠纷行政裁决本身就是一种特殊的行政裁决,不仅具有行政裁决的基本属性,也有着自己的特有属性,但它首先还是一种行政裁决,所以行政裁决的属性依然是专利权纠纷行政裁决的本质属性。首先探讨行政裁决的本质属性。学界对行政裁决本质属性的探讨一般是对其属于哪一类行为的界定,是对行政裁决全面深刻地把握后所做出的抽象与概括。假如把行政裁决的法律特征比喻为摄像,那么行政裁决的本质则是一种写意或漫画,使得行政裁决的形象更加鲜明与容易把握,也可以为进一步的制度设计指明方向。与对行政裁决的外在描述——法律特征不同,行政裁决的本质属性有赖于观察的视角或界定范围的大小而有所不同。狄骥论证:"尽管,行政机构及其公务员的行为并不总是行政行为,但在习惯上,人们把行政机构及其公务人员的每一项命令都视为一种行政行为,不论是一项条例、一项决定,甚至是一项琐碎的日常行政事务。"[1] 由于行政裁决没有明确的法律界定,只是散见于各种法律文件中,目前至少从习惯上认为,行政裁决是一种行政行为。具体可以归纳为以下几种具有代表性的学说:

1. 具体行政行为说

从某种意义上说,行政法学的基本理论主要是行政行为的理论。因为行政法的任务是规制行政主体的行政行为,以保障行政行为的合法性和合理性。[2] 有学者主张行政裁决的性质是具体行政行为。[3] 从行政行为的构成要件来看,行政裁决符合具体行政行

---

[1] [法] 狄骥:《公法的变迁》,郑戈译,中国法制出版社2010年版,第111页。

[2] 胡建淼教授对行政行为的详细的分类列举可以作为研究行政检查法律属性的参考。作者对行政法学中的抽象行政行为与具体行政行为、内部行政行为与外部行政行为、依职权行政行为与依声请行政行为、羁束行政行为与裁量行政行为、行政作为与行政不作为、要式行政行为与不要式行政行为、主行政行为与从行政行为、授益行政行为与负担行政行为、可诉行政行为与不可诉行政行为、中间行政行为与最终行政行为、终局行政行为与非终局行政行为、无条件行政行为与附条件行政行为、实力行政行为与意思行政行为、单一行政行为与共同行政行为、对人行政行为与对物行政行为、实体行政行为与程序行政行为、合法行政行为与违法行政行为、有效行政行为与无效行政行为、行政法律行为与行政事实行为、基础行政行为与执行行政行为、原本行政行为与重复行政行为等21对范畴进行了系统而深入的研究,挖掘了每一对范畴的起源、变迁、理论与法律基础、基本内容、在实践中的具体应用、各范畴间的相互关系等基本理论问题,对于行政检查的法律界定有所启发。参见胡建淼主编:《行政行为基本范畴研究》,浙江大学出版社2005年版。

[3] 陆平辉:《行政裁决诉讼的不确定性及其解决》,载《现代法学》2005年第6期;冯中锋:《行政裁决制度之研究》,载《湛江师范学院学报》1999年第4期。

为的一切要素，因而认为行政裁决本质上是一种具体行政行为。所谓行政（法律）行为的构成要件，是指构成一个行政行为所必须具备的条件，是从性质上区别具体行政行为与其他行为或非行政行为的标准。有的学者也称之为"行政行为的生效要件""行政行为的成立要件""行政行为的构成要素"[1]。

行政裁决行为的实施主体是行政机关，即对与民事纠纷相关的行政事项依法有管理权的行政机关或法律法规授权的组织。行政主体依职权或当事人的请求作出裁决。裁决结果表明了行政机关对于民事争议以及与此相关联的行政管理目标的判断，是行政主体单方意志的体现。虽然有些法律法规规定争议双方应当事先协商解决，协商解决不成的，一方或双方可申请行政机关裁决或向人民法院起诉，但这仅仅是赋予当事人选择解决争议途径的自由，即使裁决支持了争议中某一方的请求，也不表明当事人的意志渗透到了行政裁决中。[2]

行政裁决行为一经作出，就会改变当事人之间原有的法律关系，对当事人产生法律上的拘束力。当事人不服行政裁决的，只能依法申请复议或者提起诉讼，而不能自行改变。如1983年《中华人民共和国商标法》第36条规定，对侵权行为处理结果，侵权人期满不起诉又不履行的，工商行政管理部门可以申请人民法院强制执行。这一规定是行政裁决行为具有拘束力和执行力的体现。因此，行政裁决行为本质上是一种具体行政行为。2019年修正后的《中华人民共和国商标法》第55条规定："法定期限届满，当事人

---

[1] 参见应松年主编：《行政法学新论》，中国方正出版社1999年版，第194页。另外参见罗豪才主编：《行政法学》，北京大学出版社1996年版，第125页。胡建淼：《行政法学》，法律出版社1998年版，第284页。

[2] 吉雅：《关于不服行政裁决的复议与诉讼问题》，载《行政法学研究》1996年第1期。

对商标局做出的撤销注册商标的决定不申请复审或者对商标评审委员会做出的复审决定不向人民法院起诉的,撤销注册商标的决定、复审决定生效。被撤销的注册商标,由商标局予以公告,该注册商标专用权自公告之日起终止。"这种复审实际上也是一种行政裁决,具有一定的中立性、权威性,可以直接产生法律拘束力。

2. 依职权行政行为,或是依申请行政行为

崔卓兰教授认为行政裁决是依申请的行政行为,并且将行政裁决与行政许可、行政给付、行政奖励、行政调解一起作为依申请行政行为来论述;而依职权行政行为则包括:行政检查、行政征收、行政处罚和行政强制。[1]从行政裁决的定义来看,行政裁决属于一种居间裁决纠纷的方式,且不问被裁决对象是否属于民事纠纷,单从解纷过程来看,行政裁决不是行政主管部门的主动执法过程,而是由当事人选择的结果,因而当事人的申请是行政裁决的前提,因而,行政裁决应是一种依申请的行政行为。值得一提的是,行政裁决过程中,行政裁决主体并非无所作为,而是可以发挥自己的行政职权优势,促使纠纷得到及时、便捷的处理。在这个意义上,似乎,行政裁决也具有依职权行政行为的特质。这也说明了行政裁决与一般行政行为有所不同。

3. 行政司法行为说,或是准司法行为说

行政司法行为是指"行政机关根据法律授权,按照准司法程序审理和裁决有关争议或纠纷,以影响当事人之间的权利义务关系,从而具有相应法律效力的行为"。[2]照此定义,行政裁决是一种准

---

[1] 参见崔卓兰主编:《行政法与行政诉讼法》,人民出版社2010年版,第194~268页。

[2] 文正邦:《论行政司法行为》,载《政法论丛》1997年第1期。

行政司法行为。行政司法行为还包括行政复议、行政调解等。[1]尽管行政司法行为实质上也属于行政执法行为，但与一般的行政执法行为不同，表现在：其一，行政主体身份的特殊性。虽然行政司法行为的行使主体是特定的国家行政主体，但在行政司法法律关系中，实施行政司法行为的国家行政主体并不是争议纠纷的其中一方当事人，而是当事人以外的、居间解决纠纷的调解或裁判主体。这显然有别于行政立法行为、一般行政执法行为。其二，行政行为客体的特殊性。行政司法行为不是针对一般的行政事务，也就是不是针对确定的行政相对人的确定行政事项的直接处理，而是对作为行为客体的一般的行政争议和特定的民事纠纷的居间处理。通过行政司法行为调处纠纷，监督行政主体依法行政，维护当事人合法权益的目的。其三，准司法行为的特性。行政司法行为既是特定的行政主体行使行政职权的行为，又具有特别的程序要求，类似于诉讼程序的严格要求，但又超越于诉讼程序的繁琐限制，因而既灵活、便捷，又有说服力与公信力。[2]

行政裁决是一种特殊的行政司法行为还体现在以下几个方面：首先，从行政裁决主体的地位来看，居间裁判平等主体之间的民事纠纷，其地位具有中立性、被动性，除非法律有明确授权和当事人依法申请，否则行政主体不能主动进行裁决。其次，行政裁决的对象是平等主体之间的民事纠纷，对民事主体之间纠纷的解决，本来是司法权的固有权限，行政裁决权是行政主体承担部分司法职能的体现。最后，不同于一般的具体行政行为，行政裁决采用类似于司法程序的程序性规定。因此，行政裁决是一种行政司法行为。

---

〔1〕 杜睿哲、齐建辉、张芸主编：《行政法学》，南开大学出版社2008年版，第259页。

〔2〕 参见刘志坚：《行政法原理》，兰州大学出版社1998年版，第257页。

4. 非行政行为说

有学者认为，行政裁决并非行政行为，只能称作一种居间行为，是平等主体之间的行为，而没有利用行政职权，因而不符合行政行为的界定。"行政裁决实际上是行政机关以第三人身份居间公断平等主体之间的民事纠纷，这种公断不影响当事人向法院提起民事诉讼，行政裁决不是行政行为，而类似于对劳动争议和经济合同纠纷的仲裁。"[1]

但是，根据最高人民法院关于规范行政案件案由的司法解释，对行政行为的界定做了较为权威的注释，将行政裁决列在行政处罚、行政强制之后作为一种可诉性行政行为，而在行政确认之前，单从归类看，司法解释倾向于将行政裁决归为一种可诉的具体行政行为。[2] 而在"行政管理范围"中，行政裁决是多项管理行为的一种行政管理行为。[3] 在这些行政管理行为中，都可以看到行政

---

[1] 贺荣主编：《行政执法与行政审判实务——行政裁决与行政不作为》，人民法院出版社2005年版，第2页。

[2] "行政行为种类：1. 行政处罚；2. 行政强制；3. 行政裁决；4. 行政确认；5. 行政登记；6. 行政许可；7. 行政批准；8. 行政命令；9. 行政复议；10. 行政撤销；11. 行政检查；12. 行政合同；13. 行政奖励；14. 行政补偿；15. 行政执行；16. 行政受理；17. 行政给付；18. 行政征用；19. 行政征购；20. 行政征收；21. 行政划拨；22. 行政规划；23. 行政救助；24. 行政协助；25. 行政允诺；26. 行政监督；27. 其他行政行为。"参见《最高人民法院关于规范行政案件案由的通知》（法发〔2004〕2号）。

[3] "行政管理范围：1. 公安行政管理：（1）治安管理（治安）、（2）消防管理（消防）、（3）道路交通管理（道路）、（4）其他（公安）；2. 资源行政管理：（1）土地行政管理（土地）、（2）林业行政管理（林业）、（3）草原行政管理（草原）、（4）地质矿产行政管理（地矿）、（5）能源行政管理（能源管理）、（6）其他（资源）；3. 城乡建设行政管理（1）城市规划管理（规划）；（2）房屋拆迁管理（拆迁）；（3）房屋登记管理（房屋登记）（4）其他（城建）……16. 专利行政管理（专利）；17. 新闻出版行政管理（新闻、出版）……29. 司法行政管理（司法行政）……"参见《最高人民法院关于规范行政案件案由的通知》（法发〔2004〕2号）。

裁决既是一种行政机关的管理行为，也是一项具有裁判职能的具体行政行为。

5. 特别行政行为说

为了规范行政行为，地方行政部门相继出台了行政程序规定。2012年1月1日起施行的《山东省行政程序规定》中将行政裁决放在"特别程序"一节而与"行政执法程序"相并列。该法规第112条将行政裁决定义为"指行政机关根据法律、法规的授权，处理公民、法人和其他组织之间发生的与行使行政职权相关的民事纠纷的行为"。[1]

根据《山东省行政程序规定》第1条对该法适用范围与制定目的的规定即"为了规范行政行为，保护公民、法人和其他组织的合法权益，保障和监督行政机关依法行政，建设法治政府"，可以得出，行政裁决是一种行政行为，不过是一种特别的行政行为，与一般的行政执法行为不同。[2] 在行政执法行为中并没有行政裁决，而是将行政裁决放在第六章"特别行为程序"中，与行政合同（第一节），行政指导（第二节）相并列。可见，该法对行政裁决所持的观点是一种区别于一般行政执法行为的"特别行政行为"，也有别于行政合同、行政指导的特别行政行为。

"特别行政行为说"在专利权纠纷行政裁决过程中得到更多的体现。专利权纠纷行政裁决，不仅行政裁决是一种"特别行政行为"，而且，专利权纠纷也是一种"特别的纠纷"，将专利权纠纷

---

[1] 2011年5月1日起施行的《汕头市行政程序规定》第115条也将行政裁决称为"行政机关根据法律、法规的授权，处理公民、法人或者其他组织相互之间发生的与其行政职权密切相关的民事纠纷的活动"。

[2] 参见《山东省行政程序规定》第56条规定："本规定所称行政执法，是指行政机关依据法律、法规、规章和规范性文件，作出的行政许可、行政处罚、行政强制、行政确认、行政征收等影响公民、法人和其他组织权利、义务的具体行政行为"。

行政裁决的本质属性界定为一种"特别行政行为"还是比较中肯的。

行政裁决制度是"以市场经济体制、政府职能转变为基础，根据依法治国方略创新发展起来的纠纷解决机制"[1]。关于行政裁决的相关制度设计，越来越受到国家和学界的重视。十八届四中全会提出"健全社会矛盾纠纷预防化解机制，完善调解、仲裁、行政裁决、行政复议、诉讼等有机衔接、相互协调的多元纠纷解决机制""健全行政裁决制度，强化行政机关解决同行政管理活动密切相关的民事纠纷功能"。《法治政府建设实施纲要（2015-2020年）》要求"有关行政机关要依法开展行政调解、行政裁决工作，及时有效化解矛盾纠纷"。中共中央办公厅、国务院办公厅印发的《关于完善矛盾纠纷多元化解机制的意见》规定"健全行政裁决制度，明确行政裁决的适用范围、裁决程序和救济途径，强化行政机关解决同行政管理活动密切相关的民事纠纷功能"。这一系列部署和要求为健全行政裁决制度、加强行政裁决工作提供了重要指引。

（二）行政裁决本质属性的域外考察

由于司法或诉讼解决方式在所带来的诸多附带性问题，大多数国家都在一些特殊的领域选择行政裁判来进行某类案件的裁决。在国外，一般来说，行政裁决主体不是司法机关，而是隶属于行政组织系统；但是，行政裁决主体也并非一般的行政组织，而是专门负

---

[1] 张维：《行政裁决的过去、现在和将来》，载"法治日报"微信公众号，2019年6月2日。

责行政案件的审查、裁决的较为独立的行政组织。[1]

在英国,对于行政裁判所制度的性质,学者之间存在不同的看法。一种观点倾向于认为行政裁判所制度具有行政性质,是政府的组成部分。但大部分学者更倾向把裁判所视为具有补充性质的用以解决纠纷的组织,并把行政裁决看作一种具有司法化特征的救济机制。[2] 从本质上看,英国行政裁判所是按议会立法设立的审判机构,不隶属于行政机构,也不等同于法院。[3] 因而,英国的行政裁判所制度与我国的行政裁决在本质属性上有着较为明显的区别,不可等同视之。

美国联邦最高法院有一系列关于行政裁决的判例,记录了行政裁决制度在美国的发展历程。[4] 在美国,行政裁决是指行政机关作出的能够影响当事人权利和义务的一切具体决定的行为[5]。2006年议会通过的《裁判所、法院和调查法》,依然将裁判所确定为行

---

[1] 例如,在美国,1946年《联邦行政程序法》设立了听证审查官制度,在各行政机关内部根据需要设立了相对独立的审查官员,其中就包括对专利权纠纷的听证审查。此外,英国、澳大利亚采用了行政裁判所制度,日本采用行政委员会裁决制。参见胡建淼:《比较行政法——20国行政法评述》,法律出版社1998年版,第162~163页,第96页,第356页,第612页。

[2] 英国弗兰克斯委员会采纳了后一种观点,认为行政裁判所是议会旨意设立的审判机关,不是行政机构的一部分,但同时也采纳了行政机关的某些观点,认为由于行政争端的特点,行政裁判所不能等同于法院,它是司法体系的补充。行政上的需要和符合公平的要求必须兼顾以平衡公共利益和公民个人利益。参见王名扬:《英国行政法》,中国政法大学出版社1987年版,第140页。

[3] 王名扬:《英国行政法》,中国政法大学出版社1987年版,第141页。

[4] See Crowell v. Benson, 285 U.S. 22 (1932); Thomas v. Union Carbide Agric. Products Co., 473 U.S. 568 (1985); Commodity Futures Trading Comm'n v. Schor, 478 U.S. 833 (1986).

[5] 美国1946年《联邦行政程序法》规定,行政裁决是行政机关除制定法规以外所做出的最后决定的全部或一部,可以采取肯定的、否定的、禁止的、确认的形式(包括批准许可证在内)。参见王名扬:《美国行政法》,中国法制出版社1995年版,第418页。

政机构。行政裁决是行政机关作为中立的第三方,利用其行政管理的专业知识对行政职务等所作出的决定。

我国的行政裁决也不完全等同于美国的行政裁决。我国的行政裁决虽然由行政机关作出,但行政裁决的性质却是居中裁断,是解决民事主体双方之间的纠纷,带有一定的中立性与裁断性,具有准司法的特征。

(三) 提供公共服务说

行政裁决既具有解决纠纷的司法特征,也有行政机关行使职权对当事人之间的权利与义务带来影响的具体行政行为特征,难以描述哪一个特征多一点还是少一点。根据行政裁决设定的目的来看,出于当事人之间化解纠纷的需要,行政职权部门基于自己所熟悉的领域给当事人提供化解纠纷提供便利,从这个出发点来说,服务是行政裁决的本质属性,行政裁决是一种特别的服务行政。这一点与行政职权部门日常的管理行为不同,因而行政裁决是被动的,不是主动提供服务,而是在当事人在申请后,认为有服务必要时才可能进行。

提供权威、公正的判断,是行政机关行使行政裁决的生命力所在。行政裁决制度之所以能够存在与延续完全在于行政机关能够为当事人之间的纠纷提供一种公正的、恰如其分的判断,这就是行政机关提供的"服务产品",判断的公正与否、与当事人自己期盼的距离远近与否,也就是能否令当事人满意,决定了行政裁决的前程,这一点体现了行政裁决的服务本质。反过来假定行政裁决仅仅为一种行政职权行为,即使有必须的法律要件,或有多么明确具体的规定,假如当事人对行政机关的判断力表示怀疑,也就是行政机关提供的服务质量难以令人信服,那么,当事人完全可以选择其他的纠纷解决方式,选择"用脚投票"的方式而置行政裁决于名存实亡的尴尬境地。行政裁决的存在价值，取决于其能够提供怎样的服务。这种服务会在当事人之间，无形中形成一种市场竞争机制，给行政机关带来压力，在这种压力下，许多部门选择了退出，而不是积极寻求解决之道，这种退避的心理与服务行政的宗旨渐去渐远。当然，行政裁决所遇到的这种困惑，也与时下的法律体系对于行政裁决的定位与相关的制度设计有关。

在理论与实践已对行政裁决内涵达成共识的情况下，未来应规范行政裁决的立法用语，"消灭那些'调''处理'等含糊不清的词，代之以'仲裁'和'裁决'等确定的词。对那些'可以由行政主管部门处理'等类似表述的，建议删去'可以'二字，避免产生歧义，给规避法律以借口。"[1]

（四）专利权的本质属性："公权"与"私权"并存

1. 专利权的"特权"时期

专利是一种特殊的对于智力成果的保护活动。在英国，专利作为一种"特权"，从13世纪开始在英国出现，延续了几百年，直到16世纪女王统治后期被滥用，而被法院判决无效。[2] 1624年5月议会通过《垄断法案》，废除了英国已经授予的所有垄断权，规定了发明专利的主体、客体、取得专利的条件、专利的有效期限以及

---

[1] 刘明远：《新时代背景下健全行政裁决制度的思考》，载《中国司法》2019年第12期。

[2] 包括肥皂在内的生活必需品都被授予了专利权。著名的"达西诉阿联案"中，法院基于"扑克牌"专利会导致就业减少，影响人民生活，阻碍商业发展，不利于国家等原因，宣告女王授予的专利权无效，为英国专利法的制定奠定了基础。参见吴汉东、胡开忠：《无形财产权制度研究》，法律出版社2005年版，第290页。

宣告专利权无效的条件，也规定专利不得违背法律，不得有害于国家。[1]

随着资本主义市场经济和法治的发展，专利权作为一种封建"特权"的极不稳定性成了经济发展的桎梏。人们开始追求平等的贸易规则、明晰的产权制度和充分的自由，而"特权"化的专利制度使投入新技术、新行业的资产者缺少安全感，因此资产阶级要求专利权属性的变革，直到1852年《专利法修正案》颁布，这一现象也没有改观。英国人虽然制定了第一部现代意义的专利法，但是他们没有完成专利权从"特权"到"私权"的转化。[2]

2. 专利权从"特权"到"私权"的演化

根据英王殖民特许来到北美的人们在建国之前，就在各自治州仿效其母国，为提高技术进步而允许合理垄断，建立起了专利制度。1776年，美国独立后，各州仍按惯例授予发明人以专利特权。[3] 1787年的美国宪法"赋予作者和发明人就其作品和发明在一定期限内的专有权利，以促进科学和实用技术的进步"，为确认和保护发明人的专利权提供了宪法依据。1790年美国颁布了第一部正式的《专利法》，1793年调整了专利法条文，直到1836年为止，"美国式"的专利授权制度和实行该制度的机制才正式建立起

---

[1] 在《垄断法案》第1条强调，专利权之授予是国王的恩惠。因此从法案的产生背景、用语与内容、颁布后的效果和早期人们对它的认识，都没有显现出保护发明人、激励创新的目的。参见［澳］布拉德·谢尔曼、［英］莱昂内尔·本特利：《现代知识产权法的演进：英国的历程（1760—1911）》，金海军译，北京大学出版社2006年版，第247、248页。

[2] 1852年《专利法修正案》中规定，专利申请者需要向英王递交一份申请，虔诚地等待国王授权。参见杨利华：《从"特权"到"财产权"：专利权之起源探微》，载《湘潭大学学报（哲学社会科学版）》2009年第1期。

[3] P. J. Federico, *colonial monopolies and patents*, Journal of the patent office society, 1929, p. 11.

来。从此，专利的授予遵循科学而严格的程序和条件，要经过审查才能取得专利，专利权可以由权利人依法使用和处置。这样，专利便成为权利人的一种重要的财产，专利也由王室或其他统治者、统治集团恩赐的"特权"变为发明人能够依法获得的权利，专利权也在美国宪法的保护体系下逐渐演变成了"私权"。在专利演化为"私权"的这一时期，在自然法思想的影响下，出现了支持专利制度的几种重要理论："自然权利"说，即"基本财产权"论、"报酬"说等，对专利制度予以肯定。[1]

1789年的法国专利法明确指出，"如不承认产业上的发明为其创造者所有，就等于无视人权"。1878年"保护工业产权巴黎公约"国际会议上，也采用这种意见。[2]

各国将专利法纳入民事法律的规范中，专利权自然而然地成了一种"民事权利"，被归结为"私权"。[3]

3. 专利权兼有"私权"与"公权"的属性

TRIPS协议序言第4段："承认知识产权为私权。"该段是对知识产权私权本质的明确规定。这一规定主要是从另一个视角与知识产权行政保护相关联，即它常常成为我国一些学者反对用行政保护

---

[1] Edmund W. Kitch, *The nature and function of the patent system*, Journal of Law and Economile, 20（2）1977, p. 265~266.

[2] 又如，"契约说"认为专利制度是一种发明人与社会间订立的契约：发明人以公开其最新的发明创造作为对价，来换取社会对其专利权的承认。Edmund W. Kitch, *The nature and function of the patent system*, Journal of Law and Economile, 20（2）1977, p. 265-275.

[3] 邹琳：《论专利权的权利属性》，载《湘潭大学学报（哲学社会科学版）》2011年第5期。

这种公权力方式介入作为私权的知识产权进行保护的重要理由。[1]尽管 WIPO 公约[2]和 TRIPS 协议[3]基本上确认知识产权为"私权"。但是，TRIPS 协议对知识产权私权本质的规定只是表明：各成员并无义务采用行政保护的方式对知识产权侵权或者违法行为采取行动，至于各成员根据自己的需要选择行政保护方式进行知识产权保护，则 TRIPS 协议并不反对。更何况，TRIPS 协议关于知识产权私权本质的规定不仅没有终止学界对知识产权属性的研究与争论，[4]而且，学者们还进一步提出，在新的技术条件下，知识产权的"私权特征正受到质疑"。[5]再从 TRIPS 协议本身的规定来看，它在规定知识产权为私权的同时，还对知识产权行政保护作出了明确规定。有鉴于此，TRIPS 协议在该段中关于知识产权属于私权的规定，并不能成为我们否定知识产权行政保护制度的理由。因为在 TRIPS 协议正文中明确将"降低执法成本、提高执法效率"树立为执法基本原则，不仅不反对知识产权纠纷的行政解决方式，还要求司法最终解决纠纷对司法之外的其他救济手段予以救济。

---

[1] 参见王晔:《知识产权行政保护刍议》，载郑胜利主编:《北大知识产权评论第1卷》，法律出版社 2002 年版，第 211 页；莫于川:《知识产权行政保护制度亟待改革》，载《改革》1998 年第 6 期。

[2] 指 1967 年签订的《成立世界知识产权组织公约》(The Convention Establishing the World Intellectual Property Organization，简称 WIPO)。

[3] 世界贸易组织及其制度框架将知识产权纳入国际贸易体系之中，达成了《与贸易有关的知识产权协议》(Agreement on Trade-Related Aspects of Intellectual Property Rights，简称 TRIPS)，从而在世界贸易组织框架内，实现了国际贸易"知识化"和知识产权"国际化"。参见吴汉东:《后 TRIPs 时代知识产权制度的变革与中国的应对方略》，载《法商研究》2005 年第 5 期。

[4] 参见冯晓青、刘淑华:《试论知识产权的私权属性及其公权化趋向》，载《中国法学》2004 年第 1 期；李永明、吕益林:《论知识产权之公权性质——对"知识产权属于私权"的补充》，载《浙江大学学报（人文社会科学版）》2004 年第 4 期。

[5] 冯晓青:《知识产权法利益平衡理论》，中国政法大学出版社，2006 年版，第 195 页。

对于专利权纠纷的属性众说纷纭。有学者提出,专利权的"私权"性质存在理论缺陷,今天的专利权已经呈现出"公权化"的趋势。[1]也有学者指出专利权具有"公共政策性"特征。[2]另外,"发展经济"说和"产业政策"论则从专利制度设立的目的来证明专利的"公共利益属性"。[3]从实践的角度看专利权,专利权是一种兼有"公权"与"私权"特征的权利的观点,这一点在理论界也逐步得到认同。

4. 专利权属于一种"第三法域"的权利

有学者考察了专利权与其他基本权利的不同后,提出专利权应该是一种介于"公权"与"私权"之间的"第三法域"的权利。[4]

---

[1] 周作斌、李延禹:《论知识产权私权公权化的原因及趋势》,载《西安财经学院学报》2010年第4期。

[2] 王太平:《论知识产权的公共政策性》,载《湘潭大学学报(哲学社会科学版)》2009年第1期。

[3] 基于社会本位的"发展经济"说认为专利制度的建立,其根本目的是为了发展国家经济,专利权的授予在事实上可起到鼓励人们进行发明创造的作用,而高新技术的诞生客观上可刺激经济的发展;"产业政策"论则认为专利制度是基于产业政策方面的考虑而采用的。国家将专利权授予最先申请或者最先发明的一方,以便获得专利权的人能够安心地积极地投身到专利技术的生产、销售、转让或者进一步的研究中,使专利技术能够充分地转化为生产力,促进经济和技术的发展。同时为了维护正常的市场秩序,授予专利权人以一段时间的垄断权,以便杜绝仿冒而保障消费者的期待利益。因此,专利法以促进全人类的科技发展为最终目的,知识的积累性和传递性决定了专利技术并不是仅仅依靠个人的努力就可以获得的成果,而是全社会科学技术发展的成果,其利用也是为公共福祉服务的。参见〔日〕吉藤幸朔:《专利法概论》,宋永林、魏启学译,专利文献出版社1990年版,第12页。

[4] 一般认为,"第三法域"作为一个学术概念起源于德国。这一概念早在1870年即由偌斯勒提出,而后由基尔克于19世纪末以"团体法说"加以阐述。参见Otto van Gierke, Deutsches Privatrecht, I. Bd., 1895, S.26f.; des, Die soziale Aufgabe des Privatrechts, 1889. 转参见〔德〕Hans F. Zacher(ハンス F ツァハー):《ドイツ社会法の构造と展开:理论、方法、实践》,藤原正则、多治川卓朗、北居功、佐藤启子译,日本评论社2005年版,第6页。

拉德布鲁赫是这种观点的代表者。[1] 学界对"第三法域"的考察正是在社会日趋多元，行政权力日趋社会化，传统的公、私法的界限日益模糊的法律背景下所做的分析与归纳，尽管"第三法域"的理论建构尚不够成熟，但与传统公、私法的界定相比，无疑更接近现实。

有学者指出，专利制度已经成为一种政策性的制度。如中国政法大学冯晓青教授明确提出：不赞成将知识产权法纳入我国将要制定的民法典之中。[2] 厦门大学古祖雪教授认为：国际知识产权法可以成为一个新的国际法部门。[3] 专利权不再是一种绝对的"私权"。[4]《中华人民共和国民法典》虽然没有专门设立"知识产权编"，但在第三编"合同"中，第十二章"技术合同"中，对于知识产权的交易有所体现。

结合以上对行政裁决与专利权本质属性的分析可以得出，很难在离开具体语境的情形下断言，行政裁决究竟是一种单纯的具体行政行为，还是一种独立性极强的司法行为。比如，在英国行政裁判所中，其裁决就是一种完全独立于行政部门的司法行为，但又不同于法院系统的诉讼解纷行为，而在美国则是处理各种行政纠纷的行

---

[1] 拉德布鲁赫的著名论断是：如果要用法律语言来表述我们所见证的社会关系和思潮的巨大变革，那么可以说，由于对"社会法"的追求，私法与公法……之间的僵死划分已越来越趋于动摇，这两类法律逐渐不可分地渗透融合，从而产生了一个全新的法律领域，它既不是私法，也不是公法，而是崭新的第三类：经济法与社会法。[德] 拉德布鲁赫：《法学导论》，米健、朱林译，中国大百科全书出版社1997年版，第77页。

[2] 参见冯晓青、刘淑华：《试论知识产权的私权属性及其公权化趋向》，载《中国法学》2004年第1期。

[3] 参见古祖雪：《国际知识产权法：一个新的特殊国际法部门》，载《法学评论》2000年第3期。

[4] 邹琳：《论专利权的权利属性》，载《湘潭大学学报（哲学社会科学版）》2011年第5期。

为。又由于专利权的公、私属性的兼有性,也很难截然将"公"与"私"分开,更不要说是属于民事纠纷还是行政纠纷的划分。专利权纠纷的行政裁决是一种特殊的纠纷解决方式,它的特殊性体现在两方面:一方面是因为专利权的特有法律属性,而使得其解纷过程既与一般的行政裁决相联系,也有所不同;另一方面,由于专利权解纷中的多元选择,行政裁决过程与其他纠纷解决方式大有不同,但囿于法律设计的现实原因,又不可能完全脱离其他纠纷解决方式而独立存在。专利权的特殊性决定了专利权纠纷解决方式的与众不同,也对行政裁决的传统定义提出挑战。这也使得以往关于行政裁决解决民事纠纷,或私权纠纷的界定都显得令人捉襟见肘、顾此失彼。

(五)专利权纠纷行政裁决的本质属性

如前文所述,专利权本身除了符合基本权利的特征之外,还包含两个要素:客观要素与主观要素。所谓客观因素,又称物的要素,指发明创造本身是否具有价值(如新颖性、创造性与实用性等),否则,该项权利就失去了依附物,失去了受保护的意义,如一个危害于社会的发明创造,尽管可能有用,却没有价值,也不可能被授予专利权。主观要素,又称精神要素、心理要素,是指经过国家专利审核部门的审批程序,被公开认可(即使涉及国家机密,也应按照相应的保密程序进行确认)后所获得的法律保护,一旦受到侵犯,可以寻求法律保护。对于专利权来说,这两个因素,缺一不可。由此可以看出,专利权并不仅仅是发明创造自身的一种权利,它同时依赖于国家的专利确认与保护程序。享有专利权的人,也并非一定是发明创造者本人,如可以通过转让等来完成权利的移交,但无论专利权如何周转,专利自身的价值一直是专利权存在的基础,一旦专利的价值失去,专利权也就失去了被保护的意义,即使有所谓的纠纷，也不在法律所保护的范围之列。由此得出所谓专利权纠纷就是对专利的认可、保护等带来破坏的那些因素。

根据专利权纠纷的性质，也就是那些破坏因素的性质来划分专利权纠纷可以较为贴切地描述纠纷，更有利于纠纷的解决，使得破坏因素尽快消失或恢复原状是专利权纠纷化解的使命。

专利权纠纷是有关专利权的利益冲突和价值纷争，围绕着专利权而展开，由于专利权制度建构于这样的逻辑过程中：发明创造⇒申请专利⇒成为专利（专利权人获得专利权）⇒专利产品市场化，因而，专利权纠纷也必然发生在有关权利的界定、交易、限制、保护和管理的过程中，由此产生专利权的权属纠纷、交易纠纷、权限纠纷、侵权纠纷，管理纠纷等。这个过程也反映出公权力介入专利权的事实，或者说，专利权必须经过公权力介入，并以严格的行政职权的行使为前提，最后，以行政许可等形式受到法律确认与保护。在这个规范结构中，既存在平等主体之间的法律关系，包括同行业竞争者和同行业专利生产者、发明者之间的关系等，同时，也存在不平等主体之间的法律关系，即专利主管行政机关与专利生产者、发明者之间的关系。相应的，在该领域发生的纠纷存在平等主体之间的民事纠纷，也存在不平等主体之间的行政纠纷。因而，专利权纠纷很难区分出单纯的民事纠纷或行政纠纷，呈现在世人面前的是一个与传统概念不一致的特例。本书之所以以专利权纠纷为研究的出发点，并非旨在突破传统的关于民事纠纷与行政纠纷的界定，而是要解决这样一个特例，但在解决过程中，如果按照传统对纠纷的划分，难免会作茧自缚。

狄骥认为："任何法律行为都蕴含着其所预期实现的目标。一项行政行为如果要获得合法性，关键在于这项行为应当具有某个与这个国家的客观法相符合的、具有社会价值的目标。"[1] 国家关于专利权纠纷行政裁决的设定有着明确的目的，这个目的就像狄骥所言一样是具有服务性质的。"制定法过去被看成是来自于主权性意志的一般性命令；而现在它已经被视为一种为了满足公众需求而制定的规则。行政行为过去由于来源于行政机构的公务人员而被披上主权的外衣；而现在它已经开始被视为一种个人行为，它的公权性质仅来自于它所为之服务的目的。"[2]

为当事人提供优质的服务，并进而实现对专利的保护，是专利权纠纷行政裁决设定的根本目的。"政府提供某些不可或缺的公共服务，没有这些公共服务的社会生活是不可想象的，并且这些公共服务由其本质决定不适合由私人企业提供。"[3] 基于此，作者认为：专利主管部门以居间身份，对当事人之间的纠纷提供公正、高效的判断，即提供一种带有公信力的公共服务，是专利权纠纷行政裁决的本质属性。

三、专利权纠纷行政裁决的构成要件

(一) 专利权纠纷行政裁决的主体

1. 行政裁决主体

国内学界关于行政裁决主体的定义为：依法享有裁决职权的行政机关及其授权的部门或机构。[4] 那么，其中的"裁决职权"与一般的行政职权是否等同？行政裁决主体与行政主体有否区别？在

---

[1] [法] 狄骥：《公法的变迁》，郑戈译，中国法制出版社2010年版，第119页。
[2] [法] 狄骥：《公法的变迁》，郑戈译，中国法制出版社2010年版，第112页。
[3] [美] 奥里森·马登：《成功学原理》，黄维译，凤凰出版社2010年版，第374页。
[4] 马怀德主编：《行政法与行政诉讼法》，中国法制出版社2007年版，第250页。

国内的教科书中,行政主体被定义为:在行政法律关系中,与行政相对人相对应的互有权利义务关系的另一方当事人,是享有行政职权,并能以自己的名义行使的,并能独立承担由此产生的法律关系的组织。[1] 在行政裁决中,当事人之间的纠纷是一对主要的法律关系,行政机关参与解决其中的纠纷,并代表国家公权力行使相应的判断、裁决等职权,其与当事人之间的关系是不是行政主体与行政相对人的关系值得商榷,这取决于对行政裁决的界定。

行政裁决兼有居间解决纠纷的功能和行使行政职权的特性,易混淆不清。因为,假如将行政裁决作为一种司法性的裁判机构,那么行政裁决的主体即类似于解决行政纠纷的行政诉讼中的主体,[2] 也类似于民事诉讼中的主体。[3] 那么行政裁决的主体就是依法享有裁决职权的行政机关和请求解决纠纷的双方当事人。假如强调行政裁决的行政职权,即管理职能,那么行政裁决主体就是"依法享有裁决职权的行政机关及其授权的部门或机构"。[4] 在这个定义

---

〔1〕 参见应松年主编:《行政法与行政诉讼法》,中国政法大学出版社2008年版,第49页。

〔2〕 "行政诉讼的主体包括原、被告、其他诉讼参加人和法院。"参见应松年主编:《行政法与行政诉讼法》,中国政法大学出版社2008年版,第234页。

〔3〕 "民事诉讼主体,是指参与民事诉讼活动的当事人。在民事诉讼活动中,涉及的诉讼主体包括三个方面,一是主持审判活动的审判机关,审判机关主导民事审判活动,是当然的主体;二是诉讼当事人,即参与诉讼活动的民事纠纷的双方,包括诉讼代理人;三是诉讼参与人,包括证人、鉴定人、勘验人等。民事诉讼主体必须符合法律的规定,才能保证民事诉讼活动合法有效地进行。我们通常所提到的民事诉讼主体,是指第二类的诉讼当事人,即原告、被告、第三人以及上诉案件中上诉人、被上诉人。合格的当事人直接关系到诉讼的结果。我们在法庭上有时会遇到被告反驳原告称'你不能告我',或者'你没有实体权利,你不能当原告',法院要对当事人主体资格进行审查并做出判断,这就是当事人诉讼资格是否适格的问题,即案件的原告、被告、第三人是否是本案正当当事人。"参见百度百科,http://baike.baidu.com/view/11095.htm. 最后访问日期:2012年3月18日。

〔4〕 马怀德主编:《行政法与行政诉讼法》,中国法制出版社2007年版,第250页。

中，行政裁决主体并不仅仅限于行政机关。[1] 在这里，行政裁决主体主要是行政机关，另外也包括行政机关以外的享有法律、法规授权的组织和其他特定的社会公权力组织。根据传统的三权分立理论，裁决平等主体之间的纠纷是司法权的专属职能，行政机关不能越权。但随着社会的发展，社会生活领域内专业性、技术性很强的事项不断增多，相比较司法机关而言，行政机关因其快捷、专业、高效等特点，在处理这些领域的纠纷时更具有优势。随着行政权力运作的社会化发展，在特殊情况下，行政机关之外的组织，在法律的授权下，也可以对特定的事务或对象（如行业协会的自律等）作出行政裁决。

"依法享有裁决职权的行政机关及其授权的部门或机构"中的"法"仅仅指导法律吗？也就是说，除了法律之外，是否包括行政法规、行政规章等？对于"法律"的理解，有两种不同的理解：其一，从广义的角度来理解"法律"，即认为法律、法规均可以授权行政主体进行行政裁决。有学者走得更远，认为不仅法律，行政法规、地方性法规可以授权行政裁决，部门规章与地方性规章也可以授予特定的行政主体行政裁决权。[2] 其二，从狭义的角度来理解"法律"，即认为只有全国人民代表大会及其常务委员会制定的法律才可以授予行政主体的行政裁决权，而不包括行政法规、地方性法规等。这个观点的理由是，行政裁决权关系到行政机关和人民法院之间的职权分配，属于宪政层面的分权问题，其制度的设立应当由

---

〔1〕 "行政机关是指依宪法或行政组织法的规定而设置的行使国家行政职能的国家机关"。参见姜明安主编：《行政法与行政诉讼法》，北京大学出版社、高等教育出版社2007年版，第117页。

〔2〕 马怀德主编：《行政法与行政诉讼法》，中国法制出版社2007年版，第250页。

代表民意的权力机关做出。[1] 对于行政裁决权而言,各专门法律法规对相应部门享有行政裁决权的事项进行了明确规定,例如《中华人民共和国商标法》《中华人民共和国专利法》《中华人民共和国城市房屋拆迁管理条例》等。《中华人民共和国立法法》第12条的规定也说明行政法规有补急作用。[2] 也就是说被授予行政裁决职权的行政主体在行使具体的职权时,许多细节性的、技术性的规定在不违背法律规定的前提下,在制度上适当创新,一旦时机成熟,应尽快通过立法程序使这些经过实践检验的规定形成法律,进而发挥出更大的效力。《中华人民共和国立法法》第14条对此予以了明确规定。[3]

按照作者给行政裁决的定义看,行政裁决是行政职权部门依照相关法律为当事人提供解决纠纷服务的程序或制度,行政裁决的主体也就是提供服务的行政职权部门。

2. 专利管理机关

专利权纠纷行政裁决的主体就是依照相关法律法规的要求,应专利权纠纷当事人的请求而进行裁判,并为此裁判的公正与否承担相应责任的主体。在专利权领域就是指享有专利行政管理职权而进行行政裁决的部门。具体情形如下:

我国《中华人民共和国专利法》(2020年修正)规定:"……

---

[1] 叶必丰主编:《行政法与行政诉讼法》,中国人民大学出版社2011年版,第157页。

[2]《中华人民共和国立法法》第12条规定:"本法第11条规定的事项尚未制定法律的,全国人民代表大会及其常务委员会有权作出决定,授权国务院可以根据实际需要,对其中的部分事项先制定行政法规,但是有关犯罪和刑罚、对公民政治权利的剥夺和限制人身自由的强制措施和处罚、司法制度等事项除外。"

[3]《中华人民共和国立法法》第14条规定:"授权立法事项,经过实践检验,制定法律的条件成熟时,由全国人民代表大会及其常务委员会及时制定法律。法律制定后,相应立法事项的授权终止。"

专利权人或者利害关系人可以向人民法院起诉,也可以请求管理专利工作的部门处理……进行处理的管理专利工作的部门应当事人的请求,可以就侵犯专利权的赔偿数额进行调解;调解不成的,当事人可以依照《中华人民共和国民事诉讼法》向人民法院起诉。"[1]其中的"管理专利工作的部门"就是专利权纠纷行政裁决的主体。但是没有说明是哪一级的专利管理部门。2010年实施的《中华人民共和国专利法实施细则》,对此予以了明确:"专利法和本细则所称管理专利工作的部门,是指由省、自治区、直辖市人民政府以及专利管理工作量大又有实际处理能力的设区的市人民政府设立的管理专利工作的部门。"[2]

3. 专利业务指导部门

国家专利行政部门有对行政裁决进行业务指导的职权。[3] 指导部门仅对自己的指导失误或越权、滥用权力等承担责任,而对行政裁决的后果基本上不负责任,而由具体的被指导部门承担。理论上,如此的设计并不合理,因为行政裁决主体裁决时的独立性是保证其公正的程序要件,而上级主管部门的"指导",造成了事实上的干扰,指导部门的意见往往成为判断的重要依据,但因为是"指导",不是专利权纠纷行政裁决的主体,因而不承担责任而逍遥法外,行政裁决主体反而成了"替罪羊"。为了避免行政裁决主体的混乱,尤其是避免出现权力的不公开操作,有必要将职权指导部门一起列为专利权纠纷的行政裁决主体。

---

〔1〕 《中华人民共和国专利法》(2020修正)第65条。
〔2〕 《中华人民共和国专利法实施细则》(2010修订)第79条。
〔3〕 参见《中华人民共和国专利法实施细则》(2010修订)第80条之规定:"国务院专利行政部门应当对管理专利工作的部门处理专利侵权纠纷、查处假冒专利行为、调解专利纠纷进行业务指导。"

4. 专利行政裁决职权的委托方与被委托方

《专利行政执法办法》中尽管没有规定委托方的责任，但根据以上对行政裁决的论述来看，被委托方也有义务做好服务，也就是有必要的注意义务与善意义务,[1] 并应为故意的违法行为承担相应的责任，这是专利权纠纷行政裁决服务本质的要求，也是法治理念的要求，因为每个人、每个部门都应为自己的行为负责任。

5. 专利复审委员会

对于我国专利复审委员会能否作为专利权纠纷行政裁决的主体在学界颇有争议。作者根据我国《中华人民共和国专利法》（2008年修正）第45条、第46条的关于"专利复审委员会宣告该专利权无效"的规定认为，专利复审委员会对宣告专利权无效的请求及时审查和作出决定，并通知请求人和专利权人，宣告专利权无效的"决定"，符合专利权纠纷行政裁决的实质要件。[2] 这一点之所以受到质疑，原因在于：一方面是对专利复审委员会的性质有争议，有学者反对将专利复审委员会视为行政机关，更是认为专利复审委员会无权进行行政裁决。事实上，我国专利法对专利复审委员会的界定为"由国务院专利行政部门指定的技术专家和法律专家组成，主任委员由国务院专利行政部门负责人兼任"。[3] 与其他行政裁决

---

[1] 参见《专利行政执法办法》（2015修正）第6条之规定："管理专利工作的部门可以依据本地实际，委托有实际处理能力的市、县级人民政府设立的专利管理部门查处假冒专利行为、调解专利纠纷。委托方应当对受托方查处假冒专利和调解专利纠纷的行为进行监督和指导，并承担法律责任。"

[2] 参见《中华人民共和国专利法》（2008修正）第46条第1款之规定："专利复审委员会对宣告专利权无效的请求应当及时审查和作出决定，并通知请求人和专利权人。宣告专利权无效的决定，由国务院专利行政部门登记和公告。"

[3] 参见《专利法实施细则》（2010修订）第59条之规定："专利复审委员会由国务院专利行政部门指定的技术专家和法律专家组成，主任委员由国务院专利行政部门负责人兼任。"可以看出，专利复审委员会是具有行政职权的。

主体相比，专利复审委员会的确具有相对的独立性，且人员设置也不全是国家的行政人员，似乎从外在形式上看，不是行政机关。专利复审委员会是否为行政机关并非问题的关键，最关键的问题是专利复审委员会所行使的职权是否为行政职权，并具有法定的授权。法律规定中，可以得出专利复审委员会有着明确的法律授权，这是一种典型的行政授权行为，因而专利复审委员会可以作为行政主体，当然也有资格作专利权纠纷行政裁决的主体。另一方面，专利复审委员会所行使的"审查与决定"是被动行使的，以当事人的申请为前提，从而不同于其他行政执法行为。从专利复审委员会是居间进行审查，并做出公正的裁定，所适用的法律程序也与专利权纠纷行政裁决的其他传统上的界定一样来看，[1] 专利复审委员会进行的专利无效审查等行为，属于专利权纠纷行政裁决的范畴，专利复审委员会也可以是专利权纠纷行政裁决的主体。

2020年修正的《中华人民共和国专利法》全面取消了专利复审委员会，专利行政机关取而代之，使得该项权力更加明确具体，它本身就是一项行政职权，不再是模糊不清。专利法修改后，也使得专利复审委员会成为一种历史性的制度设计，在现实生活中，渐渐退出历史舞台。当然，这并不能说明专利复审委员会没有发挥应有的作用，更不能说明该项制度没有研究的价值，其实，专利复审

---

[1] 参见《中华人民共和国专利法实施细则》（2010修订）第60条之规定："依照专利法第四十一条的规定向专利复审委员会请求复审的，应当提交复审请求书，说明理由，必要时还应当附具有关证据。复审请求不符合专利法第十九条第一款或者第四十一条第一款规定的，专利复审委员会不予受理，书面通知复审请求人并说明理由。复审请求书不符合规定格式的，复审请求人应当在专利复审委员会指定的期限内补正；期满未补正的，该复审请求视为未提出。"可见，除了主体不同外，在程序方面，专利复审委员会更加注重民主与专家论证的形式，可以充分发扬"全过程人民民主"，也可以充分发挥专家的专长，使得行政裁决的水平不断"水涨船高"。但是，唯一的缺陷就是行政职权的不太明确，导致责任的分担不清，也导致救济的效率与效果大打折扣。

委员会所蕴含的民主、专业等价值仍然值得挖掘。只不过，随着国家法治的变革，有些制度会成为过去，但是，这完全是现实的需要，并不能抹杀该项制度本身所蕴含的价值。

(二) 专利权纠纷行政裁决的参与人与当事人

与其他领域的行政裁决有所不同的是，专利权纠纷行政裁决过程由于对专业的高度要求，以及裁决过程的公开度与透明度较高，因而更接近于一种准司法性的服务，而不仅仅是一种行政职权。专利权纠纷行政裁决过程中所形成的法律关系不仅仅有行政主体与行政相对人，还有专利权纠纷行政裁决当事人、参与人等的介入。根据《专利行政执法办法》（2010）第 8 条，以及 2015 年修改后第 10 条的规定，专利权纠纷行政裁决当事人包括请求人与被请求人。专利权纠纷行政裁决的参加人则包括享有行政裁决职权的行政部门、请求人、被请求人，以及各自的委托代理人等。[1]

请求权人是专利权纠纷行政裁决的发起者，由申请人首先提出申请，行政裁决职权部门根据情况才有可能启动。"请求人是专利权人或者利害关系人。""其中所称利害关系人包括专利实施许可合

---

[1]《专利行政执法办法》（2010）第 8 条规定："请求管理专利工作的部门处理专利侵权纠纷的，应当符合下列条件：（一）请求人是专利权人或者利害关系人；（二）有明确的被请求人；（三）有明确的请求事项和具体事实、理由；（四）属于受案管理专利工作的部门的受案和管辖范围；（五）当事人没有就该专利侵权纠纷向人民法院起诉。"2015 年修改后《专利行政执法办法》专设第二章"专利侵权纠纷的处理"，第 10 条规定：请求管理专利工作的部门处理专利侵权纠纷的，应当符合下列条件：（一）请求人是专利权人或者利害关系人；（二）有明确的被请求人；（三）有明确的请求事项和具体事实、理由；（四）属于受案管理专利工作的部门的受案和管辖范围；（五）当事人没有就该专利侵权纠纷向人民法院起诉。第一项所称利害关系人包括专利实施许可合同的被许可人、专利权人的合法继承人。专利实施许可合同的被许可人中，独占实施许可合同的被许可人可以单独提出请求；排他实施许可合同的被许可人在专利权人不请求的情况下，可以单独提出请求；除合同另有约定外，普通实施许可合同的被许可人不能单独提出请求。

同的被许可人、专利权人的合法继承人。专利实施许可合同的被许可人中,独占实施许可合同的被许可人可以单独提出请求;排他实施许可合同的被许可人在专利权人不请求的情况下,可以单独提出请求;除合同另有约定外,普通实施许可合同的被许可人不能单独提出请求。"[1]

(三) 专利权纠纷行政裁决的客体或调整对象

行政裁决的对象是与裁决主体行政职权密切相关的特定的民事纠纷。较有代表性的观点如应松年教授主张的"行政机关所裁决的民事纠纷应当是行政机关在行使其行政职权、履行其行政职责的过程中调查、处理相关事实与当事人争议的民事纠纷事实全部或者部分相重合,由行政机关在行使行政权的过程中一并对该民事纠纷做出处理更有利于纠纷的及时、有效解决的情况。"[2] 行政裁决的对象是否应限制于民事纠纷也值得商榷。既然行政裁决的过程和结果本身也同时是行政机关进行管理活动、实现其管理目标或对公民权益进行保护的体现,那么行政裁决的对象就可能涉及行政主体本身,也就可能涉及行政纠纷。

对于专利权纠纷行政裁决,就目前的相关法规而言,其客体或调整对象主要指:其一,《中华人民共和国专利法》(2008年修正)第46条规定的专利复审委员会开展无效审查与决定的行为;[3] 其

---

[1] 参见《专利行政执法办法》(2010) 第8条,以及2015年修改后的第10条的规定。

[2] 应松年主编:《当代中国行政法(下卷)》,中国方正出版社2005年版,第1105~1106页。

[3] 参见《中华人民共和国专利法》(2008修正)第46条第1款之规定:"专利复审委员会对宣告专利权无效的请求应当及时审查和做出决定,并通知请求人和专利权人。宣告专利权无效的决定,由国务院专利行政部门登记和公告。"该条中专利复审委员会作出的"无效"决定,实际上就是一种对民事权利的确权。

二,《中华人民共和国专利法》(2008年修正)第57条规定的专利权强制许可使用费的纠纷;[1] 其三,《中华人民共和国专利法》(2008年修正)第60条的专利权侵权纠纷。当然,专利权纠纷行政裁决的范围也不仅仅限于以上三处,而是还有更多的适用空间,尤其是,需要打破行政裁决的传统定义,将行政裁决的对象扩大为行政纠纷和民事纠纷等,而且将专利法规做出相应修改,凡是法院可以审判的专利权纠纷案件,行政裁决机关一般也可以先行审理,授予专利主管部门更多的行政裁决职权,更有利于发挥自己的专长。[2]

《中华人民共和国专利法》在2020年修改后,以上内容发生了不小的变化,具体体现在:其一,《中华人民共和国专利法》(2008年修正)第46条规定的专利复审委员不复存在,取而代之的是"国务院专利行政部门",使得该项裁决的行政职权的属性突显。其二,《中华人民共和国专利法》(2008年修正)第57条规定的专利权强制许可使用费的纠纷,修改后更加完善,由第62条、63条作出更为详尽的规定:第62条规定"取得实施强制许可的单位或者个人应当付给专利权人合理的使用费,或者依照中华人民共和国参加的有关国际条约的规定处理使用费问题。付给使用费的,其数额由双方协商;双方不能达成协议的,由国务院专利行政部门裁决。"第63条则规定"专利权人对国务院专利行政部门关于实施强制许可的决定不服的,专利权人和取得实施强制许可的单位或者个人对

---

[1] 参见《中华人民共和国专利法》(2008修正)第57条之规定:"取得实施强制许可的单位或者个人应当付给专利权人合理的使用费,或者依照中华人民共和国参加的有关国际条约的规定处理使用费问题。付给使用费的,其数额由双方协商;双方不能达成协议的,由国务院专利行政部门裁决。"这里比较明确,就是行政裁决,并且是民事纠纷。

[2] 参照《最高人民法院关于审理专利纠纷案件适用法律问题的若干规定》(2001年6月19日最高人民法院审判委员会第1180次会议通过)法释〔2001〕21号。其中第1条是关于人民法院可以进行审理的专利纠纷的案件规定。

国务院专利行政部门关于实施强制许可的使用费的裁决不服的,可以自收到通知之日起三个月内向人民法院起诉"。既强调了此类裁决的行政属性,也明确了下一步的救济渠道,立法更为科学,更加体现权利保护的力度。其三,《中华人民共和国专利法》(2008年修正)第60条的专利权侵权纠纷。该条在2020年修改后,变更为第65条,其中有"未经专利权人许可,实施其专利,即侵犯其专利权,引起纠纷的,由当事人协商解决";"不愿协商或者协商不成的,专利权人或者利害关系人可以向人民法院起诉,也可以请求管理专利工作的部门处理",这个"处理"就是一种行政裁决。还可以就"侵犯专利权的赔偿数额进行调解";"调解不成的,当事人可以依照《中华人民共和国民事诉讼法》向人民法院起诉"。这里的起诉是民事诉讼,因为是针对的民事调解,而不是行政处理。[1]国家知识产权局对于行政裁决的态度愈加明确:"对于专利侵权行为而言,专利执法部门是依申请居间处理平等民事主体之间的民事纠纷,其性质属于行政裁决,当事人对该行政裁决不服的,只能提起行政诉讼。对于假冒专利行为,任何人都可以举报;对于专利侵

---

〔1〕 参见《中华人民共和国专利法》(2020年修正)第65条之规定:"未经专利权人许可,实施其专利,即侵犯其专利权,引起纠纷的,由当事人协商解决;不愿协商或者协商不成的,专利权人或者利害关系人可以向人民法院起诉,也可以请求管理专利工作的部门处理。管理专利工作的部门处理时,认定侵权行为成立的,可以责令侵权人立即停止侵权行为,当事人不服的,可以自收到处理通知之日起十五日内依照《中华人民共和国行政诉讼法》向人民法院起诉;侵权人期满不起诉又不停止侵权行为的,管理专利工作的部门可以申请人民法院强制执行。进行处理的管理专利工作的部门应当事人的请求,可以就侵犯专利权的赔偿数额进行调解;调解不成的,当事人可以依照《中华人民共和国民事诉讼法》向人民法院起诉。"该条比较明确地指出救济途径,为多元化纠纷的化解打下基础。

权行为，只有专利权人或利害关系人才能提出行政裁决请求。"[1] 国家专利管理机关对于行政裁决的重视程度在不断加大，相关问题的探讨也逐步深入，更加切合实际。

根据《专利管理机关处理专利纠纷办法》（1989年实施，2002年被废止）第5条关于专利管理机关调处专利纠纷的规定，得出在2002年之前，专利权纠纷行政裁决的对象更为广泛，其中就包括：专利侵权纠纷；有关在发明专利申请公布后或实用新型、外观设计专利申请公告后，在专利权授予前实施发明创造的费用纠纷；专利申请权纠纷和专利权属纠纷；其他可以由专利管理机关调解或处理的专利纠纷。[2] 这些领域的纠纷其实多数都经历了行政调解，假如对行政裁决做一些结构上的调整，比如将行政调解融入行政裁决的范畴里，作为行政裁决的前置程序，施行调解先行，裁决为后盾的调处机制则可以大大提高纠纷化解的能力。照此设计，在现有法律体系下，行政调解的对象几乎都可以作为行政裁决的对象。根据《中华人民共和国专利法实施细则》（2010年修订）第85条第1款的关于管理专利工作部门进行调解的对象有：专利申请权和专利权归属纠纷；发明人、设计人资格纠纷；职务发明创造的发明人、设计人的奖励和报酬纠纷；在发明专利申请公布后专利权授予前使用

---

[1] 参见"解读《专利纠纷行政调解办案指南》等文件"，载国家知识产权局网站，https：//www.cnipa.gov.cn/art/2020/9/7/art_66_152172.html，最后访问日期：2023年1月6日。

[2] 参见《专利管理机关处理专利纠纷办法》（1989年实施，2002年被废止）第5条之规定："专利管理机关调处下列专利纠纷：一、专利侵权纠纷；二、有关在发明专利申请公布后或实用新型、外观设计专利申请公告后，在专利权授予前实施发明创造的费用纠纷；三、专利申请权纠纷和专利权属纠纷；四、其他可以由专利管理机关调解或处理的专利纠纷。"

发明而未支付适当费用的纠纷；其他专利纠纷。[1]

近年来，国家知识产权局大力推进专利行政保护规范化建设，先后制定了《专利侵权判定和假冒专利行为认定指南（试行）》《专利行政执法操作指南（试行）》《专利侵权行为认定指南（试行）》《专利行政执法证据规则（试行）》《专利纠纷行政调解指引（试行）》《专利执法行政复议指南（试行）》《专利执法行政应诉指引（试行）》《专利标识标注不规范案件办理指南（试行）》等文件，有效规范了执法工作，提升了办案水平。在政策文件中，公开对专利侵权纠纷行政裁决案件与调解专利纠纷案件的区别进行说明：

国家专利局认为虽然两种行政行为的对象都是专利纠纷，但二者存在以下区别：一是性质不同；二是处理对象不同；三是程序不同；四是处理结果效力不同。[2] 本书论述的专利权纠纷行政裁决，

---

[1]《中华人民共和国专利法实施细则》（2010年修订）第85条规定："除专利法第六十条规定的外，管理专利工作的部门应当事人请求，可以对下列专利纠纷进行调解：（一）专利申请权和专利权归属纠纷；（二）发明人、设计人资格纠纷；（三）职务发明创造的发明人、设计人的奖励和报酬纠纷；（四）在发明专利申请公布后专利权授予前使用发明而未支付适当费用的纠纷；（五）其他专利纠纷。对于前款第（四）项所列的纠纷，当事人请求管理专利工作的部门调解的，应当在专利权被授予之后提出。"

[2] 国家专利局在政策文件中公开认为处理专利权纠纷行政裁决与调解专利纠纷有着本质的区别：一是性质不同。处理专利侵权纠纷行为属行政裁决，当事人不服行政裁决结果的，可以向人民法院提起行政诉讼；调解专利纠纷行为属行政调解，当事人不能申请复议，也不能提起行政诉讼。二是处理对象不同。专利侵权纠纷处理的对象是专利侵权民事纠纷；调解专利纠纷的对象是包括专利权属纠纷，发明人、设计人资格纠纷，奖酬纠纷，发明专利临时保护期使用费纠纷以及其他专利纠纷。三是程序不同。处理专利侵权纠纷依申请启动后，申请人可以撤销申请，被申请人不能撤销；调解专利纠纷依申请启动后，任何一方拒绝调解或调解达不成协议，调解活动即可终止。四是处理结果效力不同。专利侵权纠纷行政裁决具有强制性，当事人不服专利侵权纠纷处理决定，可以向人民法院提起诉讼，期满不诉讼不履行的，管理专利工作的部门可以申请人民法院强制执行；专利纠纷调解的结果不具强制性，当事人不履行调解协议的，可以通过其他途径解决纠纷。参见"解读《专利纠纷行政调解办案指南》等文件"，载国家知识产权局网站，https://www.cnipa.gov.cn/art/2020/9/7/art_66_152172.html，最后访问日期：2023年1月6日。

其中就包括专利侵权纠纷行政裁决。结合前面的论述，其实本书关于专利权纠纷行政裁决的界定要大于专利权侵权纠纷行政裁决，还涵摄了更多的情形，当然在法律适用方面也会有所变化。不管怎么样，国家专利局公开发表的文件对于行政裁决的相关工作开展将起到重要的指导与引领作用。

第二章

专利权纠纷行政裁决相关立法与实践

社会演进所具有的复杂性是无穷无尽的,而他的期限也是无从确定的;法律只是社会演进的保障体系。[1]

—— [法] 狄骥

无论什么样的纠纷解决制度,在现实中其解决纠纷的形态和功能总是为社会的各种条件所规定的。所以在分析准审判制度时也必须将其放在社会总的背景中来把握,并对社会的各种条件如何规定纠纷解决制度的实际作用加以具体的考虑。[2]

—— [日] 棚濑孝雄

任何一项制度的产生都存在促使其生成的条件,在纠纷解决的制度选择上也同样如此。日本行政法学者棚濑孝雄尤为注重对纠纷解决制度背后的动因考察,认为:"无论什么样的纠纷解决制度,在现实中其解决纠纷的形态和功能总是为社会的各种条件所规定的。所以在分析准审判制度时也必须将其放在社会总的背景中来把握,并对社会的各种条件如何规定纠纷解决制度的实际作用加以具

---

[1] [法] 狄骥:《公法的变迁》,郑戈译,中国法制出版社2010年版,第196页。
[2] [日] 棚濑孝雄:《纠纷的解决与审判制度》,王亚新译,中国政法大学出版社2004年版,第21~22页。

体的考虑。"[1] 由于专利权纠纷行政裁决的研究属于交叉性学科，与之相关的法律制度不仅多，且表述不清，另外，在适用过程中，对于诸多法律、法规的采纳往往也要考察其最初制定的目的，也就是需要进行目的性解释等，本章正是基于实用主义的视角，对专利权纠纷行政裁决过程中问题的来龙去脉进行一个系统的考察。

一、专利权纠纷行政裁决的域外考察

对于专利权纠纷的解决，各国均有着自己的特色，都是依据自己国家的经济、社会与文化等国情所做出的制度设计，鲜有哪一个国家以自己的专利权保护方式要求其他国家予以仿效。对于专利权纠纷的行政裁决应该从功能论的视角来考察，即看它的存在价值，而不是看国外有没有此种设计。事实上，许多国家不仅存在行政裁决，而且在程序设计与相应的制度设计上已经非常完善，可以给中国提供学习的样板。从国外关于专利权的行政保护的规定来看，均是依据本国的历史传统、法治进程以及维护本国利益的实际需要等基本国情来决定其具体内容和具体模式的。例如，英国有专利纠纷行政处理制度；泰国知识产权厅设有处理知识产权纠纷和打击知识产权侵权的专门机构；菲律宾有行政查处制度；墨西哥既有行政处理制度，也有行政查处制度；美国非知识产权行政主管部门对知识产权的行政裁决制度也颇具特色；等等。从这些国家的相关法律规定看，其中有些国家行政处理纠纷的范围比我国行政裁决的包围更广泛，例如，英国专利局可以行政裁决相关专利权赔偿纠纷，而根据我国现行法律的规定，我国地方专利权主管部门对此类纠纷只能

---

[1] [日] 棚濑孝雄：《纠纷的解决与审判制度》，王亚新译，中国政法大学出版社2004年版，第21~22页。

进行调解，不能径直裁决。

专利权往往夹杂在知识产权中加以论述，正是因为，在许多国家知识产权中的诸多项目均由同一个部门来管理，而我国知识产权行政管理实行的是分散管理模式，专利、商标和版权等分别由不同的行政部门来管理，这在一定程度上存在部门分割，难以形成合力的弊端。我国应改革知识产权行政管理体制，科学地整合知识产权行政主管部门的行政管理与服务职能。

（一）英国

英国学者指出，在英国公法领域中存在着一种非常强的发展趋势，那就是行政活动的司法化倾向。这种倾向的一个表现就是将大量在司法中创立的原则，如自然公正原则引入到行政决定之中；而另外一个表现则是司法的行政裁决机构的出现，以及由此而产生的一种日益具有相对独立性的行政行为方式，即行政司法，其标志就是大量的行政裁判所的建立。[1] 英国行政裁判所是根据议会的法案设立的，独立于法院和行政机关。行政裁判机构的成员，由具有专业技术知识的人员组成，包括法律方面的专家或某一领域的专家。如需要进行医疗诊断的工伤等人身损害赔偿案件是由有资格的医生负责裁决的。[2]

1. 专利纠纷的行政处理

如果说对专利申请案的审批和专利行政管理活动是一般国家的专利行政管理部门所共有的行政保护内容的话，那么，专利纠纷的

---

[1] 行政裁判机构裁决程序的非正式，审理人员的高度专业化等诸多优点，解决了大量的专业技术性强的纠纷，保证了行政管理的高效和政府推行政策的流畅。同时也让公民在权利受到侵害的情况下，能够快速、经济地得到救济。参见张越编著：《英国行政法》，中国政法大学出版社2004年版，第603页。

[2] [英]威廉·韦德：《行政法》，徐炳等译，中国大百科全书出版社1997年版，第630页。

行政处理则是绝大多数国家，特别是一些发达国家，所不具有的专利行政保护内容，它属于英国专利行政保护制度的特色性内容。

英国现行专利法赋予了其专利局较广泛的专利争议管辖权：英国专利局不仅可以处理专利申请案审查过程中的相关争议，而且在授予专利权后也有权处理几乎所有的专利冲突诉讼和无效诉讼，其对于专利侵权诉讼也有一定的行政处理权。

具体地说，英国专利局局长（the Comptroller）[1]可以对以下专利纠纷行使行政处理权。

第一，授予专利前的相关资格争议。在授予一项发明以专利之前的任何时候（不论是否已针对该发明提出了专利申请），任何人均可向专利局局长提出这样的疑议探究他是否有资格单独或与他人共同获得该项发明的专利；探究他是否有资格或将有资格享有被批准后的专利或专利申请案中所赋予的权利。[2] 专利局局长应当就这些疑议作出决定，并可以就该决定发出其认为适宜的命令；[3]对于这些疑议，如果专利局长认为其中包含了由法院处理更加适宜的内容，则他可以拒绝处理，并可在不影响法院对此疑议作出裁决的情况下宣告（在苏格兰则按法院的解释权宣布）法院有权处理该疑议。[4]

第二，授予专利前后的相关权属争议。这里的权属争议主要有专利申请权权属争议与专利权权属争议。英国现行专利法的具体规定是：在授予一项发明以专利之前的任何时候，发明专利申请案的两个以上共有者中的任何一人，可就该申请案中的权利是否应被转

---

[1] See the Patents Act 1977 (as amended in 2006), s130 (1).
[2] The Patents Act 1977 (as amended in 2006), s8 (1) (a), s12 (1) (a).
[3] The Patents Act 1977 (as amended in 2006), s8 (1), s12 (1).
[4] The Patents Act 1977 (as amended in 2006), s8 (7), s12 (2).

让或授予任何其他人提出疑议[1]。在一项发明被授予专利权后，任何专利权人或声称拥有专利权的人均可向专利局局长提出疑议，探究谁是该项专利的真正所有者；探究专利是否授予了应该授予的人；探究专利权或与专利相关的任何其他权利是否应该转让或授予任何其他人。[2] 对于这些疑议专利局局长应当作出决定，并可以就该决定发出其认为适宜的命令。[3] 如果专利局局长认为其中包含了由法院处理更加适宜的内容，则他可以拒绝处理，并可在不影响法院对此疑议作出裁决的情况下宣告（如在苏格兰则按法院的解释权宣布）法院有权处理该疑议。[4]

第三，专利侵权纠纷。对于纯粹的民事性质的专利侵权纠纷，英国现行《专利法》为专利权人提供了两条解决途径：在法院诉讼或在专利局行政处理。[5] 前者属于司法保护的范畴，后者则属于英国专利的行政保护制度。英国现行《专利法》对专利局行政处理专利侵权纠纷的主要规定有：其一，专利权人和任何其他人可以根据彼此间的协议向专利局局长提出问题，即其他人是否侵犯了该专利，据此，专利权人可以提出如下要求：宣布该专利有效；宣布该专利受到了被请求人的侵犯；要求赔偿侵权行为造成的损失。[6] 其二，专利局局长有权对上述问题作出决定，但是，如果专利局局长认为这些问题由法院决定更合适，他可以拒绝受理，而法院将有权裁决这些问题，就像这些问题是向法院提出的诉讼一样。[7] 其

---

[1] The Patents Act 1977 (as amended in 2006), s8 (1) (b), s12 (1) (b).
[2] The Patents Act 1977 (as amended in 2006), s9, s37 (1).
[3] The Patents Act 1977 (as amended in 2006), s8 (1), s12 (1), s37 (1).
[4] The Patents Act 1977 (as amended in 2006), s8 (8), s12 (2), s37 (8).
[5] The Patents Act 1977 (as amended in 2006), s61 (1) (3).
[6] The Patents Act 1977 (as amended in 2006), s61 (1).
[7] The Patents Act 1977 (as amended in 2006), s61 (3).

三,除法律另有规定外,专利局有权处理的专利侵权纠纷与法院基本相同。[1] 其四,对于专利局局长关于损害赔偿费的判定,法律对其在英国国内的执行有特别规定。[2] 这一规定是新增的,在之前的1977年出台的《专利法》和1988年颁布的《版权、外观设计和专利法》(The Copyrights, Designs and Patents ACT 1988)中均没有规定。

第四,其他专利纠纷。除上述三类纠纷以外,英国专利局局长还可以依法处理的其他专利纠纷主要有如下几类:其一,共同申请人之间针对所提专利申请案的争议。如果在一个专利申请案的共同申请人之间发生了争议:该申请案是否应当提出,或应当用何种方式进行申请,那么,专利局局长可以应任何一方的请求发出他认为适宜的指示(directions)进行处理。[3] 其二,第三者对专利申请案提出的可专利性疑议。当一件专利申请案已经公布,但尚未授予申请人专利时,任何人可用书面意见(observations in writing)的形式向专利局局长提出疑议,探究该发明是否具有专利性,专利局局长应当对此做出处理。[4] 其三,某些发明中对雇员报酬的争议。在符合法律所规定的条件下,专利局局长可根据雇员的申请依法处理其与雇主之间的报酬争议;[5] 如果专利局局长认为雇员申请中所包括的内容由法院处理更加合适,他也可拒绝受理[6]。其四,对专利有效性提出的争议。对于一项发明授予专利后,任何人如果对其授予专利是否有效或是否具有可专利性存在疑议,专利局局长

---

[1] The Patents Act 1977 (as amended in 2006), s61 (4) (a).
[2] The Patents Act 1977 (as amended in 2006), s61 (7).
[3] The Patents Act 1977 (as amended in 2006), s10.
[4] The Patents Act 1977 (as amended in 2006), s21 (1).
[5] The Patents Act 1977 (as amended in 2006), s40 (1) (2).
[6] The Patents Act 1977 (as amended in 2006), s40 (5).

依法有权进行处理。[1]

2. 专利权纠纷的行政裁判

在1977年之前,英国有关专利争议和专利侵权的案件一直是由与法院性质完全不同的"工业仲裁庭"(Industrial Tribunal)受理。英国于1977年制定的《专利法》从实体和程序两个方面进行了广泛修改,对英国专利制度产生了有史以来最大的影响,开辟了英国专利制度的"新时代"(The New Deal of 1978)。[2] 1977年《专利法》在行政保护方面的一个重要特点是:除了规定英国专利局负责受理、审查专利申请案和批准专利权等权力外,还允许其处理一些专利纠纷案件,其解决方式就是行政裁决。尽管1977年之后的英国《专利法》又经过了多次修改,但是,其现行《专利法》[3]不仅基本上沿袭了原来的立法框架,而且在专利行政保护制度方面也基本保留了原来的规定。应当说,英国专利局行政裁决专利纠纷的制度构成了英国知识产权保护的一大特色。

具体来说,英国专利主管部门对专利的行政裁决具有以下特征:其一,在解决专利侵权纠纷方面,英国实行的是行政和司法并行处理的"双轨制模式"。这一模式在发达国家中是极为少见的,构成了英国专利权纠纷解决的一大特色。其二,前提条件方面,向英国专利局请求处理专利侵权纠纷,需要以当事人之间达成的相关协议为前提,而法院受理该类案件则无此限制。其三,英国专利局与法院在受理专利侵权纠纷上并没有明确的权限划分。这主要表现

---

[1] The Patents Act 1977 (as amended in 2006), s72, s73, s74, s75.

[2] W. R. Cornish, *Itellectual Property*: *Patients*, *Copyrights*, *Trademarks and Allied Rights*, 4thed. London, Sweet & Maxwell, 1999, p. 109.

[3] "英国1977年《专利法》(2006年修订)",载http://ipo.gov.uk/patent/p-decisionmaking/p-law/p-law-legislation.htm,最后访问日期:2023年1月9日。

在：一方面，二者受理的专利侵权纠纷范围基本相同；另一方面，在行政处理和司法处理的衔接上，对于专利局局长拒绝受理的侵权纠纷，法院将"就像这些问题是向法院提出的诉讼一样（as if the reference were proceedings brought in the court）"处理这些问题。其四，与法院相比，英国专利局行政处理专利侵权纠纷的权力有许多限制。英国法院解决专利侵权纠纷的权力主要有：（a）颁发禁令限制被告令人担心的侵权行为；（b）命令被告交出或销毁侵犯专利权的产品，或作为该产品不可分割的一部分的物品；（c）要求被告赔偿侵权行为造成的损失；（d）要求被告交出从侵权中获得的利益；（e）宣布该专利有效并受到了被告的侵犯。[1] 而专利局对专利侵权纠纷的行政处理权力相对较小，只有上述法院权力中的（c）与（e）两项，其没有对侵权行为下达任何禁令，或命令扣押、销毁有关物品等权力。

3. 英国与中国在专利权纠纷行政裁决上的比较

中国和英国在专利权纠纷行政裁决上既有相同的地方，也有不同之处。相同的地方是：首先，基本性质相同。两国对专利侵权纠纷进行行政裁决，都是专利行政管理部门介入纯民事性质的专利纠纷，居中解决争议，行使的是与法院判决相类似的裁决权。其次，两国的专利纠纷行政裁决制度均有一个较长的历史发展过程。英国这一制度形成和发展的简单历程是：该制度早在1977年《专利法》之前就有规定；1977年《专利法》对行政裁决的专利侵权纠纷范围作了更广泛的规定，取消了原来规定的"赔偿额超过一千英镑的侵权诉讼，不得在专利局提起"的限制规定。[2] 1983年12月英国政府提出了许多修改《专利法》的建议，其中一项重要内容就是

---

[1] The Patents Act 1977 (as amended in 2006), s61 (1).
[2] 郑成思：《知识产权法通论》，法律出版社1986年版，第228页。

要把专利局的权力范围进一步扩大,使之可以受理一切专利诉讼案。[1]英国现行《专利法》,将专利局可以裁决的专利侵权范围扩大到与法院基本相同,而且还对这一制度进行了完善。[2]

中英两国在这一制度上的不同之处是:首先,两国规定这一制度的具体理由不同。"英国为诉讼人提供在专利局诉讼的选择,主要是从诉讼费用的角度考虑的。英国法院诉讼的费用很高,请律师的费用就更高。当事人不能直接出庭诉讼,而要由他的出庭律师代理;当事人又不能直接同出庭律师打交道,而要由庭外律师当中间人。而专利局诉讼,则无论是诉讼人自己还是他的专利代理人都可以'出庭'。在对他人的专利权提出的'无效诉讼'中,在一些赔偿额不是很高的侵权诉讼中,起诉人如在法院起诉,结果就会得不偿失。"[3]从这段论述可以看出,英国规定专利行政处理制度的主要理由是诉讼费用太高,也与英国的诉讼代理制度以及如何有效保护专利权人的利益相关。与此形成对比的是,我国规定专利纠纷行政处理制度有着与英国完全不同的另外一些理由,也就是学者提出的"适合说"。[4]显然,中英两国虽然都是基于本国国情来规定专

---

[1] 参见英国国际法学会出版的《法律动态公报》,1984年第2号,第16页。转引自郑成思:《知识产权法通论》,法律出版社1986年版,第227页。
[2] 例如,现行英国《专利法》第61条中增加了第(7)条款。在裁决程序上,采取的是准司法程序,即两造对抗辨明是非。但是在程序上没有真正司法程序正规和僵化,为了高效率,程序往往很灵活。证据规则也没有司法程序严格,如英国允许对传闻证据的采信。准司法程序的快速高效,是其中的一个优点。在进入司法审查之前,英国的某些初级裁判所的裁决还可以就事实问题不服申请上诉裁判所来处理。
[3] 郑成思:《知识产权法通论》,法律出版社1986年版,第228~229页。
[4] 我国在建立专利制度的时候,考虑到当时知识产权审判力量比较薄弱,大量专利侵权案件全部由法院处理有一定困难;专利侵权案件的处理需要一定的技术背景,由专利行政机关处理比较合适;行政处理可以迅速解决一些简单的专利侵权案件,使当事人免于讼累。张耀明:"专利法修改过程中的几个问题",载《科技与法律》2000年第4期。

利民事纠纷行政处理制度,但是在产生这一制度的具体理由上却存在明显差异。其次,两国提起行政裁决的前提条件不同。在英国,向专利局局长提起专利侵权纠纷行政裁决,必须在当事人双方之间协商一致并达成协议(by agreement with each other)的基础上才能进行。[1] 相比而言,我国法律并没有规定这样的限制条件。再次,两国行政裁决专利侵权纠纷的权力大小不同。英国专利局局长可以对权利人的请求作出如下决定:宣布专利有效,宣布该专利受到了侵犯和要求赔偿侵权行为所造成的损失。[2] 另外,如果英国专利局局长认为权利人提出的请求由法院处理更为合适,则他也有权决定拒绝受理。[3] 而我国管理专利工作部门的行政裁决权主要有:认定是否侵权,责令侵权人立即停止侵权行为和就侵犯专利权的赔偿数额进行调解。[4] 由此可见,中英两国专利行政管理部门在行政裁决专利侵权纠纷上除了均有权认定是否构成侵权外,存在以下差异:中国管理专利工作的部门在行政处理中只能应当事人的请求就赔偿数额进行调解,无权作出赔偿侵权损失的决定,[5] 而英国专利局局长有决定赔偿侵权损失的权力;英国专利局局长拒绝裁决专利纠纷行政裁决的自由裁量权比中国管理专利工作的行政部门大。最后,两国专利纠纷行政裁决制度的发展趋势不同。从英国历次专利法的修订来看,其专利局行政处理纯民事性质的专利侵权纠纷,

---

〔1〕 The Patents Act 1977 (as amended in 2006), s61 (3).
〔2〕 The Patents Act 1977 (as amended in 2006), s61 (1) (3).
〔3〕 The Patents Act 1977 (as amended in 2006), s61 (5).
〔4〕《中华人民共和国专利法》(2008年修正)第60条规定,2020年修改后,该条被第65条取代,规定更为完善。
〔5〕 需要指出的是,《中华人民共和国专利法》在2008年修改之前,专利行政管理机关有责令赔偿侵权损失的行政处理权。参见1984年《中华人民共和国专利法》和1992年《中华人民共和国专利法》第60条。在2020年修改后,这一行政职权有所恢复,参见该法第65条。

乃至所有专利纠纷,均无弱化的趋势,甚至还扩大了行政裁决专利侵权纠纷的范围。但是,在中国,行政裁决纯民事性质的专利纠纷有明显弱化的趋向,特别是在《中华人民共和国专利法》经历几次修改后,中国专利行政保护制度的重心已经由原来的专利纠纷行政裁决转向了现在的专利违法行为行政调解或行政查处。[1] 使得保护效率得到提升,权责更加明确,纠纷化解更为便捷,并且均规定了相应的救济渠道,对于专利保护的行政与司法衔接机制逐步建成,并日趋完善。

4. 英国行政裁判所的上诉程序对我国行政裁决制度的启示

英国行政裁判所制度化、体系化运行的历程仅仅为半个世纪。正如英国学者所评价的那样,1957 年之前,许多行政裁判所被认为提供的是一种"二流的公正",而此后,行政裁判所的执业标准及外界对其期望值都有了巨大的提升。今天,如果抛开组织方面的问题不谈,很难不用评价法院功能的那些词汇来描述行政裁判所。[2] 可见,行政裁判所在这半个世纪的发展过程中获得了全面的认可与肯定,提供了令人满意的社会公共服务。英国行政裁判所作为一个具有相对独立属性的纠纷解决机构,其上诉情形尤为特别,有以下几种情况:

第一,从一个裁判所向另一裁判所上诉。社会和行政规章立法有时会设立不止一个级别的内在上诉结构,即根据特定目标设立某一类裁判所的同时,还设立与之对应的上诉裁判所,当对第一回合的行政裁判所的决定不服时,可以上诉至上诉行政裁判所。例如,

---

〔1〕 邓建志、单晓光:《我国知识产权行政保护的涵义》,载《知识产权》2007 年第 1 期。

〔2〕 See A. W. Bradley and K. D. Eving, Constitutional and Administrative Law Longman (an Imprint of Pearson Education), 2003, p. 670.

在移民领域，对于第一回合的行政裁判所的决定不服，可以上诉至移民上诉行政裁判所（the Immigration Appeal Tribunal）；社会保障及儿童抚养也属于这种情形，此类上诉的行政裁判所是社会保障及儿童抚养专员（the Social Security and Child Support Commissioners）；估价行政裁判所的上诉裁判所为土地及估价上诉裁判所（the Land and Valuation Appeal Tribunal）；财政及税收方面的行政裁判所的上诉裁判所为所得税、增值税及关税上诉裁判所。[1]

第二，从裁判所向部长提出上诉。有时法律规定不服裁判所的裁决可以向部长上诉。虽然这种上诉方式一直是法律界批评的对象，但仍然在几个领域得以存续，特别是在运输许可和国民保健服务这两个方面尤其如此，这类案件大都为依政策裁判的案件。[2]

第三，从裁判所向法院提出上诉。为了保证法律得到正确和统一的适用，当事人应当有权就一个法律问题从裁判所向高等法院提出上诉，这一原则已为人们普遍接受。向法院上诉主要发生在不服裁判所裁决中的法律问题的案件中。经过1971年修订的《行政裁判所和调查法》对大部分重要裁判所的决定规定了针对法律问题的上诉权，根据这部法律，当事人不服裁判所的裁决，大多都能就法律问题向高等法院提起上诉，对于其中未规定向法院上诉的，其他法律还可以规定这种途径。当事人不服裁判所的裁决向法院上诉通常只能基于法律问题，但有些法律规定事实问题可以向法院上诉，但这是例外现象。

第四，无权上诉。有时法律对于某些行政裁判所的裁决没有规定上诉的权利，因此，在此类案件中，当事人无权上诉，例如，国

---

[1] See A. W. Bradley and K. D. Eving, Constitutional and Administrative Law Longman (an imprint of Pearson Education), 2003, p. 673.

[2] 王名扬:《英国行政法》，中国政法大学出版社1987年版，第146页。

民保健服务裁判所、移民上诉裁判所、赌博税上诉裁判所管辖的案件，等等。但是，在没有上诉权的情形下，如果裁判所的裁决存在越权情况，则不妨碍高等法院对这个裁决进行司法审查。

在英国，行政裁判所具有相对的独立性与司法性，与我国的行政裁决有较大的不同，但可以为我国行政裁决制度改革的方向提供一个参照或范例。英国关于行政裁判后的救济，从一个行政裁判所向另一裁判所上诉的情形与行政裁判所的设立一样都必须有议会的授权；从裁判所向部长提出上诉及无权上诉的情形，大都属于行政职权性较强的领域，适用范围较小；从裁判所向法院提出上诉是一项最为普遍的程序。

（二）美国

美国主管专利和商标等工业产权的行政部门是美国专利与商标局（USPTO），隶属于商业部。美国专利法第一部分的标题是"美国专利与商标局"。该部分共分四章对专利与商标局的实体和程序及与之相关的问题进行了规定。专利与商标局是隶属于美国商业部的一个机构，其行使职权时应当接受商业部部长的政策指导，但是，在其他方面，它有权独立行使和承担法律所赋予的权力与责任，例如，它在人事、预算、专利授予、商标注册以及其他行政职能上均具有实质性的自治管理权。对于专利与商标局的职权与职责，专利法有一条专门规定条款，在专利法和商标法等相关法律的其他条款中也有涉及。

美国是实行专利保护制度最早的国家之一，关于专利的立法规定可以追溯到其建国之初的第一部《宪法》。美国《宪法》第 1 条第 8 款规定："国会有权使作者和发明人对各自的著作和发现在一定期限内享有专有权利，以促进科学和实用艺术的进步。"

1. 美国专利行政管理

与大多数国家相同，美国专利与商标局的行政管理活动主要有：对专利申请案和商标注册申请的受理、审查、授权，对已获授权的专利和商标的维持、许可、转让、丧失等事项的管理，对专利和商标代理机构和代理人的管理，对其他相关事项的管理，等等。

2. 类似于我国行政裁决的行政处理

在美国，专利与商标局和司法机关在处理知识产权纠纷的权力范围上划分得比较明确：除两个例外以外，专利与商标局只能行政处理授予专利之前的争端。[1] 司法机关处理的争端有：当事人在颁发专利证之前对专利局的审查决定不服的事项可直接向法院提起民事诉讼作为救济，[2] 可以应当事人请求对专利与商标局所作出的行政处理裁决进行复审，[3] 享有对专利证颁发后所有侵害专利和商标权纠纷的管辖权。[4] 二者的这种权限划分，不仅使得美国专利与商标局行政处理知识产权纠纷的职能非常有限，而且也排除了当事人在专利与商标局提起任何侵权纠纷等纯民事诉讼的可能。具体说来，美国专利与商标局内部行使行政处理职能的机构主要是专利与商标局局长领导下的专利申诉和抵触委员会（Board of Patent

---

[1] Patent Law (consolutiated in January 2007), 35 U.S.C. 134 (b).(c): (b) Patent owner-A Patent owner in any reexamination Proceedings may appeal from the final rejection of any claim by the Primary examiner to the Board of Patent Appeals and interferences, having one repaid the fee for such appeal. (c) Third-Party-A Third-Party requester in an interpartes proceeding may appeal to the Board of Patent Appe als and Interferences from the final decision of the Primary examiner favorable to the patent ability of any original or Proposed amended or new claim of a Patent, having once paid the fee for such appeal.

[2] Patent Law (consolutiated in January 2007), 35 U.S.C. 145; U.S. Trademark Law, (as amended in April16, 2007), §21 [15U.S.C. §1071 (b)].

[3] Patent Law (consolutiated in January 2007), 35 U.S.C. 145; U.S. Trademark Law, (as amended in April16, 2007), §21 [15U.S.C. §1071 (a)].

[4] Patent Law (consolutiated in January 2007), 35 U.S.C. 145; U.S. Trademark Law, (as amended in April16, 2007), §32 [15U.S.C. §1114].

Appeals and Interferences)[1]与商标评审和上诉委员会（Trade Mark Trial and Appeal Board）[2]机构，在行政处理纠纷的具体内容上并不相同。

专利申诉与抵触委员会行政处理（或行政裁决）的纠纷主要有四种情形：其一，专利申请人如果有任何要求两次被驳回，并在一次性交清申诉费用后，其可以将初级审查员的决定向专利申诉和抵触委员会提起申诉。[3]此类纠纷实际上是授予专利前的专利申请人与专利商标局之间的行政争端。其二，在任何再审查程序[4]中的专利所有权人，在一次性交清申诉费用后，可以将被初级审查员最终驳回的任何要求向专利申诉和抵触委员会提起申诉。[5]其三，在当事人之间程序（an interparty proceeding）中的第三方请求人，在一次性交清申诉费用后，可以将初级审查员作出的有利于获得专利的最终裁决向专利申诉和抵触委员会提起申诉。[6]需要说明的是，第二和第三类纠纷实际上是授予专利后利害关系人不服专利与商标局作出的专利有效性行政裁决的行政争端。其四，专利申诉和抵触委员会应当对发明的优先权问题作出裁决，也可以对专利性问题作出裁决。[7]此类纠纷一般发生在专利申请过程中，实际上是当事人对专利与商标局作出的抵触（interference）争议裁决不服的行政争端。

---

[1] Patent Law（consolutiated in January 2007），35 U.S.C.6.
[2] Patent Law（consolutiated in January 2007），35 U.S.C.145；U.S.Trademark Law，（as amended in April 16, 2007），§17〔15U.S.C.§1067.
[3] Patent Law（consolutiated in January 2007），35 U.S.C.134（a）.
[4] Patent Law（consolutiated in January 2007），35 U.S.C. chapter30, and chapter31.
[5] Patent Law（consolutiated in January 2007），35 U.S.C.134（b）. 35U.S.C.306.
[6] Patent Law（consolutiated in January 2007），35 U.S.C.134（c），35U.S.C.315（b）.
[7] Patent Law（consolutiated in January 2007），35 U.S.C.135（a）.

美国《专利法》上述关于行政裁决（或行政处理）的规定，可以看出，美国专利与商标局的行政处理制度具有如下特点：其一，它所处理的纠纷主要是行政纠纷，并不处理知识产权侵权冲突等纯民事性质的纠纷（这一点与我国的专利权纠纷的行政裁决形成鲜明对比）；其二，它处理的行政纠纷的种类非常有限，主要集中于专利申请过程之中；其三，当事人对各种行政裁决不服可获得的救济途径并不完全相同。例如，虽然包括专利申请人、专利所有权人、第三方请求人和抵触争议的一方当事人在内的所有当事人不服专利申请和抵触委员会所作出的裁决，都可以进一步向美国联邦巡回上诉法院（the United States Court of Appeals for the Federal Circuit）寻求上诉，[1]但是，这些当事人中只有专利申请人和抵触争议的一方当事人还可以依法选择向美国哥伦比亚特区地方法院（the United States District Court for the District of Columbia）提起民事诉讼作为救济，[2]专利所有权人和第三方请求人则不能寻求后一种救济途径。又如，对专利与商标局局长所作出的行政裁决的救济途径也不完全相同。[3]

3. 对我国专利权纠纷行政裁决的启示

美国的行政裁判机构是准司法性的，而非行政性的，独立性较强，因其解决行政争议并与政府执行行政权相关的民事纠纷以及最初设立是出于行政上的需要，所以才冠以行政裁判所的名义。[4]

行政裁判机构的独立地位是保证行政裁判机构裁决公正的前提

---

［1］ Patent Law（consolutiated in January 2007），35 U. S. C. 141.

［2］ Patent Law（consolutiated in January 2007），35 U. S. C. 141，35U. S. C. 145，35U. S. C. 146.

［3］ U. S. Trademark Law（as amended in April16, 2007），§21［15U. S. C. §1071］.

［4］ 有学者认为行政裁判所的称呼不够确切，称其为"裁判所"可能更符合其所具有的司法性质。如韦德爵士在其著作中，将其称为"法定裁判所"。

之一。行政裁判机构的独立地位可以通过两个渠道来实现：其一，通过法律的明文规定，在法律上赋予行政裁判机构的独立地位；其二，确保行政裁判机构的成员组织的独立与在行使裁判权时的意志独立。即行政裁判机构成员的任命和任免要尽量避免行政机关的干预。另外，实行独立裁判，避免其他机关与个人的干扰。

除了行政裁判机构的准司法性设置以及确保其独立性之外，美国的专业化审判，能够保证政府在追求行政管理高效的同时，保证公民可以得到最大限度的公正裁判的特点，仍然值得借鉴与学习。美国行政裁判机构的程序，采取的是非正式的准司法程序，证据规则没有司法程序的严格正式。但都本着效率兼顾公正的原则设置，具有一定的灵活性，大大缩短了行政裁判机构审理案件需要的时间。此外，为了确保公正，应对行政裁判机构裁决进行监督，采取司法审查。

（三）墨西哥

1. 墨西哥对专利权的"双轨制保护模式"

在墨西哥，专利权纠纷的行政裁决表述为行政处理，属于专利权的一种行政保护措施。主要体现于1997年12月修订的《工业产权法》中。墨西哥《工业产权法》保护的客体主要有：发明（inventions）、实用新型（utility models）、工业品外观设计（industrial designs）、商业秘密（trade secrets）、商标（marks）、广告语（advertising designs）、商号（trade names）、原产地名称（appellation of origin）、集成电路布图设计（layout designs of integrated circuit）等。行政裁决作为一种纠纷处理手段也在专利权的行政保护之中。

与中国类似，墨西哥在专利权保护方面实行的是司法保护与行政保护并行的"双轨制"模式。但在具体保护内容与形式上与中国有较大的区别，表现在：司法保护方式对专利权的保护主要涉及刑事诉讼和民事诉讼两个方面。主管专利权的行政机关除了具有与一般国家相同的知识产权行政管理职权外，还有权对专利权侵权纠纷和违法行为进行行政裁决、行政调解、行政复审、行政查处和采取行政强制措施等。特别值得一提的是，行政保护制度在墨西哥的专利权"双轨制保护模式"中占有特别重要的地位，这一点从墨西哥《工业产权法》相关规定可以看出：首先，从结构上看，在《工业产权法》的7篇中，除了4篇是对各种工业产权作出分类规定外，其他3篇基本上都是关于行政保护的专门规定。[1] 其次，从内容上看，《工业产权法》除了4篇分类规定中均涉及行政保护的规定外，第Ⅰ篇（Title Ⅰ）对墨西哥行政保护机关的设置、职权等内容作出了详细规定，第Ⅵ篇（Title Ⅵ）分三章对各种行政保护程序作出了专篇规定，第Ⅶ篇（Title Ⅶ）的三章中有两章分别对行政查处、行政侵害和行政制裁作出了专章规定。墨西哥在《工业产权法》中对专利权行政保护制度作出如此详细和大篇辐的规定，构成了墨西哥专利权保护制度的一大特色。

墨西哥工业产权局（the Mexican Institute of Industrial Property）来负责实施《工业产权法》的行政执法（administrative enforcement），是主管工业产权事务的行政机关。工业产权局内的行政机构设有理事会（the Board of Directors）和总理事（the Director General）。理事会由10个理事组成，这些理事分别由7个部门组成，并由作为理事之一的贸易和工业发展部部长（the Secretary of Trade and Industrial Development）主持理事会的工作。总理事是工业产权局的法定代表人，他的产生是在征求联邦执行委员会建议的基础上，由理事会任命，他负责执行《工业产权法》第6条规定的权

---

[1] 指墨西哥《工业产权法》的第Ⅰ，Ⅵ，Ⅶ篇。

力，也可在符合法律规定条件的情况下委托他人行使这些权力。

2. 墨西哥工业产权局对专利权纠纷的"处理"

从《工业产权法》总则的规定看，墨西哥工业产权局拥有22项法律明确规定的职权。这些职权所涉及的内容非常广泛，包括了对工业产权申请案和工业产权的行政管理，对工业产权纠纷的行政处理（包括行政裁决、行政调解、行政复审等），对工业产权违法行为的行政查处，对工业产权权利人提供各种行政服务和其他职权等几个方面的内容。以下我们结合墨西哥《工业产权法》其他部分的相关具体规定，对墨西哥工业产权行政保护中的行政管理、行政处理（包括行政裁决、行政调解、行政复审等）、行政查处和行政服务等几个方面的内容进行论述。

《工业产权法》对墨西哥工业产权局行政处理（包括行政裁决、行政调解、行政复审等）的职能在总则中作出了明确规定，其他部分也有具体规定。墨西哥工业产权局对工业产权争议或者纠纷的行政处理权主要体现在以下几个方面：①技术裁决（technical rulings）。墨西哥工业产权局有权对各种工业产权的"无效"（invalidation）、"失效"（lapse）和"撤销"（cancellation）从技术方面作出事实判定，为法院处理这些诉讼提供证据；在针对《工业产权法》第223条第I和II项情形提起刑事诉讼时，工业产权局应依请求作出技术裁决；对于技术裁决，墨西哥工业产权局也可依法律规定委托专家作出，并有权依个人或联邦公诉人的请求发布这些技术裁决。②无效、失效或撤销争议裁决。对于专利、实用新型、工业品外观设计、商标、原产地标记等工业产权是否有效，墨西哥工业产权局应当依职权或者依申请作出处理，经审查确实无效的应当作出无效宣告。③行政侵权裁决。墨西哥《工业产权法》根据侵权的严重程度不同，将工业产权侵权分为三种情形：其一，是仅仅影响私人权利的民事性质的侵权；其二，是行政侵权（administrative infringements）；其三，是构成犯罪（offenses）的侵权。对于这三种侵权行为，除行政侵权行为由工业产权局管辖外，其他两种侵权行为均由法院管辖。墨西哥工业产权局对纯民事性质的侵权行为无管辖权，这一点与英国专利局和我国知识产权行政主管部门的管辖权有所不同。墨西哥《工业产权法》明确规定了25种行政侵权行为。对于这些行政侵权行为，墨西哥工业产权局既可以依职权，也可以依利害关系人的申请作出以下行政处理（包括行政裁决、行政调解、行政复审等）：作出合适的行政裁决（the appropriate administrative rulings），包括依程序进展情况作出初步的和最后的裁决（the preliminary and final rulings），发布行政侵权声明（the administrative declaration of infringement），并可在行政裁决中规定合适的强制措施。④对行政侵权纠纷的调解。墨西哥《工业产权法》明确规定，在作出行政侵权裁决的整个过程中，工业产权局应当随时寻求通过调解方式来解决当事人之间的利益争端。⑤损害赔偿金纠纷裁决。由于侵害了《工业产权法》中的工业产权而引起的与损害赔偿金相关的纠纷，在当事人双方有明确请求和符合相关法律规定的前提下，工业产权局有权作为仲裁人解决此纠纷。⑥行政复审（appeal for reconsideration）。在拒绝授予专利或拒绝对实用新型、工业品外观设计进行注册的决定作出后，工业产权局可依相关利害关系人的请求对该决定复审一次，并作出适当的裁决。应当说，这种行政复审处理的是行政争议，与我国的行政复议制度有类似之处，不同的是，这种复审程序是针对行政处理（行政裁决）的适当与否所做的复审，在程序上属于第二级裁决。这个程序设计既是主管专利权部门的一次内部监督，对于纠纷双方当事人来说，也增加了一次补充救济的机会。

3. 中国、墨西哥专利权纠纷行政解决的比较

墨西哥与中国同属于发展中国家，两国在专利权的行政保护方面也颇具相似性，特别是中、墨两国的专利法规都明确规定了对专利权纠纷的行政处理。但与中国不同的是：墨西哥的"行政处理"的范围与方式要远远大于中国的"行政处理"，墨西哥的"行政处理"包括行政裁决、行政调解、行政复审等，而中国的"行政处理"则被学界认为是一种典型的行政裁决。也就是说，在行政裁决的界定上两国存在较大的差异。

另外，值得一提的是，墨西哥专利权行政查处的力度也比我国大。墨西哥工业产权局能够行使的行政查处权力非常广泛，其不仅有权采取临时措施，而且处罚手段中还包括了行政拘留这样的人身罚，这是我国专利权行政保护制度中所没有的。墨西哥的专利权行政调解具有特色性。墨西哥国家专利局在行政调解中的权力较大，其不仅可以对拒不参加调解的一方处以罚款，而且经墨西哥国家专利权局签字后的行政调解一经达成，就具有强制执行力。与之相比，我国专利权行政机关在行政调解中的作用及行政调解的效力要小得多，并且在执行言面难度更大。相比之下墨西哥专利权行政服务的法律地位更为突出。墨西哥有关专利权的法律用了较大的篇幅规定专利权行政机关的服务职能，特别强调鼓励专利权主体开发、实施和利用专利权信息，以实现相关技术发明的产业化。

通过以上比较可以得出：代表国家公权力的行政部门在专利权纠纷的解决上不仅不应袖手旁观，还应积极地改进制度，为当事人提供高效、便捷的纠纷解决途径，满足当事人的需求。另外，国家行政主管部门采取行政裁决的形式解决专利权纠纷，不是要与法院争夺资源，而是弥补法院诉讼过程过于严苛的缺失，为当事人提供一次解决纠纷的机会。因而专利权纠纷行政裁决不可能取代专利诉

讼,而是二者各有倚重,甚至专利权纠纷的行政裁决只是专利权纠纷进入法院前的一次救济机会,是一种补充程序,而不是必须经过的程序。

二、我国行政裁决制度的立法现状

对专利权纠纷行政裁决的研究,有必要从"横向"与"纵向"两个向度全面考察其存在的状况与趋向。"对冲突解决方式的研究至少包括两个向度:共时性向度和历时性向度。共时性角度是指对冲突的各种解决方式的界定并揭示不同的冲突解决方式之间的差异等;历时性向度的研究则是就冲突解决方式的变化加以描述并探究变化所由发生的原因等。"[1]正义的实现,需要多方面的合力,遵循着法理,协作完成。因为,正义本身就是一种双向奔赴的过程。如果追求实现正义,那么,路径的选择其实非常关键。根据这一推理,所谓"横向",也就是国内关于行政裁决的立法现状、执法状况、司法环境、司法效果本身、民众的参与程度及其认同感等;所谓"纵向",就是对各个专业领域的行政裁决制度的历史演进,针对本书来说就是对专利权纠纷行政裁决的立法、执法、司法、民众参与等历程进行考察与分析。

(一)行政裁决立法上的分类

行政裁决既包括法律文本中有"行政裁决"或"裁决"的法律法规,也包括那些虽然在文字上没有"行政裁决",但是在学理上属于行政裁决的由行政机关按照自己的职权进行"处理""决定"等的法律法规。

---

[1] 李琦:《冲突解决的理想性状和目标——对司法正义的一种理解》,载《法律科学(西北政法大学学报)》2005年第1期。

1. 关于公共利益损害的行政裁决

《中华人民共和国海洋环境保护法》（1983年施行）第42条[1]关于对海洋环境污染纠纷赔偿责任和赔偿金额的处理，就是一种典型的行政裁决。该法历经1999年修订，2013年、2016年、2017年3次修正后，设计了更多的许可、预防式治理模式，渐渐淡化了行政裁决。这个法规是一种典型的行政裁决逐渐退却的证据。

同类的还有《中华人民共和国环境保护法》（1989年施行）第41条[2]关于环境污染损害纠纷赔偿责任和数额的"处理"，也是一种典型的行政裁决。经过2014年大幅度修改及2018年修订后，该法第41条规定"建设项目中防治污染的设施，应当与主体工程同时设计、同时施工、同时投产使用"。强调"防治污染的设施应当符合经批准的环境影响评价文件的要求，不得擅自拆除或者闲置"。相对中立的行政裁决被"立竿见影"的行政职权取代，"三同时"制度，"环境影响评价体系"等发挥重要作用，预防为主的理念突显。

2. 关于自然资源所有权和使用权争议的行政裁决

《中华人民共和国河道管理条例》（1988年施行）第47条，关

---

[1] 参见《中华人民共和国海洋环境保护法》（1983年施行）第42条之规定："因海洋环境污染受到损害的单位和个人，有权要求造成污染损害的一方赔偿损失。赔偿责任和赔偿金额纠纷，可以由有关主管部门处理，当事人不服的，依照《中华人民共和国民事诉讼法（试行）》规定的程序解决；也可以直接向人民法院起诉。"该规定虽然没有主动放弃行政裁决，但是对于有机会选择诉讼的设计，对于当事人来说，无异于"画蛇添足"多此一举，结果就是行政裁决形同虚设。

[2] 参见《中华人民共和国环境保护法》（1989年施行）第41条第1款之规定"造成环境污染危害的，有责任排除危害，并对直接受到损害的单位或者个人赔偿损失。赔偿责任和赔偿金额的纠纷，可以根据当事人的请求，由环境保护行政主管部门或者其他依照法律规定行使环境监督管理权的部门处理；当事人对处理决定不服的，可以向人民法院起诉。当事人也可以直接向人民法院起诉。"

于河道造成的损害赔偿的"裁决",就是一种典型的行政裁决。[1]历经四次修改该条的内容基本上仍然保留着,该法2018年修订后的第47条规定:"对违反本条例规定,造成国家、集体、个人经济损失的,受害方可以请求县级以上河道主管机关处理。受害方也可以直接向人民法院起诉。当事人对河道主管机关的处理决定不服的,可以在接到通知之日起,15日内向人民法院起诉。"这里的"处理"就是行政机关依照职权做出的居间裁断,具有一定的权威性与专业性,从实质性来说也是一种较为典型的行政裁决。

2022年10月30日公布,并自2023年4月1日起施行的《中华人民共和国黄河保护法》第105条强调"国务院有关部门、黄河流域县级以上地方人民政府及其有关部门、黄河流域管理机构及其所属管理机构、黄河流域生态环境监督管理机构",应当"建立执法协调机制","对跨行政区域、生态敏感区域以及重大违法案件,依法开展联合执法。""组织开展黄河流域司法协作,推进行政执法机关与司法机关协同配合,鼓励有关单位为黄河流域生态环境保护提供法律服务"。[2]更多地强调司法与行政形成联动机制,共同维护黄河安澜。

---

〔1〕 参见《中华人民共和国河道管理条例》(1988年施行)第47条之规定:"对违反本条例规定,造成国家、集体、个人经济损失的,受害方可以请求县级以上河道主管机关处理。受害方也可以直接向人民法院起诉。当事人对河道主管机关的处理决定不服的,可以在接到通知之日起,十五日内向人民法院起诉。"

〔2〕 2022年10月30日公布的,并自2023年4月1日起施行的《中华人民共和国黄河保护法》第105条规定:国务院有关部门、黄河流域县级以上地方人民政府及其有关部门、黄河流域管理机构及其所属管理机构、黄河流域生态环境监督管理机构应当加强黄河保护监督管理能力建设,提高科技化、信息化水平,建立执法协调机制,对跨行政区域、生态敏感区域以及重大违法案件,依法开展联合执法。国家加强黄河流域司法保障建设,组织开展黄河流域司法协作,推进行政执法机关与司法机关协同配合,鼓励有关单位为黄河流域生态环境保护提供法律服务。

《中华人民共和国矿产资源法》（1996年修正）第49条，[1]关于矿区范围争议的"处理"，该条文中两次提到了"处理"，属于自然资源所有权和使用权的争议，而处理的形式就是裁决，也是一种较为典型的行政裁决。

《矿产资源勘查区块登记管理办法》（1998年施行）第9条，[2]关于勘查作业区范围和矿区范围发生争议的"裁决"，既然由主管行政机关来行使裁断职权，实际上这里的"裁决"自然也是行政裁决。2014年该法进行了修改，修改后第9条仍然保留了原来关于行政裁决的规定："禁止任何单位和个人进入他人依法取得探矿权的勘查作业区内进行勘查或者采矿活动。""探矿权人与采矿权人对勘查作业区范围和矿区范围发生争议的，由当事人协商解决；协商不成的，由发证的登记管理机关中级别高的登记管理机关裁决。"这里的"发证的登记管理机关"本身就是行政机关，该"裁决"也是一种典型的行政裁决。

相同的情况还有：《中华人民共和国森林法》（1998年修正）第17条关于林权争议的"裁决"，就是一种典型的行政裁决。[3]

---

[1]《中华人民共和国矿产资源法》（1996年修订）第49条规定："矿山企业之间的矿区范围的争议，由当事人协商解决，协商不成的，由有关县级以上地方人民政府根据依法核定的矿区范围处理；跨省、自治区、直辖市的矿区范围的争议，由有关省、自治区、直辖市人民政府协商解决，协商不成的，由国务院处理。"

[2]《矿产资源勘查区块登记管理办法》（1998年施行）第9条规定："禁止任何单位和个人进入他人依法取得探矿权的勘查作业区内进行勘查或者采矿活动。探矿权人与采矿权人对勘查作业区范围和矿区范围发生争议的，由当事人协商解决；协商不成的，由发证的登记管理机关中级别高的登记管理机关裁决。"

[3]《中华人民共和国森林法》（1998年修正）第17条规定："单位之间发生的林木、林地所有权和使用权争议，由县级以上人民政府依法处理。个人之间、个人与单位之间发生的林木所有权和林地使用权争议，由当地县级或者乡级人民政府依法处理。当事人对人民政府的处理决定不服的，可以在接到通知之日起一个月内，向人民法院起诉。在林木、林地权属争议解决以前，任何一方不得砍伐有争议的林木。"

该法历经 1998 年、2009 年两次修正，2019 年又进行了修订，修订后该法第 22 条规定："单位之间发生的林木、林地所有权和使用权争议，由县级以上人民政府依法处理。个人之间、个人与单位之间发生的林木所有权和林地使用权争议，由乡镇人民政府或者县级以上人民政府依法处理。当事人对有关人民政府的处理决定不服的，可以自接到处理决定通知之日起三十日内，向人民法院起诉。"这里的"依法处理"在实质上仍然是行政裁决。

《中华人民共和国草原法》（2002 年修订）第 16 条，关于草原所有权、使用权争议的"处理"，实际上就是一种行政裁决。[1] 经历了 2009 年、2013 年两次修正，并于 2021 年再次修改后，该法第 16 条规定："草原所有权、使用权的争议，由当事人协商解决；协商不成的，由有关人民政府处理。"其中"处理"本质上就是行政裁决。"单位之间的争议，由县级以上人民政府处理；个人之间、个人与单位之间的争议，由乡（镇）人民政府或者县级以上人民政府处理。""当事人对有关人民政府的处理决定不服的，可以依法向人民法院起诉。"其中的"处理"充分发挥了基层政府熟悉当地环境的优势，也给了当事人更为便捷快速解决纠纷，以及进一步寻求救济的渠道。

《中华人民共和国水法》（2002 年修订）第 56 条、第 57 条、第 58 条关于不同行政区域之间发生水事纠纷的"裁决"，也是一种

---

[1]《中华人民共和国草原法》（2002 年修订）第 16 条规定："草原所有权、使用权的争议，由当事人协商解决；协商不成的，由有关人民政府处理。单位之间的争议，由县级以上人民政府处理；个人之间、个人与单位之间的争议，由乡（镇）人民政府或者县级以上人民政府处理。当事人对有关人民政府的处理决定不服的，可以依法向人民法院起诉。在草原权属争议解决前，任何一方不得改变草原利用现状，不得破坏草原和草原上的设施。"

典型的行政裁决。[1]

《中华人民共和国土地管理法》（2004年修正）第16条，关于土地所有权和使用权争议的"处理"，不仅由行政机关作出"处理"，涉及的利益、裁断的风险更加令人瞩目，从实质上看，仍然是"行政裁决"。[2] 该法历经1988年、1998年（修订）、2004年、2019年修正，现行法在第14条规定："土地所有权和使用权争议，由当事人协商解决；协商不成的，由人民政府处理。""单位之间的争议，由县级以上人民政府处理；个人之间、个人与单位之间的争议，由乡级人民政府或者县级以上人民政府处理。""当事人对有关人民政府的处理决定不服的，可以自接到处理决定通知之日起三十日内，向人民法院起诉。"这些关于"处理"的规定基本沿袭下来，也在一定程度上体现了行政裁决的价值所在。

---

[1]《中华人民共和国水法》（2002年修订）第56条规定："不同行政区域之间发生水事纠纷的，应当协商处理；协商不成的，由上一级人民政府裁决，有关各方必须遵照执行。在水事纠纷解决前，未经各方达成协议或者共同的上一级人民政府批准，在行政区域交界线两侧一定范围内，任何一方不得修建排水、阻水、取水和截（蓄）水工程，不得单方面改变水的现状。"第57条规定："单位之间、个人之间、单位与个人之间发生的水事纠纷，应当协商解决；当事人不愿协商或者协商不成的，可以申请县级以上地方人民政府或者其授权的部门调解，也可以直接向人民法院提起民事诉讼。县级以上地方人民政府或者其授权的部门调解不成的，当事人可以向人民法院提起民事诉讼。在水事纠纷解决前，当事人不得单方面改变现状。"第58条规定："县级以上人民政府或者其授权的部门在处理水事纠纷时，有权采取临时处置措施，有关各方或者当事人必须服从。"

[2]《中华人民共和国土地管理法》（2004年修正）第16条规定："土地所有权和使用权争议，由当事人协商解决；协商不成的，由人民政府处理。单位之间的争议，由县级以上人民政府处理；个人之间、个人与单位之间的争议，由乡级人民政府或者县级以上人民政府处理。当事人对有关人民政府的处理决定不服的，可以自接到处理决定通知之日起三十日内，向人民法院起诉。在土地所有权和使用权争议解决前，任何一方不得改变土地利用现状。"

3. 关于商标、专利等知识产权纠纷的行政裁决

《中华人民共和国商标法》（2001年修正）第53条规定，关于商标专用权侵权纠纷的"处理"，其实就是行政裁决。[1]

《中华人民共和国专利法》（2008年修正）第57条，关于实施强制许可使用费的"裁决"，其实也是行政裁决。[2] 该法在2020年修改后，原第57条内容被第62条吸纳，内容并无变化。《中华人民共和国专利法》（2008年修正）第60条关于专利权纠纷的"处理"，也是一种行政裁决。[3] 该法在2020年修改后，《中华人民共和国专利法》（2008年修正）第60条内容变为第65条，内容

---

[1]《中华人民共和国商标法》（2001年修正）第53条规定："有本法第五十二条所列侵犯注册商标专用权行为之一，引起纠纷的，由当事人协商解决；不愿协商或者协商不成的，商标注册人或者利害关系人可以向人民法院起诉，也可以请求工商行政管理部门处理。工商行政管理部门处理时，认定侵权行为成立的，责令立即停止侵权行为，没收、销毁侵权商品和专门用于制造侵权商品、伪造注册商标标识的工具，并可处以罚款。当事人对处理决定不服的，可以自收到处理通知之日起十五日内依照《中华人民共和国行政诉讼法》向人民法院起诉；侵权人期满不起诉又不履行的，工商行政管理部门可以申请人民法院强制执行。进行处理的工商行政管理部门根据当事人的请求，可以就侵犯商标专用权的赔偿数额进行调解；调解不成的，当事人可以依照《中华人民共和国民事诉讼法》向人民法院起诉。"

[2]《中华人民共和国专利法》（2008年修正）第57条规定："取得实施强制许可的单位或者个人应当付给专利权人合理的使用费，或者依照中华人民共和国参加的有关国际条约的规定处理使用费问题。付给使用费的，其数额由双方协商；双方不能达成协议的，由国务院专利行政部门裁决。"

[3]《中华人民共和国专利法》（2008年修正）第60条规定："未经专利权人许可，实施其专利，即侵犯其专利权，引起纠纷的，由当事人协商解决；不愿协商或者协商不成的，专利权人或者利害关系人可以向人民法院起诉，也可以请求管理专利工作的部门处理。管理专利工作的部门处理时，认定侵权行为成立的，可以责令侵权人立即停止侵权行为，当事人不服的，可以自收到处理通知之日起十五日内依照《中华人民共和国行政诉讼法》向人民法院起诉；侵权人期满不起诉又不停止侵权行为的，管理专利工作的部门可以申请人民法院强制执行。进行处理的管理专利工作的部门应当事人的请求，可以就侵犯专利权的赔偿数额进行调解；调解不成的，当事人可以依照《中华人民共和国民事诉讼法》向人民法院起诉。"

并没有什么变化。

《集成电路布图设计保护条例》（2001年施行）第28条，关于报酬纠纷的"裁决"，实质上也属于行政裁决；[1] 第31条，[2] 关于布图设计侵权纠纷的处理，都属于行政裁决。

类似的规定还有《中华人民共和国植物新品种保护条例》（1997年施行）第11条，关于实施强制许可后的使用费争议的"裁决"，属于行政裁决。[3] 2022年11月，《中华人民共和国植物新品种保护条例》向社会公开征求修订意见。这是该条例自1997年颁布实施以来，首次进行全面修订，在建议稿中，该条款内容得以延续。

《中药品种保护条例》（1993年施行）第19条，关于转让使用

---

[1] 《集成电路布图设计保护条例》（2001年施行）第28条：取得使用布图设计非自愿许可的自然人、法人或者其他组织应当向布图设计权利人支付合理的报酬，其数额由双方协商；双方不能达成协议的，由国务院知识产权行政部门裁决。

[2] 《集成电路布图设计保护条例》（2001年施行）第31条规定："未经布图设计权利人许可，使用其布图设计，即侵犯其布图设计专有权，引起纠纷的，由当事人协商解决；不愿协商或者协商不成的，布图设计权利人或者利害关系人可以向人民法院起诉，也可以请求国务院知识产权行政部门处理。国务院知识产权行政部门处理时，认定侵权行为成立的，可以责令侵权人立即停止侵权行为，没收、销毁侵权产品或者物品。当事人不服的，可以自收到处理通知之日起15日内依照《中华人民共和国行政诉讼法》向人民法院起诉；侵权人期满不起诉又不停止侵权行为的，国务院知识产权行政部门可以请求人民法院强制执行。应当事人的请求，国务院知识产权行政部门可以就侵犯布图设计专有权的赔偿数额进行调解；调解不成的，当事人可以依照《中华人民共和国民事诉讼法》向人民法院起诉。"

[3] 《中华人民共和国植物新品种保护条例》（1997年施行）第11条规定："为了国家利益或者公共利益，审批机关可以作出实施植物新品种强制许可的决定，并予以登记和公告。取得实施强制许可的单位或者个人应当付给品种权人合理的使用费，其数额由双方商定；双方不能达成协议的，由审批机关裁决。品种权人对强制许可决定或者强制许可使用费的裁决不服的，可以自收到通知之日起3个月内向人民法院提起诉讼。"

费的争议的"裁决",就是行政裁决。[1] 2018年该法进行了修改,第19条修改为:"对临床用药紧缺的中药保护品种的仿制,须经国务院药品监督管理部门批准并发给批准文号。仿制企业应当付给持有《中药保护品种证书》并转让该中药品种的处方组成、工艺制法的企业合理的使用费,其数额由双方商定;双方不能达成协议的,由国务院药品监督管理部门裁决。"

《企业名称登记管理规定》(1991年施行)第24条,关于企业名称争议的"处理",也是一种行政裁决。[2] 2020年修订后,该条被第21条吸收,并对行政裁决作了规定:"企业认为其他企业名称侵犯本企业名称合法权益的,可以向人民法院起诉或者请求为涉嫌侵权企业办理登记的企业登记机关处理。""企业登记机关受理申请后,可以进行调解;调解不成的,企业登记机关应当自受理之日起3个月内作出行政裁决。"关于行政裁决的处理方式,以及救济途径更为明确,也更便于操作。

---

〔1〕《中药品种保护条例》(1993年施行)第19条规定:"对临床用药紧缺的中药保护品种,根据国家中药生产经营主管部门提出的仿制建议,经国务院卫生行政部门批准,由仿制企业所在地的省、自治区、直辖市卫生行政部门对生产同一中药保护品种的企业发放批准文号。该企业应当付给持有《中药保护品种证书》并转让该中药品种的处方组成、工艺制法的企业合理的使用费,其数额由双方商定;双方不能达成协议的,由国务院卫生行政部门裁决。"

〔2〕《企业名称登记管理规定》(1991年施行)第24条规定:"两个以上企业向同一登记主管机关申请相同的符合规定的企业名称,登记主管机关依照申请在先原则核定。属于同一天申请的,应当由企业协商解决;协商不成的,由登记主管机关作出裁决。两个以上企业向不同登记主管机关申请相同的企业名称,登记主管机关依照受理在先原则核定。属于同一天受理的,应当由企业协商解决;协商不成的,由各该登记主管机关报共同的上级登记主管机关作出裁决。"第25条规定:"两个以上的企业因已登记注册的企业名称相同或者近似而发生争议时,登记主管机关依照注册在先原则处理。中国企业的企业名称与外国(地区)企业的企业名称在中国境内发生争议并向登记主管机关申请裁决时,由国家工商行政管理局依据我国缔结或者参加的国际条约的规定的原则或者本规定处理。"

4. 民间纠纷的行政裁决

司法部颁布的《民间纠纷处理办法》（1990年施行）关于民间纠纷处理的规定，也是一种行政裁决。该办法是根据《人民调解委员会组织条例》第9条第2款、第2条第2款和第10条的规定制定的，旨在"妥善处理民间纠纷，保障公民的人身权利、财产权利和其他权利，维护社会安定"。第2条规定"司法助理员是基层人民政府的司法行政工作人员，具体负责处理民间纠纷的工作"。这里的"处理"就是居间裁断，属于一种典型的行政裁决。该办法有很多值得学习的地方，关于"处理"的前提，程序设计，救济渠道均有规定，是关于行政裁决规定的较为完善的一个有益的尝试。如在第13条规定："处理民间纠纷，应当充分听取双方当事人的陈述，允许当事人就争议问题展开辩论，并对纠纷事实进行必要的调查。"第14条规定："处理纠纷时，根据需要可以邀请有关单位和群众参加。被邀请的单位和个人，应当协助做好处理纠纷工作。""跨地区的民间纠纷，由当事人双方户籍所在地或者居所地的基层人民政府协商处理。"第15条规定："处理民间纠纷，应当先行调解。调解时，要查明事实，分清是非，促使当事人互谅互让，在双方当事人自愿的基础上，达成协议。"这些规定，都是行政裁决行使过程中的相关注意事项。

5. 其他一些领域关于行政裁决的规定

（1）《现金管理暂行条例》（1988年施行）第18条，关于各金融机构现金管理分工的争议的"裁决"，实质上是行政裁决。[1]

---

[1]《现金管理暂行条例》（1988年施行）第18条规定："一个单位在几家银行开户的，由一家开户银行负责现金管理工作，核定开户单位库存现金限额。各金融机构的现金管理分工，由中国人民银行确定。有关现金管理分工的争议，由当地人民银行协调、裁决。"

2011年该条例进行了修订，原第18条内容得到原封不动的保留："一个单位在几家银行开户的，由一家开户银行负责现金管理工作，核定开户单位库存现金限额。各金融机构的现金管理分工，由中国人民银行确定。有关现金管理分工的争议，由当地人民银行协调、裁决。""由当地人民银行协调、裁决"，人民银行实际上是主管机关，是行政机关，其中的"裁决"就是行政裁决。

（2）《中华人民共和国标准化法实施条例》（1990年施行）第38条，关于赔偿责任和赔偿金额纠纷的"处理"，就是一种典型的行政裁决。[1]

（3）《中国银行业监督管理委员会法律工作规定》（2006年施行）第73条，关于法律咨询的答复意见不一致的"裁决"，也是一种典型的行政裁决。[2]

（4）《电力市场监管办法》（2005年施行）第28条，关于电力监管机构对电力市场交易发生争议的"裁决"，也是行政裁决。[3]

（5）《电力监管条例》（2005年施行）第26条规定"发电厂

---

〔1〕《中华人民共和国标准化法实施条例》（1990年施行）第38条规定："本条例第三十二条至第三十六条规定的处罚不免除由此产生的对他人的损害赔偿责任。受到损害的有权要求责任人赔偿损失。赔偿责任和赔偿金额纠纷可以由有关行政主管部门处理，当事人也可以直接向人民法院起诉。"

〔2〕《中国银行业监督管理委员会法律工作规定》（2006年施行）第73条规定："银监会派出机构对法律咨询的答复意见，应当抄报上级机构法律部门。银监会派出机构答复意见不一致的，由上级机构裁决。对错误的答复意见，应当要求纠正。"第78条规定："银监会法律部门对银监会派出机构法律部门的工作进行指导，并负责解答法律问题，协调工作关系，裁决意见分歧。银监会对一个派出机构提出的法律问题进行答复的，应当同时抄送其他派出机构。"

〔3〕《电力市场监管办法》（2005年施行）第28条规定："电力市场主体之间、电力市场主体与电力调度交易机构之间因电力市场交易发生争议，由电力监管机构依法协调或者裁决。其中，因履行合同发生的争议，可以由电力监管机构按照电力争议调解的有关规定进行调解。"

与电网并网、电网与电网互联，并网双方或者互联双方达不成协议，影响电力交易正常进行的，电力监管机构应当进行协调；经协调仍不能达成协议的，由电力监管机构作出裁决"。以及《电力争议调解暂行办法》（2005年施行，已失效）第26条，关于电力监管机构对发电厂与电网并网、电网与电网互联等争议的"裁决"，就是较为典型的行政裁决。[1]

（6）《国内登山管理办法》（2003年修正）第7条，关于国家体育总局对山峰交界省级体育行政部门间争议的"裁决"，属于行政裁决。[2] 在《全国攀岩运动员注册与交流管理办法（试行）》（2004年施行，已失效）专门用一章（第40条，第41条[3]）来规定中国登山协会关于运动员注册和交流过程中发生争议问题或出现违规行为的"裁决"，是一种行政裁决。因为中国登山协会并非行政机关，但其代为行使了部分管理职权，这个行政裁决的主体是通过行政授权获得的，具备行政主体资格，可以作出行政裁决。

（7）《部门统计调查项目管理暂行办法》（1999年施行，已失效）第20条，关于国家统计局对部门统计调查的争议的最终"裁

---

[1]《电力争议调解暂行办法》（2005年施行，已失效）第26条规定："调解达不成协议的，终结调解。发电厂与电网并网、电网与电网互联，并网双方或者互联双方经调解仍不能达成协议的，由电力监管机构依法协调或者裁决。"

[2]《国内登山管理办法》（2003年修正）第7条规定："举行登山活动应当进行申请……攀登省、自治区、直辖市交界山峰，经攀登一侧省级体育行政部门批准，并向山峰交界其他方省级体育行政部门通报。如山峰交界省级体育行政部门间有争议，由国家体育总局决定。"

[3]《全国攀岩运动员注册与交流管理办法（试行）》（2004年施行，已失效）第40条规定："中国登山协会须在接到申诉或举报30天内做出裁决。"第41条规定："当事人对中国登山协会的裁决或处罚有异议，可在裁决之日起20天内，向国家体育总局提出复议申请，由国家体育总局做出最终裁决。"

决",也是典型的行政裁决。[1]

(8)《建设部科技成果评估工作管理暂行办法》(1998年施行)第22条,关于部科技成果管理部门对执行协议争议的"裁决",也符合行政裁决的界定。[2]

(9)《职业介绍规定》(1995年施行,已失效)第38条,劳动行政部门对用人单位或者求职者与职业介绍机构发生争议的"裁决",也是典型的行政裁决。[3]

(10)《城市房屋拆迁行政裁决工作规程》(2004年施行)是关于行政裁决程序性规定的一个典范性法律文件。为了规范城市房屋拆迁行政裁决行为,维护拆迁当事人的合法权益,根据《城市房屋拆迁管理条例》,建设部制定了《城市房屋拆迁行政裁决工作规程》(2004年施行),共有法律条文27条,对行政裁决的程序性要件作了较为详细的规定,有很多理论上的突破,也有很多值得商榷的地方,如第16条规定:"当事人对行政裁决不服的,可以依法申请行政复议或者向人民法院起诉。"而《中华人民共和国行政复议法》第8条专门列举了行政复议的排除事项:"不服行政机关作出的行政处分或者其他人事处理决定的,依照有关法律、行政法规的规定提出申诉。不服行政机关对民事纠纷作出的调解或者其他处

---

[1]《部门统计调查项目管理暂行办法》(1999年施行,已失效)第20条规定:"政府综合统计机构对送审的部门统计调查进行初审,提出修改意见和建议,部门应积极配合,及时作出说明和解释,并按照修改意见认真进行修改;如有不同意见,双方应进一步研究磋商达成一致。否则由国家统计局进行最终裁决,部门应按最终裁决意见进行修改。"

[2]《建设部科技成果评估工作管理暂行办法》(1998年施行)第22条规定:"如执行协议发生纠纷,任何一方可向部科技成果管理部门申请调解或裁决。"

[3]《职业介绍规定》(1995年施行,已失效)第38条规定:"用人单位或者求职者与职业介绍机构发生争议,可以提请劳动行政部门裁决。对裁决不服的,依照行政复议的有关规定执行。"

理，依法申请仲裁或者向人民法院提起诉讼。"这种立法上的矛盾如何解决，将在本书其他章节中予以论述。2011年1月21日，国务院办公厅在中国政府网全文公布《国有土地上房屋征收与补偿条例》后，本规章即时废止，关于行政裁决的规定没有得到延续，强调走诉讼程序解决相关争议。

（11）《关于加强旅游质监执法工作和质监执法队伍建设的意见》（2009年施行）规定："三、进一步加强旅游投诉受理工作"，"（十）明确投诉处理方式。各级旅游质监执法机构对所接受的旅游投诉，一般采用居间调解、转送其他部门、建议旅游行政管理部门处理和处罚、建议采取其他途径解决等方式处理。依法取得行政执法权的，依据授权进行行政裁决或做出处罚。"其中直接规定了"行政裁决"。

（二）突破行政裁决传统概念的"裁决"

1.《国有资产产权界定和产权纠纷处理暂行办法》全民所有制单位之间因对国有资产的经营权、使用权等发生争议而产生的纠纷而进行的裁决

《国有资产产权界定和产权纠纷处理暂行办法》第29条关于"全民所有制单位之间因对国有资产的经营权、使用权等发生争议而产生的纠纷，应在维护国有资产权益的前提下，由当事人协商解决。协商不能解决的，应向同级或共同上一级国有资产管理部门申请调解和裁定，必要时报有权管辖的人民政府裁定，国务院拥有最终裁定权"的规定，行政裁决的标的物可以是国有资产产权，行政裁决的对象可以是"国有资产产权的争执"，这突破了以往对行政裁决对象认为的"平等民事主体之间的民事争议"，但从该制度的具体实践来看，其不仅符合行政裁决的形式要件，而且，在实体要件方面，当事人的行政职权属性并没有与行政裁决主体的行政职权

属性相矛盾,在行政裁决主体的裁决行使时,对方的行政职权属性并不影响其判断,也并没有什么阻碍,因而,这种特殊的行政裁决,仍然可以被界定为行政裁决。

2. 上级铁路局对事故处理意见分歧的裁决

《铁路行车事故处理规则》(2000年修正,已失效)第4.0.1条的规定:"特别重大事故按国务院34号令发布施行的《特别重大事故调查程序暂行规定》调查处理。重大事故由铁路局调查并提出处理意见,由铁道部审查批复;大事故由铁路局调查处理,并报铁道部备案。重大、大事故涉及的两个铁路局(其他有关单位,下同)意见不一致时,各自向铁道部提出事故调查处理报告,由铁道部审查裁决。险性事故由发生事故的铁路分局调查处理,涉及两个分局意见不一致时,由铁路局审查裁决。一般事故由基层单位调查处理,涉及两个分局意见不一致时,由铁路局裁决。涉及本分局两个基层单位时,由分局裁决。"

3. 关于法律效力争执的裁决

《中华人民共和国立法法》(2023修正)第105条,[1] 以及第106条[2]关于法律效力争执的"裁决",在形式上与行政裁决一

---

[1]《中华人民共和国立法法》(2013年修正)第105条规定:"法律之间对同一事项的新的一般规定与旧的特别规定不一致,不能确定如何适用时,由全国人民代表大会常务委员会裁决。行政法规之间对同一事项的新的一般规定与旧的特别规定不一致,不能确定如何适用时,由国务院裁决。"

[2]《中华人民共和国立法法》(2013年修正)第106条规定:"地方性法规、规章之间不一致时,由有关机关依照下列规定的权限作出裁决:(一)同一机关制定的新的一般规定与旧的特别规定不一致时,由制定机关裁决;(二)地方性法规与部门规章之间对同一事项的规定不一致,不能确定如何适用时,由国务院提出意见,国务院认为应当适用地方性法规的,应当决定在该地方适用地方性法规的规定;认为应当适用部门规章的,应当提请全国人民代表大会常务委员会裁决;(三)部门规章之间、部门规章与地方政府规章之间对同一事项的规定不一致时,由国务院裁决。根据授权制定的法规与法律规定不一致,不能确定如何适用时,由全国人民代表大会常务委员会裁决。"

致，实质上，也完全可以归纳为行政裁决与《中华人民共和国立法法》规定类似的还有《中华人民共和国行政复议法》（1999年施行）第14条[1]关于政府部门之间，对行政复议决定不服的"最终裁决"。

(三) 行政裁决的演进

除了以上关于行政裁决的横向的立法考察之外，有必要对国内行政裁决制度进行纵向的考察，了解行政裁决的立法变化，预测行政裁决的立法趋向。

1. 直接取消行政裁决，转向行政调解等

取消行政裁决，由行政调解等纠纷化解方式替代成了时下各个行政管理领域对于行政裁决去留问题的一种共同选择。行政调解的设计尽管方便了当事人，但是行政调解的法律效力与行政裁决相比，大打折扣，而且行政调解不具有可诉性，当事人不能因为行政调解的不当行使而提起行政诉讼实现司法救济。以下逐一列举予以说明：

（1）《中华人民共和国治安管理处罚法》（2006年施行）对之前的《中华人民共和国治安管理处罚条例》中关于行政裁决的内容予以放弃，转由行政调解予以替代。公安部门处理民间纠纷的方式发生了不小的变化。《中华人民共和国治安管理处罚条例》（1987年施行，已失效）第5条规定："对于因民间纠纷引起的打架斗殴或者损毁他人财物等违反治安管理行为，情节轻微的，公安机关可以调解处理。"1994修正后该条例第5条规定："对于因民间纠纷

---

[1]《中华人民共和国行政复议法》（1999年施行）第14条规定："对国务院部门或者省、自治区、直辖市人民政府的具体行政行为不服的，向作出具体行政行为的国务院部门或者省、自治区、直辖市人民政府申请行政复议。对行政复议决定不服的，可以向人民法院提起行政诉讼；也可以向国务院申请裁决，国务院依照本法的规定作出最终裁决。"

引起的打架斗殴或者损毁他人财物等违反治安管理行为,情节轻微的,公安机关可以调解处理。"基本上没有变化,但是2005年公布的《中华人民共和国治安管理处罚法》(2006年施行)却有了较大的改动。该法第9条规定:"对于因民间纠纷引起的打架斗殴或者损毁他人财物等违反治安管理行为,情节较轻的,公安机关可以调解处理。经公安机关调解,当事人达成协议的,不予处罚。经调解未达成协议或者达成协议后不履行的,公安机关应当依照本法的规定对违反治安管理行为人给予处罚,并告知当事人可以就民事争议依法向人民法院提起民事诉讼。"尽管,新法也规定了调解处理的内容,但在实践中只有调解,而基本上不再采用"处理",也就是行政裁决的形式。

(2)《生产安全事故报告和调查处理条例》直接取消了行政裁决的规定。《生产安全事故报告和调查处理条例》(2007年施行)取消了《企业职工伤亡事故报告和处理规定》(1991年施行)行政裁决的相关内容。在《企业职工伤亡事故报告和处理规定》(1991年施行)中,第14条规定:"事故调查组在查明事故情况以后,如果对事故的分析和事故责任者的处理不能取得一致意见,劳动部门有权提出结论性意见;如果仍有不同意见,应当报上级劳动部门商有关部门处理;仍不能达成一致意见的,报同级人民政府裁决。但不得超过事故处理工作的时限。"以及该法的第16条规定:"事故调查组提出的事故处理意见和防范措施建议,由发生事故的企业及其主管部门负责处理。"

(3)《国家重点基础研究发展计划管理办法》(2006年施行,已失效)取消了行政裁决的规定。《国家重点基础研究发展规划项目管理暂行办法》(1998年施行)第23条规定:"项目依托部门负责项目日常管理和提供条件保障。主要职责是:……7. 如一个重点规划项目委托二个以上的部门共同组织实施，项目第一依托部门应负责部门之间的协商工作。如各部门对项目实施的具体问题有争议，由科技部裁决。"《国家重点基础研究发展计划管理办法》（2006年施行，已失效）直接取消了这一规定。

2. 部分保留，部分转向调解，行政调解与行政裁决构成选择性程序

这个情形的适用几乎可以覆盖时下任何关于行政裁决的立法，在构建和谐社会的大背景下，积极引导当事人之间进行调解与协商，具有较好的经济效益。

（1）《中华人民共和国商标法》关于商标专用权侵权纠纷处理的变化：《中华人民共和国商标法》（1983年施行）第39条规定："有本法第三十八条所列侵犯注册商标专用权行为之一的，被侵权人可以向侵权人所在地的县级以上工商行政管理部门要求处理。有关工商行政管理部门有权责令侵权人立即停止侵权行为，赔偿被侵权人的损失，赔偿额为侵权人在侵权期间因侵权所获得的利润或者被侵权人在被侵权期间因被侵权所受到的损失；对情节严重的，可以并处罚款。当事人不服的，可以在收到通知十五天内，向人民法院起诉；期满不起诉又不履行的，由有关工商行政管理部门申请人民法院强制执行。对侵犯注册商标专用权的，被侵权人也可以直接向人民法院起诉。"

2001年修正后的《中华人民共和国商标法》增加了协商前置

程序和选择性进行行政调解等内容。[1]

（2）《中华人民共和国专利法》前后四次修改，保留了行政裁决的内容，增加了协商前置程序和选择性进行行政调解等内容，而且受理申请的范围也有所缩小，缩小的事项转向用行政调解替代先前的行政裁决。有关内容将在以下章节中进行全面剖析。

3. 保留行政裁决，增加协商机制，且协商前置程序成为一种立法趋向

协商前置值得肯定。协商富有经济效益与促进社会和谐的功效。具体体现在：

（1）《中华人民共和国草原法》中关于草原所有权、使用权的争议的处理前、后两个版本的对比：增加了由当事人协商解决的内容，而且是协商前置。《中华人民共和国草原法》（1985年施行）第18条规定："草原所有权、使用权受到侵犯的，被侵权人可以请求县级以上地方人民政府农牧业部门处理。有关农牧业部门有权责令侵权人停止侵权行为，赔偿损失。被侵权人也可以直接向人民法院起诉。"《中华人民共和国草原法》（2002年修订）第16条的相关规定与旧法相比，增加了由当事人协商解决的内容，而且是协商

---

[1]《中华人民共和国商标法》（2001年修正）第53条规定："有本法第五十二条所列侵犯注册商标专用权行为之一，引起纠纷的，由当事人协商解决；不愿协商或者协商不成的，商标注册人或者利害关系人可以向人民法院起诉，也可以请求工商行政管理部门处理。工商行政管理部门处理时，认定侵权行为成立的，责令立即停止侵权行为，没收、销毁侵权商品和专门用于制造侵权商品、伪造注册商标标识的工具，并可处以罚款。当事人对处理决定不服的，可以自收到处理通知之日起十五日内依照《中华人民共和国行政诉讼法》向人民法院起诉；侵权人期满不起诉又不履行的，工商行政管理部门可以申请人民法院强制执行。进行处理的工商行政管理部门根据当事人的请求，可以就侵犯商标专用权的赔偿数额进行调解；调解不成的，当事人可以依照《中华人民共和国民事诉讼法》向人民法院起诉。"

前置。对不同单位、个人提起的争议作了区分，使得处理更加明确。[1] 类似的变化还有《中华人民共和国矿产资源法》关于矿区范围争议的处理。[2]

（2）《中华人民共和国土地管理法实施条例》关于征地补偿标准有争议的裁决的对比。《中华人民共和国土地管理法实施条例》（1991年施行）第38条规定："侵犯土地所有权或者使用权的，县级以上地方人民政府土地管理部门依照《土地管理法》第五十三条规定作出处理决定后，侵权人在法定期限内不起诉又不履行的，被侵权人可以申请人民法院强制执行。"而1999年修正后，增加了协调前置的内容。[3]

（3）《全国地质资料汇交管理办法》（1988年施行）第17条规定："对地质资料的汇交、借阅工作产生争议的，由资料管理机关会同有关单位或者部门协商解决，协商无效的，由国务院或各省、

---

[1]《中华人民共和国草原法》（2002年修订）第16条规定："草原所有权、使用权的争议，由当事人协商解决；协商不成的，由有关人民政府处理。单位之间的争议，由县级以上人民政府处理；个人之间、个人与单位之间的争议，由乡（镇）人民政府或者县级以上人民政府处理。当事人对有关人民政府的处理决定不服的，可以依法向人民法院起诉。在草原权属争议解决前，任何一方不得改变草原利用现状，不得破坏草原和草原上的设施。"

[2]《中华人民共和国矿产资源法》（1986年施行）第47条规定："矿山企业之间的矿区范围的争议，由当事人协商解决，协商不成的，由有关县级以上地方人民政府根据依法核定的矿区范围处理；跨省、自治区、直辖市的矿区范围的争议，由有关省、自治区、直辖市人民政府协商解决，协商不成的，由国务院处理。"
对比《中华人民共和国矿产资源法》（1996年修正）第49条规定："矿山企业之间的矿区范围的争议，由当事人协商解决，协商不成的，由有关县级以上地方人民政府根据依法核定的矿区范围处理；跨省、自治区、直辖市的矿区范围的争议，由有关省、自治区、直辖市人民政府协商解决，协商不成的，由国务院处理。"

[3]《中华人民共和国土地管理法实施条例》（1999年施行）第25条第3款规定："……对补偿标准有争议的，由县级以上地方人民政府协调；协调不成的，由批准征用土地的人民政府裁决。征地补偿、安置争议不影响征用土地方案的实施。征用土地的各项费用应当自征地补偿、安置方案批准之日起3个月内全额支付。"

自治区、直辖市的计划主管部门裁决。"本篇法规已被《地质资料管理条例》废止，已无裁决的规定。

4. 用行政复议取代行政裁决

行政裁决具有一定的行政职权性，但主要是用来进行居间裁断，而不是行使执法权。然而，现实中，有许多实质上属于行政执法范畴的制度，却以行政裁决的面目出现，混淆了行政裁决的被动性特点。此类行为在立法演进中，逐步被淘汰，要么恢复到行政执法的真实面目，要么用行政复议等予以修正。具体体现在：

2011年施行的《国有土地上房屋征收与补偿条例》取代了1991年施行的《城市房屋拆迁管理条例》，以及2001年的修订版本。

《城市房屋拆迁管理条例》（1991年施行，已失效）第14条规定："拆迁人与被拆迁人对补偿形式和补偿金额、安置用房面积和安置地点、搬迁过渡方式和过渡期限，经协商达不成协议的，由批准拆迁的房屋拆迁主管部门裁决。被拆迁人是批准拆迁的房屋拆迁主管部门的，由同级人民政府裁决。当事人对裁决不服的，可以在接到裁决书之日起十五日内向人民法院起诉。在诉讼期间如拆迁人已给被拆迁人作了安置或者提供了周转用房的，不停止拆迁的执行。"

《城市房屋拆迁管理条例》（2001，已失效）第16条规定："拆迁人与被拆迁人或者拆迁人、被拆迁人与房屋承租人达不成拆迁补偿安置协议的，经当事人申请，由房屋拆迁管理部门裁决。房屋拆迁管理部门是被拆迁人的，由同级人民政府裁决。裁决应当自收到申请之日起30日内作出。当事人对裁决不服的，可以自裁决书送达之日起3个月内向人民法院起诉。拆迁人依照本条例规定已对被拆迁人给予货币补偿或者提供拆迁安置用房、周转用房的，诉讼期间不停止拆迁的执行。"

以上两部法规目前已被《国有土地上房屋征收与补偿条例》（2011 年施行）取代，而该条例第 14 条规定："被征收人对市、县级人民政府作出的房屋征收决定不服的，可以依法申请行政复议，也可以依法提起行政诉讼。"可以看出，新法直接取消了行政裁决的内容，但却增加了行政复议的内容。

5. 行政裁决得以保持，且前后内容变化不大

2002 年修订的《中华人民共和国水法》与修订前的水法（1988 年施行）关于不同行政区域之间发生水事纠纷的裁决前后变化不大。

《中华人民共和国水法》（2002 年修订）第 56 条规定："不同行政区域之间发生水事纠纷的，应当协商处理；协商不成的，由上一级人民政府裁决，有关各方必须遵照执行。在水事纠纷解决前，未经各方达成协议或者共同的上一级人民政府批准，在行政区域交界线两侧一定范围内，任何一方不得修建排水、阻水、取水和截（蓄）水工程，不得单方面改变水的现状。"该法第 57 条规定："单位之间、个人之间、单位与个人之间发生的水事纠纷，应当协商解决；当事人不愿协商或者协商不成的，可以申请县级以上地方人民政府或者其授权的部门调解，也可以直接向人民法院提起民事诉讼。县级以上地方人民政府或者其授权的部门调解不成的，当事人可以向人民法院提起民事诉讼。在水事纠纷解决前，当事人不得单方面改变现状。"该法第 58 条规定："县级以上人民政府或者其授权的部门在处理水事纠纷时，有权采取临时处置措施，有关各方或者当事人必须服从。"

对比《中华人民共和国水法》（1988 年施行）第 35 条："地区之间发生的水事纠纷，应当本着互谅互让、团结协作的精神协商处

理；协商不成的，由上一级人民政府处理。在水事纠纷解决之前，未经各方达成协议或者上一级人民政府批准，由国家规定的交界线两侧一定的范围内，任何一方不得修建排水、阻水、引水和蓄水工程，不得单方面改变水的现状。"该法第36条规定："单位之间、个人之间、单位与个人之间发生的水事纠纷，应当通过协商或者调解解决。当事人不愿通过协商、调解解决或者协商、调解不成的，可以请求县级以上地方人民政府或者其授权的主管部门处理，也可以直接向人民法院起诉；当事人对有关人民政府或者其授权的主管部门的处理决定不服的，可以在接到通知之日起十五日内，向人民法院起诉。在水事纠纷解决之前，当事人不得单方面改变水的现状。"该法第37条规定："县级以上人民政府或者其授权的主管部门在处理水事纠纷时，有权采取临时处置措施，当事人必须服从。"

三、我国专利权纠纷行政裁决制度的演进

自1984年我国颁布第一部《中华人民共和国专利法》到现在，国家关于专利管理部门参与专利权纠纷解决的态度发生了较大的变化，关于专利制度演进的历程特归纳如下：

（一）第一个时期（1984～1990年）：专利权纠纷行政裁决从无到有

尽管，行政裁决作为当事人之间就其纠纷求助于行政职权部门进行化解的一种有效的方式，在中华人民共和国成立之初就在很多领域被相应的法律法规予以认可与支持，但在专利权领域，却是改革开放后经济发展后的市场需要，这也是专利权纠纷行政裁决服务于社会、服务于人民的本质体现。我国关于专利权纠纷案件，专利权人或者利害关系人可以请求专利管理机关进行处理的规定（被学界称为行政裁决）最早见于我国于1984年颁布的

第一部《中华人民共和国专利法》。在专利局送审的《中华人民共和国专利法》第一稿草案中,并无专利权纠纷的行政执法内容,由于法工委认为当时法院没有力量承担这样的任务,因此,在1984年正式通过的《中华人民共和国专利法》上增加了此条规定。"按当时设想,专利管理机关的处理主要是为了解决民事纠纷,所以专利法曾特别规定,它在处理侵权纠纷的时候拥有责令停止侵权、赔偿损失等本应属于人民法院的权限,不服其决定的,可以向人民法院起诉(原来是民事诉讼),人民法院认为原决定不正确的,可以作出其认为正确的判决。而且在专利权人请求处理的顺序上,专利法将请求专利管理机关处理置于向人民法院起诉之前。"[1] 我国第一部《中华人民共和国专利法》关于专利权纠纷的行政裁决可见于第57条和第58条关于强制许可后使用费的纠纷解决;[2] 该法第60条关于侵权纠纷的行政裁决与诉讼;[3] 该法第61条关于不认为

---

[1] 汤宗舜:《专利法教程》,法律出版社2003年版,第238页。

[2] 参见《中华人民共和国专利法》(1985年施行)第57条之规定:"取得实施强制许可的单位或者个人应当付给专利权人合理的使用费,其数额由双方商定;双方不能达成协议的,由专利局裁决。"该法第58条规定:"专利权人对专利局关于实施强制许可的决定或者关于实施强制许可的使用费的裁决不服的,可以在收到通知之日起三个月内向人民法院起诉。"

[3] 参见《中华人民共和国专利法》(1985年施行)第60条之规定:"对未经专利权人许可,实施其专利的侵权行为,专利权人或者利害关系人可以请求专利管理机关进行处理,也可以直接向人民法院起诉。专利管理机关处理的时候,有权责令侵权人停止侵权行为,并赔偿损失;当事人不服的,可以在收到通知之日起三个月内向人民法院起诉;期满不起诉又不履行的,专利管理机关可以请求人民法院强制执行。在发生侵权纠纷的时候,如果发明专利是一项产品的制造方法,制造同样产品的单位或者个人应当提供其产品制造方法的证明。"

是侵犯专利权的裁定权；[1] 该法第 63 条关于假冒专利权纠纷的处理等。[2] 另外，该法第 43 条关于专利复审委员会对专利权纠纷[3]（不服专利权申请的纠纷是在申请者与专利审批部门之间）尽管不完全符合传统上关于行政裁决的界定，但本书试图将专利复审委员会的复审作为行政裁决的救济途径或第二次裁决过程。与专利复审委员会解决纠纷相关的还有该法第 48 条、第 49 条、第 50 条关于专利无效进行裁决的相关规定。[4] 根据《中华人民共和国专利法》的这些规定，可将专利权纠纷划分为：①权属纠纷；②侵

---

[1] 参见《中华人民共和国专利法》（1985 年施行）第 62 条之规定："有下列情形之一的，不视为侵犯专利权：一、专利权人制造或者经专利权人许可制造的专利产品售出后，使用或者销售该产品的；二、使用或者销售不知道是未经专利权人许可而制造并售出的专利产品的；三、在专利申请日前已经制造相同产品、使用相同方法或者已经作好制造、使用的必要准备，并且仅在原有范围内继续制造、使用的；四、临时通过中国领土、领水、领空的外国运输工具，依照其所属国同中国签订的协议或者共同参加的国际条约，或者依照互惠原则，为运输工具自身需要而在其装置和设备中使用有关专利的；五、专为科学研究和实验而使用有关专利的。"

[2] 参见《中华人民共和国专利法》（1985 年施行）第 63 条之规定："假冒他人专利的，依照本法第六十条的规定处理；情节严重的，对直接责任人员比照刑法第一百二十七条的规定追究刑事责任。"

[3] 参见《中华人民共和国专利法》（1985 年施行）第 43 条之规定："专利局设立专利复审委员会。申请人对专利局驳回申请的决定不服的，可以在收到通知之日起三个月内，向专利复审委员会请求复审。专利复审委员会复审后，作出决定，并通知申请人。发明专利的申请人对专利复审委员会驳回复审请求的决定不服的，可以在收到通知之日起三个月内向人民法院起诉。专利复审委员会对申请人关于实用新型和外观设计的复审请求所作出的决定为终局决定。"

[4] 参见《中华人民共和国专利法》（1985 年施行）第 48 条之规定："专利权被授予后，任何单位或者个人认为该专利权的授予不符合本法规定的，都可以请求专利复审委员会宣告该专利权无效。"该法第 49 条规定："专利复审委员会对宣告专利权无效的请求进行审查，作出决定，并通知请求人和专利权人。宣告专利权无效的决定，由专利局登记和公告。对专利复审委员会宣告发明专利权无效或者维持发明专利权的决定不服的，可以在收到通知之日起三个月内向人民法院起诉。专利复审委员会对宣告实用新型和外观设计专利权无效的请求所作出的决定为终局决定。"

权纠纷；③使用费用的争执；④专利权成立与否的纠纷等。

为了《中华人民共和国专利法》的有效实施，国务院于1985年1月19日批准国家专利局公布《中华人民共和国专利法实施细则》，而关于专利权纠纷行政裁决的规定就在《中华人民共和国专利法实施细则》第76条至第79条关于专利管理的规定中得到了体现。[1]

1989年，国家专利局制定的《专利管理机关处理专利纠纷办法》第5条规定"专利管理机关调处下列专利纠纷：一、专利侵权纠纷；二、有关在发明专利申请公布后或实用新型、外观设计专利申请公告后，在专利权授予前实施发明创造的费用纠纷；三、专利申请权纠纷和专利权属纠纷；四、其他可以由专利管理机关调解或处理的专利纠纷。"该规定已于2002年4月27日被取消。

(二) 第二个时期（1990~2000年）：《中华人民共和国行政诉讼法》颁布后的调整时期

《中华人民共和国行政诉讼法》于1990年10月施行后，根据最高人民法院的规定，不服专利管理机关关于专利侵权的处理决定的，当事人只能向人民法院提起行政诉讼，而根据行政诉讼法的规定，人民法院只能作出维持原决定，或者撤销原决定并判令专利管

---

[1] 参见《中华人民共和国专利法实施细则》（1985年施行）第76条规定："专利法第六十条和本细则所称的专利管理机关是指国务院有关主管部门和省、自治区、直辖市、开放城市和经济特区人民政府设立的专利管理机关。"第77条规定："对于在发明专利申请公布后、专利权授予前使用发明而未支付适当费用的单位或者个人，在专利权授予后，专利权人可以请求专利管理机关进行调处，也可以直接向人民法院起诉。专利管理机关调处的时候，有权决定该单位或者个人在指定的期限内支付适当的费用。当事人对专利管理机关的决定不服的，可以向人民法院起诉。前款规定准用于实用新型或者外观设计专利申请。"第78条规定："发明人或者设计人与其所属单位对其发明创造是否属于职务发明创造以及对职务发明创造是否提出专利申请有争议的，发明人或者设计人可以请求上级主管部门或者单位所在地区专利管理机关处理。"第79条规定："属于跨部门或者跨地区的侵权纠纷，当事人请求专利管理机关处理的，应当由发生侵权行为地区的专利管理机关或者侵权单位上级主管部门的专利管理机关处理。"

理机关重新作出决定，而不能自行对侵权作出其认为适当处理的判决。这就意味着，处理侵权问题成了专利管理机关的行政管理权限。但是，专利侵权纠纷是专利权人和侵权人之间的纠纷，处理机关应当居于双方当事人之间进行调解或者依法处理，并不是侵权人违反了行政管理法规，由行政机关责令纠正。所以，专利权纠纷行政裁决饱受诉议。如有学者认为："行政机关由于其本身的性质而不适于处理民事权利纠纷。而且专利管理机关处理侵权纠纷适用行政程序，难以保证达到公开、公正的目的，也难以实现知识产权协定有关依行政程序处理民事纠纷的要求。"[1]

也就是在《中华人民共和国行政诉讼法》出台的背景下，我国《中华人民共和国专利法》于1992年做了第一次修订。修改后的《中华人民共和国专利法》关于专利权纠纷的行政裁决散见于以下法条中：①对驳回申请不服的纠纷，由专利复审委员会裁决（第43条）;[2] ②专利权无效或维持的裁决，由专利复审委员会裁决（第49条）;[3] ③强制许可后使用费的争执由专利管理部门裁决，

---

[1] 汤宗舜:《专利法教程》，法律出版社2003年版，第238页。
[2] 参见《中华人民共和国专利法》（1992年修正）第43条之规定："专利局设立专利复审委员会。对专利局驳回申请的决定不服的，或者对专利局撤销或者维持专利权的决定不服的，可以自收到通知之日起三个月内，向专利复审委员会请求复审。专利复审委员会复审后，作出决定，并通知专利申请人、专利权人或者撤销专利权的请求人。发明专利的申请人、发明专利权人或者撤销发明专利权的请求人对专利复审委员会的复审决定不服的，可以自收到通知之日起三个月内向人民法院起诉。专利复审委员会对申请人、专利权人或者撤销专利权的请求人关于实用新型和外观设计的复审请求所作出的决定为终局决定。"
[3] 参见《中华人民共和国专利法》（1992年修正）第49条之规定："专利复审委员会对宣告专利权无效的请求进行审查，作出决定，并通知请求人和专利权人。宣告专利权无效的决定，由专利局登记和公告。对专利复审委员会宣告发明专利权无效或者维持发明专利权的决定不服的，可以在收到通知之日起三个月内向人民法院起诉。专利复审委员会对宣告实用新型和外观设计专利权无效的请求所作出的决定为终局决定。"

也可以提起诉讼（第57条、第58条）；[1] ④专利权侵权纠纷的裁决（第60条）[2]等。

国家专利局也在《中华人民共和国专利法》修订后，于1992年12月21日公布了第二部《中华人民共和国专利法实施细则》。修改后的《中华人民共和国专利法实施细则》没有像第一部细则那样关于专利权纠纷解决明确的规定，但却增加了专利权纠纷行政裁决的部分程序设计，使得纠纷解决更加合理，也更便于操作。

（三）第三个时期（2000~2008年）：按照国际法的承诺对《中华人民共和国专利法》进行调适

这个时期对于专利的国家保护等发生了一件影响深远的大事情，那就是中国于2001年加入了WTO，按照相关国际条约的承诺，我国于2000年8月25日对《中华人民共和国专利法》（2001年7月1日起施行）进行了第二次修订。在专利法实施15年之后，专利行政保护应当保留，还是应当取消？应当强化，还是应当弱化？

---

[1] 参见《中华人民共和国专利法》（1992年修正）第57条之规定："取得实施强制许可的单位或者个人应当付给专利权人合理的使用费，其数额由双方商定；双方不能达成协议的，由专利局裁决。"以及该法第58条之规定："专利权人对专利局关于实施强制许可的决定或者关于实施强制许可的使用费的裁决不服的，可以在收到通知之日起三个月内向人民法院起诉。"

[2] 参见《中华人民共和国专利法》（1992年修正）第60条之规定："对未经专利权人许可，实施其专利的侵权行为，专利权人或者利害关系人可以请求专利管理机关进行处理，也可以直接向人民法院起诉。专利管理机关处理的时候，有权责令侵权人停止侵权行为，并赔偿损失；当事人不服的，可以在收到通知之日起三个月内向人民法院起诉；期满不起诉又不履行的，专利管理机关可以请求人民法院强制执行。在发生侵权纠纷的时候，如果发明专利是一项新产品的制造方法，制造同样产品的单位或者个人应当提供其产品制造方法的证明。"

这是第二次修改专利法过程中争论最为激烈的问题。[1]

根据《中华人民共和国专利法》（2008年修正）第57条的指导思想及原则，对于不涉及公共秩序和公共利益的平等主体之间的民事纠纷，行政机关将不再介入，由人民法院进行审理。[2]这也是吸收了1995年7月7日最高院的意见。即"一、专利侵权案件中有关赔偿责任和赔偿数额的纠纷，若经专利管理机关调解后，当事人一方或双方反悔的，以对方当事人为被告提起诉讼的，人民法院应作为民事案件受理。二、专利管理机关依据《中华人民共和国专利法》第60条的规定，作出责令侵权人停止侵权行为，并赔偿损失的处理决定，若当事人一方或双方对专利管理机关作出的处理决定不服，以专利管理机关为被告提起诉讼的，人民法院应作为行

---

[1] 关于专利权纠纷行政裁决存废的争论，有两种针锋相对的观点：一种观点认为，专利行政管理机关处理专利侵权纠纷是专利制度发展的历史产物，在当时我国知识产权司法审判力量较弱的情况下，发挥过积极作用。随着我国知识产权制度的完善和司法审判力量的加强，专利侵权纠纷应当通过司法途径解决，这样有利于社会资源的合理配置，符合我国法制建设的总体方向。同时，为了充分发挥管理专利工作的部门的作用，管理专利工作的部门可以应当事人的请求，对专利侵权纠纷进行调解。另一种观点认为，尽管从我国法制建设的总体方向上看，应当采取政府机关不干预民事权利的立场，但是从我国目前的实际情况来看，国民的知识产权意识还很薄弱，侵犯知识产权的行为还很严重，尤其是在建立市场经济体制的过程中，如何有效保护知识产权的问题显得十分突出。在这样的情况下，取消或者削弱专利行政保护，将导致专利保护的弱化，这与本次修改专利法的宗旨是不相符合的。专利行政保护适合我国国情的需要，不但不应当削弱，而且还需要进一步强化。经过反复讨论和论证，进行多次文字调整，最后形成了目前的规定。这一规定是在上述两种意见之间进行协调，吸取各自合理成分的结果。参见国家知识产权局条法司：《新专利法详解》，知识产权出版社2001年版，第318~319页。

[2] 国家知识产权局条法司：《新专利法详解》，知识产权出版社2001年版，第318~319页、第432页。

政案件受理。"[1]

在《中华人民共和国专利法》第二次修正中，将专利管理机关的名称改为管理专利工作部门，将该机关有权责令停止侵权行为和赔偿损失的原有规定改为可以责令停止侵权行为，规定"当事人如果不服，可以向人民法院提起行政诉讼"的同时，将行政裁决的位置放在了诉讼解决方式的后面，即纠纷发生后，当事人"不愿协商或者协商不成的，专利权人或者利害关系人可以向人民法院起诉，也可以请求管理专利工作的部门处理"。在修正中对赔偿损失的问题，认为属于典型的民事纠纷，管理专利工作部门只能调解赔偿数额，调解不成时其不能作出决定，因此改为可以就赔偿数额进行调解，调解不成的，当事人可以另行向人民法院提起民事诉讼。[2]

自2001年6月15日公布，2001年7月1日起施行的《中华人民共和国专利法实施细则》取代了1992年2月21日公布的《中华人民共和国专利法实施细则》，关于专利权纠纷的分类增加了行政

---

[1] 参见《最高人民法院关于不服专利管理机关对专利申请权纠纷、专利侵权纠纷的处理决定提起诉讼，人民法院应作何种案件受理问题的答复》（法函［1995］第93号）。

[2] 参见《中华人民共和国专利法》（2000修正）第57条之规定："未经专利权人许可，实施其专利，即侵犯其专利权，引起纠纷的，由当事人协商解决；不愿协商或者协商不成的，专利权人或者利害关系人可以向人民法院起诉，也可以请求管理专利工作的部门处理。管理专利工作的部门处理时，认定侵权行为成立的，可以责令侵权人立即停止侵权行为，当事人不服的，可以自收到处理通知之日起十五日内依照《中华人民共和国行政诉讼法》向人民法院起诉；侵权人期满不起诉又不停止侵权行为的，管理专利工作的部门可以申请人民法院强制执行。进行处理的管理专利工作的部门应当事人的请求，可以就侵犯专利权的赔偿数额进行调解；调解不成的，当事人可以依照《中华人民共和国民事诉讼法》向人民法院起诉。专利侵权纠纷涉及新产品制造方法的发明专利的，制造同样产品的单位或者个人应当提供其产品制造方法不同于专利方法的证明；涉及实用新型专利的，人民法院或者管理专利工作的部门可以要求专利权人出具由国务院专利行政部门作出的检索报告。"

调解的内容,程序设计更为具体明了。

国家知识产权局制定的《专利行政执法办法》(于2001年12月17日公布并施行)取代了1989年专利局制定的《专利管理机关处理专利纠纷办法》,没有明确规定专利行政部门调处专利权纠纷的范围,而是将调解、处理等执法手段放在一起,纠纷的分类也不明显。

《中华人民共和国专利法实施细则》也做了相应修订,2002年12月28日公布,并于2003年2月1日起施行,取代了2001年7月1日起施行的《中华人民共和国专利法实施细则》。其中关于纠纷的分类在第79条有所体现。[1] 这些规定,使得纠纷的划分更为具体。

(四)第四个时期(2008~2020年):专利权纠纷解纷呈现多元化

不管是因为诉讼爆炸,还是多元社会更倾向于纠纷解决方式的多元化,专利权纠纷行政裁决面临着一个挑战与机遇并存的时期。在这种背景下,我国对《中华人民共和国专利法》(2008年12月27日公布)进行了第三次修订。对于专利权纠纷的解决增加了当事人之间协商的规定,纠纷处理方式更为丰富,尤为明显的是缩小

---

[1] 参见《中华人民共和国专利法实施细则》(2002年修订)第79条之规定:"除专利法第五十七条规定的外,管理专利工作的部门应当事人请求,还可以对下列专利纠纷进行调解:(一)专利申请权和专利权归属纠纷;(二)发明人、设计人资格纠纷;(三)职务发明的发明人、设计人的奖励和报酬纠纷;(四)在发明专利申请公布后专利权授予前使用发明而未支付适当费用的纠纷。对于前款第(四)项所列的纠纷,专利权人请求管理专利工作的部门调解,应当在专利权被授予之后提出。"

了行政裁决权的适用范围，只在第 57 条规定了裁决，[1] 而对于侵权纠纷则用"处理"（第 63 条）[2]，并且当事人可以在裁决与诉讼程序之间可以做选择，而不是将行政裁决前置。另外也取消了行政裁决终局的规定，改为司法终审（第 41 条、第 46 条）。[3]

2010 年 1 月 9 日公布的《专利法实施细则》第 83 条关于专利权纠纷调解的事项，也可以从中推论出专利权纠纷的分类。[4] 专

---

[1] 参见《中华人民共和国专利法》（2008 年修正）第 57 条之规定："取得实施强制许可的单位或者个人应当付给专利权人合理的使用费，或者依照中华人民共和国参加的有关国际条约的规定处理使用费问题。付给使用费的，其数额由双方协商；双方不能达成协议的，由国务院专利行政部门裁决。"

[2] 参见《中华人民共和国专利法》（2008 年修正）第 60 条之规定："未经专利权人许可，实施其专利，即侵犯其专利权，引起纠纷的，由当事人协商解决；不愿协商或者协商不成的，专利权人或者利害关系人可以向人民法院起诉，也可以请求管理专利工作的部门处理。管理专利工作的部门处理时，认定侵权行为成立的，可以责令侵权人立即停止侵权行为，当事人不服的，可以自收到处理通知之日起十五日内依照《中华人民共和国行政诉讼法》向人民法院起诉；侵权人期满不起诉又不停止侵权行为的，管理专利工作的部门可以申请人民法院强制执行。进行处理的管理专利工作的部门应当事人的请求，可以就侵犯专利权的赔偿数额进行调解；调解不成的，当事人可以依照《中华人民共和国民事诉讼法》向人民法院起诉。"

[3] 参见《中华人民共和国专利法》（2008 年修正版）第 41 条之规定："国务院专利行政部门设立专利复审委员会。专利申请人对国务院专利行政部门驳回申请的决定不服的，可以自收到通知之日起三个月内，向专利复审委员会请求复审。专利复审委员会复审后，作出决定，并通知专利申请人。专利申请人对专利复审委员会的复审决定不服的，可以自收到通知之日起三个月内向人民法院起诉。"以及该法第 46 条之规定："专利复审委员会对宣告专利权无效的请求应当及时审查和作出决定，并通知请求人和专利权人。宣告专利权无效的决定，由国务院专利行政部门登记和公告。对专利复审委员会宣告专利权无效或者维持专利权的决定不服的，可以自收到通知之日起三个月内向人民法院起诉。人民法院应当通知无效宣告请求程序的对方当事人作为第三人参加诉讼。"

[4] 参见《专利法实施细则》（2010 年修订）第 85 条之规定："除专利法第六十条规定的外，管理专利工作的部门应当事人请求，可以对下列专利纠纷进行调解：（一）专利申请权和专利权归属纠纷；（二）发明人、设计人资格纠纷；（三）职务发明创造的发明人、设计人的奖励和报酬纠纷；（四）在发明专利申请公布后专利权授予前使用发明而未支付适当费用的纠纷；（五）其他专利纠纷。对于前款第（四）项所列的纠纷，当事人请求管理专利工作的部门调解的，应当在专利权被授予之后提出。"

利权纠纷包括：①专利权属纠纷；②资格纠纷；③酬金纠纷；④专利权使用费用的纠纷；⑤侵权纠纷；⑥专利无效纠纷；⑦专利假冒纠纷；⑧其他专利纠纷。

国家知识产权局2010年12月29日制定的《专利行政执法办法》，[1] 取代了2001年12月17日制定的《专利行政执法办法》。[2] 新《专利行政执法办法》在规范行政执法程序的基础上，对于专利权纠纷的裁决、处理增加了更多关于调解、协商的规定，更加注重当事人的意愿，而不是主动裁决。为了与国际条约的要求相一致，做了修订。[3] 对于专利管理机关裁决不服的，当事人可提起行政复议或行政诉讼予以救济，或撤销原裁决，重新确认后再裁决，或维持原裁决。

（五）第五个时期（2020年至今）：专利权纠纷行政裁决的新局面

2020年10月17日第十三届全国人民代表大会常务委员会第二十二次会议《关于修改〈中华人民共和国专利法〉的决定》第四次修正。2020年修改后的《中华人民共和国专利法》更加注重多元化纠纷解决机制的构建，如在该法的第52条规定"当事人就实施开放许可发生纠纷的，由当事人协商解决；不愿协商或者协商不成的，可以请求国务院专利行政部门进行调解，也可以向人民法院起诉"，其中，就包括纠纷化解的多元化，给当事人充分的选择权，协商、行政调解、民事诉讼等，并且不具有强迫性，但具有衔接性。该法第62条规定："取得实施强制许可的单位或者个人应当付

---

[1] 参见《专利行政执法办法》（2010年施行）国家知识产权局令第60号。
[2] 参见《专利行政执法办法》（2001年施行）国家知识产权局令第19号。
[3] 参见《与贸易有关的知识产权协议》（TRIPS协议）第41条（4）规定："对于行政的终局决定，以及初审司法判决，诉讼当事人应有机会提交司法当局复审。"

给专利权人合理的使用费,或者依照中华人民共和国参加的有关国际条约的规定处理使用费问题。付给使用费的,其数额由双方协商;双方不能达成协议的,由国务院专利行政部门裁决。"直接明确,由国务院专利行政部门裁决,实际上就是行政裁决。这与之前现相比,职权更加清晰,对于当事人来说,解决问题更为直接与便捷。该法第63条规定:"专利权人对国务院专利行政部门关于实施强制许可的决定不服的,专利权人和取得实施强制许可的单位或者个人对国务院专利行政部门关于实施强制许可的使用费的裁决不服的,可以自收到通知之日起三个月内向人民法院起诉。""关于实施强制许可的使用费的裁决"也是一种行政裁决。该法第65条规定:"未经专利权人许可,实施其专利,即侵犯其专利权,引起纠纷的,由当事人协商解决;不愿协商或者协商不成的,专利权人或者利害关系人可以向人民法院起诉,也可以请求管理专利工作的部门处理。管理专利工作的部门处理时,认定侵权行为成立的,可以责令侵权人立即停止侵权行为,当事人不服的,可以自收到处理通知之日起十五日内依照《中华人民共和国行政诉讼法》向人民法院起诉;侵权人期满不起诉又不停止侵权行为的,管理专利工作的部门可以申请人民法院强制执行。进行处理的管理专利工作的部门应当事人的请求,可以就侵犯专利权的赔偿数额进行调解;调解不成的,当事人可以依照《中华人民共和国民事诉讼法》向人民法院起诉。""可以请求管理专利工作的部门处理"中的"处理"就是行政裁决,而不是行政处罚。该法第70条规定:"国务院专利行政部门可以应专利权人或者利害关系人的请求处理在全国有重大影响的专利侵权纠纷。地方人民政府管理专利工作的部门应专利权人或者利害关系人请求处理专利侵权纠纷,对在本行政区域内侵犯其同一专利权的案件可以合并处理;对跨区域侵犯其同一专利权的案件可以请求上级地方人民政府管理专利工作的部门处理。"这里的"处理"也是专利行政机关居间裁断专利权纠纷,所以还是行政裁决。该法第76条规定:"药品上市审评审批过程中,药品上市许可申请人与有关专利权人或者利害关系人,因申请注册的药品相关的专利权产生纠纷的,相关当事人可以向人民法院起诉,请求就申请注册的药品相关技术方案是否落入他人药品专利权保护范围作出判决。国务院药品监督管理部门在规定的期限内,可以根据人民法院生效裁判作出是否暂停批准相关药品上市的决定。药品上市许可申请人与有关专利权人或者利害关系人也可以就申请注册的药品相关的专利权纠纷,向国务院专利行政部门请求行政裁决。国务院药品监督管理部门会同国务院专利行政部门制定药品上市许可审批与药品上市许可申请阶段专利权纠纷解决的具体衔接办法,报国务院同意后实施。"这里明确设定了可以由国务院专利行政部门负责行政裁决"申请注册的药品相关的专利权纠纷",这里的行政裁决与之前的法律相比有较大的突破。

从这些法律规定来看,行政裁决日益受到重视,关于行政裁决的研究不是已经成为"陈年往事",而是更为迫在眉睫,因为先前还只是在十字路口徘徊,现在已经决定了前进的方向,却发现前途依然不明朗,依然有太多的制度设计与实践探索空间。

四、我国专利权纠纷行政裁决制度存在的问题分析

作为一门系统的科学,法学必须对其研究对象进行全方位的研究,既要进行共时性研究,又要以历史分析法进行历时性研究。[1]考察行政裁决制度的历史,可谓命运多舛,从萌芽状态至今至少经

---

〔1〕 参见张文显主编:《法理学》,高等教育出版社2018年版,第5页。

历了三次较大的冲击：

第一次冲击：1990年10月开始实施的《行政诉讼法》，给我国的行政裁决制度带来第一次冲击。出于对做被告的不安，或者尽可能躲避当被告的风险，一些部门开始在立法与执法中采取积极行动。许多法律在制定或者修订的过程中根本没有规定或者取消了行政裁决权。不知道是出于本能的恐慌，还是基于减少工作量的考虑，不管怎样，出于理性的选择，都不愿做"费力不讨好的事"，因为明明是出于解决问题的本意，没想到费了那么大的功夫，却被告上法庭，这种结局，有悖于人之常情。如果不加以改革，这一制度就可能对一些职权部门的工作带来负担，甚至窘迫。

第二次冲击：加入WTO后，受国际法影响，与国际接轨。知识产权领域最为明显，我国行政裁决制度必须适应国际条约的承诺而做出相应修改。还有资源等领域的行政裁决终局基本上被取消殆尽，这都是与国际接轨的需要。这是国际大背景，在各国之间经济交往日益频繁且日益常态化的背景下，遵守国际规约，兑现国际承诺，首先就会体现在立法层面的变革。

第三次冲击：《中华人民共和国专利法》于2008年修改后，在新时代全面推进依法治国的大背景下，多元纠纷解决方式备受推崇，以及法院也倾向于和解、调解等方式，以争取达到当事人的满意为审判目标。这一次对行政裁决来说既是机遇也是挑战。

我国行政裁决制度的变迁史恰好是我国法治建设变迁的一个缩影。根据以上对行政裁决制度立法演进的考察，可以将其变化归纳为以下几点：

(一) 思想观念上的误读或误解

行政裁决制度本身走到了一个"十字路口"。[1] 这个"十字路口"未必意味着是行政裁决的末日审判，但至少说明行政裁决制度本身的发展遇到了一个"拐点"（关键点）——是依循法治的精神将行政裁决的权力完全让位于人民法院，使得行政裁决制度从此成为法治历史中的一块"化石"？还是对既有的行政裁决制度进行反思与革新，给行政裁决预留下一个生存空间，让其发挥自己应有的效能？面对这样一个现实问题，学者们应秉持一种科学认真的态度，突破现有法律概念的思考，对行政裁决的现状进行分析与积极的探讨。面对现实，应将行政裁决制度放进整个法律体系中进行考察，不断思考行政裁决能为我们带来什么？不管有多难走，走下去是不是一个正确的选择？而不是在限于法律理念、法制框架下讨论取消行政裁决多么符合法治的精神，多么富有深意。这的确是一个不小的挑战，需要一种创新的勇气，一种发挥行政效能、体现以人为本的使命感。

第一，误认为行政裁决制度破坏了权力分工原则。事实上，"严格的区分司法权与行政权的界线是一种理想的自由主义国家观，但这种理想从未完全实现过。"[2] 没有任何国家的行政机关只具有实质意义的行政职能，即使在标榜三权分立的国家也是如此。作为行政兼理司法的表现形式之一的行政裁判制度，是行政机关作为中立第三方的纠纷解决机制，具有快速、便民、费用低等优点，迎合

---

[1] 这犹如电影《女人香》（Scent of A Woman）的一句台词："我们在人生中遇到无数的十字路口，每一次，我们都知道哪条路是正确的，但我们从不选它，因为我们知道，正确的路有多难走。"
[2] [奥] 凯尔森：《法与国家的一般理论》，沈宗灵译，中国大百科全书出版社1996年版，第307页。

了实践中行政管理追求高效的需求。[1]

从19世纪下半叶开始，尤其是第二次世界大战以来，为了适应日趋垄断的经济样态，国家权力结构出现了新的矛盾运动，行政权开始表现出急剧扩张的态势，政府权力渗透到了社会生活各个领域。当社会情势的发展要求授权行政机关更广泛地介入和干预社会经济和文化生活时，行政机关行使与特定行政职能有机联系的司法职能的倾向也就开始兴起了。[2]"无论过去的情形如何，现在行政机关应当具有审理所有类型民事案件的裁判权，立法机关可以授予行政机关非刑事的裁判权，没有任何合理的不可逾越的界线不许可它这样做。"[3]

早在20世纪90年代初，国内就有学者预言："以解决特定行政争议和民事纠纷的行政裁判制度将引起更多人的兴趣。"[4] "行政司法行为在21世纪将呈多样化发展，并通过专门立法（如行政裁决法、行政仲裁法等行政司法的法律）加以规范化、制度化，其对于社会生活特别是社会经济生活的积极调整作用将会进一步发挥出来。"[5] "从纠纷当事人方面来看，如果解决纠纷可利用的程序增加了，就可以通过比较讨论各程序的优缺点、最大限度地发挥各种程序优点的方法，自己主导地选择和使用最适合各种法律纠纷解决的程序。这符合意思自治的原则，也会促进相互之间主体性地参

---

[1] 王名扬：《法国行政法》，中国政法大学出版社1988年版，第9页。
[2] 张卫平等：《司法改革：分析与展开》，法律出版社2003年版，第126页。
[3] [美]伯纳德·施瓦茨：《行政法》，徐炳译，群众出版社1986年版，第61页。
[4] 应松年、马怀德：《向新的高峰迈进——九十年代我国行政法学展望》，载《中国法学》1992年第3期。
[5] 莫于川：《中国行政法也是二十一世纪发展展望》，载《法学家》1999年第4期。

与法律体系的运用过程。"[1] 行政裁决制度存在的本身就是对纠纷解决机制的充实。

第二，片面强调对行政机关的"控权"，而忽视了发挥行政机关的自身能动性。一直以来，我们对于行政权力的运作持的是一种怀疑与不信任的态度。[2] 然而，"信任就是风险"（韦斯特定理）。但这并不能说明怀疑就能做到未雨绸缪，信任本身就是一种理性的选择的结果。对此，范愉教授指出："这一主张忽略了一个基本事实，即如果过度刺激法律需求而又无法提供高效的诉讼机制，及时、适度地满足社会的诉讼需求，同时又不能在一个循序渐进的过程中逐渐协调民众对实质正义的追求与诉讼所提供的程序正义之间的矛盾时，那么就可能适得其反，使民众在司法腐败和诉讼固有局限性面前，丧失对法律的期待和信任，再次远离法律而去。"[3]

第三，对行政机构的解决纠纷功能有所忽视。法治理想主义者认为，调解、和解、行政裁决等非诉讼纠纷解决方式虽然渊源于中国传统法文化，但实质上是法治不健全的产物，或属于计划经济条件下的纠纷解决方式。[4] 在片面强调怀疑与控制的行政法理念下，

---

[1] [日] 小岛武司、伊藤真编：《诉讼外纠纷解决法》，丁婕译，中国政法大学出版社2005年版，第227页。

[2] 如哈耶克的论断："今天，对个人自由形成威胁的不是民主议会可以有效运用的权力，而是民主议会移交给实现具体目标的行政当局的权力。"[英] 弗雷德里希·奥古斯特·哈耶克：《自由宪章》，杨玉生等译，中国社会科学出版社1999年版，第166页。

[3] 范愉：《非诉讼纠纷解决机制研究》，中国人民大学出版社2000年版，第613页。

[4] 如国内有学者对行政裁决、调解等非诉讼纠纷解决方式提出批评："在现阶段，中国社会的主要任务应是高扬法的权威，树立民众对法的信仰；过多地强调调解，不利于法律制度的完善，不利于社会观念（尤其是法观念）的转变，从根本上讲，不利于当前社会主义法治的健康发展。"参见胡旭晟：《法学：理想与批判》，湖南人民出版社1999年版，第379页。

行政主体与相对方之间的对立被视为二者之间主要的、甚至是唯一特征。具体表现为：其一，在立法主体与行政法主体之间，立法需要耗费大量的立法资源，制定繁密的控制性规则，或者抑制行政权的恣意扩张，或者意在控制行政相对方对法律、法规的破坏或不遵守，从而影响整个社会秩序，由于怀疑与控制是二者关系的基调，缺乏必要的沟通，因而造成耗费的费用极高。其二，在行政主体与行政相对人之间产生于行政法律规则，仍以怀疑与控制为出发点，二者体现为一种对峙或对抗，缺少必要的合作与沟通，从而耗费大量的资源。其三，在行政与司法之间，由于强制性行政缺少说理、说服的机制，不断增长的行政纠纷徒增司法讼累；并且，司法审查过程中，亦因存在控制与怀疑的癖好而难以进行理性的利益平衡。由此可见，行政法执行的是一种怀疑与控制机制，行政法治进程本身日益形成一种僵化的权力配置格局，阻碍了人们采用其他便利方式追求最大利益的可能性。[1]

目标和宗旨既构成了法律制度的灵魂，也是实践中进行法律解释与推理的最重要依据。正如耶林所言："目的是全部法律的创造者，每条法律规则的产生都源于一种目的，即一种事实上的动机。"[2] 如果某一制度的目标定位发生了偏差，那么其具体操作机制的设定也必然会朝着这个偏差的目标方向发展。在一般意义上，制度目标的确定既是人的主观选择的结果，也是客观现实情况的体现。之所以说是主观选择的结果，是因为人在制度目标确定的过程中具有相当的主观能动性，可以在各种可供选择的目标中进行甄

---

〔1〕 参见陈晋胜、程广安：《依法行政效益研究》，知识产权出版社2010年版，第240页。

〔2〕 [美] E. 博登海默：《法理学：法律哲学与法律方法》，邓正来译，中国政法大学出版社1999年版，第109页。

别、比较和筛选；之所以说是客观现实情况的体现，是因为特定历史时期的物质和文化生活条件是某一特定制度的目标得以确立并支撑该目标通过具体机制设计得到充分实现的基础性条件。在上述二者的关系上，后者更为根本，更具有决定性意义。从理想层面说，制度目标的确定与选择应当是设计者在充分认识和准确把握客观现实情况的前提下发挥其主观能动性的结果，但这仅仅是一种理想状态，实际情形可能并非如此。

（二）行政裁决权的授权主体层次混乱

对于行政机关而言，行政裁决权的授予应该由法律予以明确规定，而不是由行政法规、地方性法规等。在目前的立法体制下，行政裁决的授权主体由行政机关担任，不但违背了分权原则，甚至背离了现代法治精神。专利权纠纷的行政裁决相对而言既有法律（专利法）的授权，也有相应的实施细则、执法办法等对程序性要件予以规定。不过，仍然存在程序性规定的法律层级过低、内容过于简单、不便于操作的问题。

（三）行政裁决主体以及裁决过程的独立性差

享有行政裁决权的行政机关地位的相对独立，是保证其公正裁决的前提性要素之一。无论是英国的行政裁判所，还是美国的独立控制委员会，均与普通行政机关保持着一定程度的分离。但在我国行政裁决制度设计之初，为了快捷、高效地解决纠纷，往往选择直接由拥有专业优势的行政机关担任裁决主体，而不是另行组建由既具备行政经验、又掌握法律知识的人员组成专门的裁决机构，造成独立性与专门性均不尽人意。保障司法的独立性的一个必要前提——在司法程序中，作为裁判者的法官不会受到来自存在利害关系的某方当事人或者某个群体的控制。在行政程序中，作为裁判者的行政机关人员很容易受到来自存在利害关系的某方当事人或者某个群体的控制,具体而言,由于对行政事务作出具有法律效力决定的行政机关人员隶属于行政系统,这样的从属关系很难避免来自行政机关的领导或者来自较高级别的行政机关的控制。[1] 由于在我国有权进行行政裁决的主体大部分是行政机关的内部机构,均隶属于行政机关,由此受到部门利益和机关领导的影响较大,欠缺不受外在控制的独立性。

就整体而言,独立法律地位的缺乏是我国的行政裁决机关所呈现的共同特征。缺乏独立法律地位的行政裁决机关极易受到所在行政机关的干预,在处理关联本部门行政事务的案件时,往往在衡量部门利益之后,尽可能在有利于行政管理工作的日后开展和促进行政管理目标的最终实现的前提下,作出所谓"公正"的裁断。如此一来,行政裁判者的立场不再是裁判权所要求的公正,而是执法权所需要的效率。

(四)行政裁决的专业性不强、行政效能较差

作为以解决纠纷为专职工作的行政裁决机关工作人员,不但要精通本领域相关专业知识,还需具有深厚的法律素养。在英国,行政裁判所主席往往是深谙法律知识的人员;在美国,行政法官更是法律专家。但是,在我国,较为普遍的现象是,大部分从事行政解决纠纷工作的人员仅仅掌握本行业相关知识,却未经过专门而系统的法律训练,往往凭借经验办案,令裁决的准确性和公正性难以保证。更有甚者,由于行政解决纠纷机关的工作人员往往由所在机关抽选,一部分工作时间短暂,实践经验不足、业务素养不高的人员亦被调入其中,致使裁决结果的准确性难以经受司法审查的检验,也因此而加深了人们对行政机关裁决纠纷能力的不信任。

---

〔1〕 程洁:《行政程序法中的程序中立原则》,载《行政法学研究》1999年第3期。

（五）行政裁决范围模糊和过于狭窄

在我国各个具体的行政解纷形态中，行政仲裁的适用范围最为确定，即仅仅包含劳动争议仲裁与人事争议仲裁；行政复议的适用范围经过理论界与实务界的共同努力，已经作出了较大的突破，除内部行政行为、行政立法行为以及对民事纠纷的调解和处理行为以外，其余的行政行为均纳入行政复议范围中，并由《中华人民共和国行政复议法》以专章明确下来。虽然直至当前，仍然有学者对行政复议的适用范围进行学术探讨，但自1999年《中华人民共和国行政复议法》颁行以来，最高人民法院并未对该法作出相应的司法解释或规定，国务院于2007年通过的《中华人民共和国行政复议法实施条例》亦未在行政复议范围上有所改变，可见，行政复议的适用范围已处于基本确定状态。但是，除行政仲裁和行政复议以外的其他解纷机制（尤其是行政裁决）的适用范围却呈现外延不甚明了的状态。2017年9月，《中华人民共和国行政复议法》修改后，在第6条申请事项的规定里，并没有将行政裁决列入其中，并且在该法第8条第2款明确规定"不服行政机关对民事纠纷作出的调解或者其他处理，依法申请仲裁或者向人民法院提起诉讼"。其中的"其他处理"，实际上就包括行政裁决，也就是说修改后的行政复议法将行政裁决拒之门外。

（六）行政裁决与相关制度之间衔接不合理，不仅难以相互承继，反而相互掣肘

在许多情况下，制度的变迁往往是不同的利益主体之间基于自身利益博弈的结果。我国的行政裁决制度由解放之初的名正言顺，到现在的日益受到质疑，并出现萎缩，绝非简单的法治理念使然，而是与国家的经济、政治、文化等的发展息息相关。行政裁决制度与相关法律制度之间的衔接不畅的问题，不是简单的法条设计不太

合理，而是多方利益主体相互博弈的结果。

1990年10月1日起施行的《中华人民共和国行政诉讼法》，以及1991年最高人民法院《关于贯彻执行〈中华人民共和国行政诉讼法〉若干问题的意见（试行）》出台，其中第一部分"受案范围"第4条明确了对行政裁决不服提起的诉讼属于行政诉讼的受案范围，同时明确将行政机关居间对民事权益争议的调解排除在行政诉讼的受案范围之外。这就为行政裁决机构放弃行政裁决，转而选择行政调解打开了方便之门。行政机关放弃行政裁决权，避免因自己的行为成为行政诉讼中的被告，就成为一种"明智之举"。学者们的相关调查也反映了同样的情况。[1] 而这种选择或安排无异于断了行政裁决的去路，使其难有施展的机会。

（七）经费来源没有保障，激励政策不足

有关行政裁决的法律法规均制定了极低的收费标准，许多地方甚至免费进行行政裁决。这个制度的出发点是为了节省当事人参与行政裁决的费用，吸引当事人通过行政裁决解决纠纷。然而，在行政裁决过程中是要花费大量人力、物力、财力的，由于这些费用的来源基本上封死了从当事人那里收取的渠道，也就只能靠国家拨款。俗话说：巧妇难为无米之炊。国家拨款需要法律明确的授权与立项，行政裁决所要花费的费用等首先就受制于批准部门，即使款项被批准，行政裁决如果不能做到专款专用的话，又将面临被主管

---

[1] "大部分行政机关的领导及行政裁决人员，对把行政裁决纳入司法审查不理解，认为行政裁决行为不同于为维护国家利益而作出的行政执法行为。行政机关以第三者的身份居间处理平等主体之间的纠纷，与纠纷双方并不存有实体利害关系，结果反而作为被告被诉至法院，耗费大量人力、物力不说，一旦败诉还要承担诉讼费用甚至赔偿责任，这无论于法于礼都不通。"参看宋龙凌等："适应现代社会发展需要，规范、完善行政裁决制度"，载姜明安主编：《中国行政法治发展进程调查报告》，法律出版社1998年版，第86页。

部门挪作他用的风险。再加上行政裁决后,可能被当事人起诉,必然会涉及行政裁决机构应诉的费用问题,也会涉及国家赔偿的资金来源等问题,这一系列的资金问题,只要有一个环节出现漏洞,行政裁决过程就难以为继。

尽管专利有着一定程度的公共属性,专利权纠纷行政裁决也一如作者在前文所论述的那样,是一个公共利益与个人利益不断权衡的过程,但是,现有的法律法规并没有多少明确的支持,尤其是在组织制度、奖励政策上,并没有多少实实在在的能够调动起专利行政主管部门进行行政裁决的积极性,或调动起进行行政裁决的工作人员的积极性的因素存在。行政裁决普遍没有被纳入行政机关绩效评价标准体系,也是造成专利主管部门进行行政裁决的积极性降低的一个因素。事实上,行政裁决过程,不仅仅是纠纷当事人理性选择的结果,专利主管部门、行政裁决人员等也存在一个对行政裁决理性选择的问题。行政裁决如果一直是这样出力不讨好,缺少必要的动力支持,就必然会走向"关门大吉"的结局。

行政机构不论是通过裁决还是通过规章制定规则,均是一种法律供给,目的在于为行政相对人、利害关系人乃至社会公众提供行为活动的法律规则。国家提供行为规则的目的有二:第一个目的在于构建社会有序运作的基本准则,从而最大化统治者可能获得的租金;第二个目的与第一个目的息息相关,系在第一个目的框架中着力降低社会运作的成本,使得社会财富实现最大化。但两个目的之间的关系却不是相伴随行,而是此消彼长,可能产生的结果是,国家既可能提供有效的规则也可能破坏有效的规则,由此形成的不稳定性即导致国家的兴衰。[1] 由此看来,选择行政裁决不仅仅是当

---

[1] 曲振涛:《法经济学》,中国发展出版社 2005 年版,第 50 页。

事人自己的事情,也与国家的治理水平与能力息息相关。同理,行政裁决如果不能起到促进和提高国家在专利领域的治理能力与水平的作用,那么,被搁置一边,甚至直接明确废止都是自然选择的结果。

第三章

专利权纠纷行政裁决的效能分析

如果根本不知道道路会导向何方,我们就不可能智慧地选择路径。[1]

——[美]本杰明·卡多佐

法的利益,只有当它是利益的法时,才能说话。追求利益是人类一切社会活动的动因。[2]

——[德]卡尔·马克思

专利本身具有私密性、价值性、时效性等属性,决定了专利权纠纷的解决方式是多元的,但是由于专利权的国家属性(必须经过国家专利管理部门的认可),以及专利权的公共利益属性,再加上专利本身的复杂性与专业性,使得专利权纠纷的解决更依赖于公权力的权威。专利诉讼成本高昂,且耗时费力,并非专利权纠纷的当事人的最佳选择。与专利诉讼相比较而言,专利主管部门的行政裁决却可以相对方便、专业,能够更为快捷、高效地解决专利权纠纷。与其他私权利解决专利权纠纷相比较而言,行政裁决则更具有程序正义与权威性。因而,专利权纠纷当事人选择行政裁决,是一

---

[1] [美]本杰明·卡多佐:《司法过程的性质》,苏力译,商务印书馆1998年版,第63页。

[2] [德]马克思、恩格斯:《马克思恩格斯全集(第1卷)》,人民出版社1960年版,第82页。

个理性的选择。

一、专利权纠纷解决的特殊性

(一) 纠纷产生的根源

如康德所言:"没有印象的概念是空洞的,没有概念的印象是茫然的。"一切事物及其概念都不能单从形式上理解,而只能从其深刻的经济、社会根源中探寻真义。纠纷的产生有其主客观根源。其客观根源在于人类生存的一个基本事实,即资源的稀缺性。资源的稀缺性及由之产生的对资源的排他性使用要求产生了人们对维持其生存和发展所必需的物质利益的追求,从而使相关人群之间的关系处于紧张状态。欲解除这种紧张状态,保证个体和群体的生存和发展,人们在相互交往中要么进行交易,要么发生冲突。对于资源稀缺性存在绝对性和相对性的不同说法,前者认为资源稀缺是绝对的,因为人在满足其既有需要的行动中总是产生出新的需要,从而使得需要成为处在不断增长中的变量;后者则指出在把地球作为开放的而不是孤立的系统看待时,人类可以面对的是具有无限潜力的自然资源。[1]然而,在整个生产过程需要个人以至社会的大量投入,并需要长时间的探索性、创造性、连续性的劳动才能实现。"抽象物虽然可能是无限的,但人们发掘它的能力却是非常有限的,几乎任何社会都面临着知识资源相对匮乏的状况。"[2]

"由于情感恩怨、利益归属及价值趋向等因素的存在,人类社会从其产生的那一天开始,便伴随着各种不同的纠纷和冲突。"[3]

---

[1] 李琦:《冲突解决的理想性状和目标——对司法正义的一种理解》,载《法律科学(西北政法大学学报)》2005 年第 1 期。

[2] Peter, Drahos, *A Philosophy of Intellectual Property*, Aldershot: Dartmouth Publishing, 1996, p. 47~51.

[3] 李祖军:《民事诉讼目的论》,法律出版社 2000 年版,第 24 页。

交易和冲突（纠纷）是人类最基本的两种互动形式，人类的一切规则和制度围绕着这两种行为展开。在二者的张力之下人类曲折前行。相反，若资源是相对充足的，则如马克思在分析早期农耕社会时所指出的"由于人口稀少，荒地总是很多的，因此，任何争夺土地的纠纷就没有必要了"。[1] 正所谓"人生而有欲，欲而不得，则不能无求，求而无度量分界，则不能无争"。[2]

纠纷产生的另一个客观原因在于人的劳动与交换。与动物依靠本能进行所谓的"劳动"不同，人类的劳动除了本能之外，也是在主观意识支配下所做的一种理性活动，是脑力与体力一起运作、配合的过程。人类的劳动要比动物繁杂得多，并且具有积累性、进步性，而动物的所谓"劳动"则数万年来如出一辙。即便如此，动物界的纷争，尤其是同类之间的争夺，往往也是对对方"劳动"成果——猎物的争夺。那是一个弱肉强食、丛林法则笼罩的世界，人类也是从最原始的状态走来的。人类经过茹毛饮血的岁月渐渐懂得尊重对方劳动的重要性，因为不尊重别人的劳动，自己的劳动也没有保障，这是一种主观的判断，却带来客观上劳动与交换的物质世界。劳动总是要付出大量的人力、物力、财力等，因而劳动的成果不仅仅是稀缺的问题，也是人类得以生存的基础。占有自己劳动的成果，是天经地义的，而占有别人的劳动成果则必须与之交易，交易过程中的不公平是产生纠纷的根源所在。交换彼此的劳动成果是一种常态，而交易过程中的纠纷与冲突也是相伴而生，这是一个动态的过程，正如一句已经家喻户晓的广告词："没有买卖，就没有

---

[1] [德] 马克思、恩格斯：《马克思恩格斯选集（第4卷）》，人民出版社1995年版，第138页。

[2] 《荀子·礼论篇第十九》。

杀害。"[1] 既然人类是生活在有组织的群体中，交换彼此的劳动成果是必然的，而就此产生的纠纷难以幸免。或许随着文明的进步，或者设计出一种纠纷解决机制，可以减少纠纷，甚至使其荡然无存，事实上，人类一直在为此而努力。显然，理想的实现除了有美好的愿望之外，还需要时间，更需要实践！

纠纷产生的主观根源在于人是具有主体意识的动物。意识的产生使人彻底脱离了原始、蒙昧的状态，进入了真正的人类社会。"人类历史的第一个前提无疑是有生命的个人的存在。"[2] 人的主体意识使人认识到"我"不同于自然界的事物，也不同于其他人，而是具有独立性的主体。主体的独立性意味着主体拥有自由意志，即主体可以根据自己的内心判断、意愿和理性自由作出决定、采取行为。能够自己选择决定行为方式与内容，成为一个能自我决定的行动者，而不是成为别人意志的工具或他人行为的对象，受外来原因和别人决定左右。在与他人的交往中可凭借自己的意志在一定社会规范制约下决定交易还是冲突。慢慢地，"我的需要""利益""私有""权利"等观念也随之发生。18世纪法国哲学家霍尔巴赫指出："利益就是人们行动的唯一动力，人们奋斗所争取的一切，都同利益有关。人们处于利己之本性，无时无刻不在为自身利益的最大化而算计着。"[3] 为保护或争取自己的利益或权利，与他人的纠纷也就在所难免。并且，随人类意识的发展，还可因"文化""意识形态"等观念上的差别与其他主体产生纠纷。

---

[1] 我国著名篮球运动员姚明代言的一句关于鲨鱼保护的公益广告词。
[2] [德] 马克思、恩格斯：《马克思恩格斯选集（第4卷）》，人民出版社1995年版，第24页。
[3] [法] 霍尔巴赫：《自然的体系（上卷）》，管士滨译，商务印书馆1998年版，第260页。

(二) 纠纷解决方式

所谓纠纷解决制度（dispute resolution），是防止和解决纠纷的场所、机构、程序、规则、过程的总称。[1] 从纠纷解决的功能来界定，是指通过特定的程序和方式解决纠纷和冲突，恢复社会平衡和秩序的活动，"对非合理和不正当的秩序的积极否定功能，来促成新秩序的诞生"。[2] 纠纷的解决方式因为参与人的不同而有所区别：有当事人之间进行的协商、交涉、和解；民间组织或个人介入的调解、仲裁；行政机关参与或主导的有行政调解、行政裁决、行政复议等；法院扮演重要角色的有法院内和解、调解和审判等。

纠纷解决方式尽管多种多样，但在每一个特殊的历史时期，都是其所在社会的经济、政治、文化、风俗习惯等因素决定的。今天的纠纷解决方式多种多样，除了宽容、包容的多元文化之外，特定的历史积淀也是纠纷解决方式坚实的历史基础。[3]

---

[1] 与纠纷解决（dispute resolution）相近的概念是纠纷处理（dispute settlement）。有学者认为"纠纷处理"比"纠纷解决"更易于把处于纠纷不同发展阶段上当事人可能采取的种种选择或反应都包括进来。而国内学者则倾向于用"纠纷解决"。参见［日］千叶正士：《法与纠纷》，转引自王亚新：《纠纷 秩序 法治》，载马俊驹主编：《清华法律评论》（第二辑），清华大学出版社1999年版，第18页。

[2] 李祖军：《民事诉讼目的论》，法律出版社2000年版，第24页。

[3] 日本学者谷口安平从法社会学的角度对纠纷的解决方式进行分析认为：社会主体关系的多元化是影响纠纷解决途径多元化的重要因素之一。人类社会的利益冲突非常复杂，不同的利益冲突的性质、表现形式和激烈程度不同，因而解决纠纷的手段、方式也是多种多样的：激烈对抗的冲突往往需要运用暴力手段解决纠纷；在边远地区，人们的法治观念比较淡薄，解决纠纷往往借助于长者的威望；在文明的法治社会，司法诉讼成为纠纷。解决的主要手段；在团体自治比较发达的社会，人们往往采取平等、协商的手段解决纠纷随着社会的发展，利益的形式越来越多，涉及的范围越来越广，因利益而产生的新的纠纷不断出现，人们不得不创设一些新的纠纷解决方式。参见［日］谷口安平：《程序的正义与诉讼》，王亚新、刘荣军译，中国政法大学出版社1996年版，第289页。

(三) 有效解决纠纷的标准

马克思在谈到法律与经济的关系时说:"法的利益,只有当它是利益的法时,才能说话。追求利益是人类一切社会活动的动因。"[1]任何事物,不管以何面目出现,其存在本身的价值具有两面性。纠纷除了给人们带来烦恼与不幸之外,其存在并非一无是处。德国社会学家齐美尔提出了关于冲突的"安全阀理论"。另一位德国社会学家菲尔坎特(Alfred Vierkandt)亦指出,冲突就像河流的出口,等于为被堵塞的河流提供了一条河道。科塞更是在齐美尔关于冲突问题辩证思考的思想基础上,建议对冲突采取宽容态度,并将解决冲突的方法制度化,从而形成具有活力的开放的社会结构。[2]法律之意义在于运用,纸面的、静态意义的法律条文只有运用到具体的社会实践中方可获得现实的生命力。在对人的行为进行引导或调控时,法律应当考量其所在的外在环境以及其他相关的影响性因素,而不宜在一个绝对理想的"真空环境"中制定规则。法学只可能是一门开放的学科,方能实现服务于社会协调之需的目标。法律只是一组事实的典型反应,而不是一种规则体系的排

---

[1] [德]马克思、恩格斯:《马克思恩格斯全集(第1卷)》,人民出版社1960年版,第82页。
[2] 对冲突的辩证思考:德国社会学家齐美尔提出了关于冲突的"安全阀理论",其认为冲突不但能够"清洁空气",而且充当了释放敌意的出口,如果不提供这种出口就会损害对立双方的关系;另一位德国社会学家菲尔坎特(Alfred Vierkandt)亦指出,这种出口等于为被堵塞的河流提供了一条河道,它使社会生活的其他部分免于受到毁灭性的影响;冲突理论的提出者、美国社会学家科塞更是在齐美尔关于冲突问题的思想基础上,针对功能主义者过分强调社会的整合而把社会的不稳定与冲突一律视为社会病态等问题,总结出冲突对于社会结构的建立和维持所做出的潜在性的积极贡献,同时也客观地意识到冲突产生毁灭性爆发的可能性,因此建议对冲突采取宽容态度,并将解决冲突的方法制度化,从而形成具有活力的开放的社会结构。参见[美]L.科塞:《社会冲突的功能》,孙立平等译,华夏出版社1989年版,第26页。

列组合，也就是说，法律是一种活的制度，而不是一套规范。[1]

这虽然不能佐证黑格尔"存在的就是合理的"的论断，但至少让人们冷静下来理性面对纷纷扰扰的纠纷存在的现实。在处理纠纷的过程中，法治得以不断完备，公平正义的理念也渐入人心。至少，纠纷是一个法治优良与否的"试验场"，一个不健康的法律体系不仅造成过多的纠纷，也会令纠纷的处理过程充满阴霾，而与法治的精神绝缘，与人民对和谐社会的憧憬相距甚远。华勒斯坦对社会中的矛盾曾做过这样的描述："从某种意义上说，过去500年的历史乃是这个市场屡屡失败的历史。这个市场，或者更确切地说，组成这个市场的人，从未认输。每天清早，这些人又重新投入同一场艰巨的斗争，为了压制那些压制他人的人，在经济上控制他们的墙角，在政治上破坏他们的基础。"[2] 在这种压制与被压制、破坏与被破坏的关系中，纠纷似乎不可避免地产生。但是，显然就是在这样纷争不断的过程中，个人获得了发展的机会，社会得到了长足的进步，这无疑也应归结为纠纷的两面性。美国耶鲁大学政治学教授詹姆斯·斯科特更是主张理性地看待纠纷。[3]

纠纷的解决不仅可以方便当事人，也惠及社会。法治的进程，也是一个纠纷解决的历程，更进一步说，不要以为纠纷是时代经济文化落后的产物，纠纷的解决过程恰恰是社会文明的体现，也推动

---

〔1〕［美］E. 博登海默：《法理学：法律哲学与法律方法》，邓正来译，中国政法大学出版社1999年版，第153、154页。

〔2〕［法］布罗代尔：《资本主义的动力》，杨起译，生活·读书·新知三联书店1997年版，第87页。

〔3〕 詹姆斯·斯科特曾经指出："我不认为有绝对稳定、绝对和谐的社会，纠纷的存在是一个社会成功实现其目标的标志。这就像一个好的婚姻里，双方常常发生争论一样。我的意思是说，一个成功的社会应该去善于管理冲突，而不是杜绝冲突。"参见［美］L. 科塞：《社会冲突的功能》，孙立平等译，华夏出版社1989年版，第36页。

着文明的进程。作者的这个观点不是要哗众取宠，而是希望对待任何事物都应理性、全面地看待，避免断章取义。[1]

提到纠纷，人们总是情不自禁地联想到和谐，似乎和谐是纠纷的反义词，尤其是饱受纠纷折磨的当事人，更是期待着纠纷得以和谐圆满地解决。然而事实上，和谐不仅不是纠纷的反义词，还与之共存，甚至是一种社会常态。和谐社会并非没有纠纷的社会。作一个形象的比喻：纠纷犹如每天不得不面对的各种废气（如工业废气、汽车尾气等），惟恐避之而不及；和谐犹如人们必须呼吸的氧气，令人期待。人们总是想方设法地在减少废气，或将其转化成有益的气体，然而收效甚微，人类仍然生活在废气过多排放的空间里与对温室效应造成危害不断担忧的氛围里。氧气之于人体的作用恰恰相反，氧气存在时没有人在意，一旦不存在，已经为时已晚，所以让人倍感珍惜![2] 和谐的氛围之于社会犹如氧气，令人心态平

---

[1] 国内学界对纠纷的价值存在持肯定态度的也不在少数。如李林教授认为：世界社会管理的实践经验同样早已证明，法治是人类政治文明的积极成果，是实现社会管理和人民幸福的根本保证。加强和创新社会管理，一方面，要警惕和防止法治建设向政策之治、行政手段之治和人治的倒退，避免法治发展和落实依法治国基本方略过程中的左右摇摆、停滞不前；另一方面，要把法治方式与伦理德治方式、经济管理手段、行政管理手段、舆论引导手段、政治思想教育方式、社会自治方式、行业自律方式、心理疏导方式等结合起来，各种方式方法形成合力，相互补充，彼此衔接，共同保障和推动社会管理创新发展。参见"法治是加强和创新社会管理的基本方式"，载 http://www.ccps.gov.cn/syzblm/sxlldt/27777.htm：最后访问日期：2012年2月3日。

[2] 随着工业化进程的加快，人们在享受着工业文明带来的便捷的同时，也饱受废气在地球上空的日益膨胀。人们对汽车尾气增多的担忧，工业排放废气等空气污染，以及对大气层的破坏的担忧等都是在与日俱增。或许，不久的将来，人类可以发明出将废气成功转化的科学方法来，那么这种方法将造福于人类，也会被授予专利。但值得一提的是，由于这种专利与公共利益密切相关，按照公共利益优先的原则，极有可能被强制性许可，也就是尽快为人类造福。即使被强制性许可，也要给发明人交易费用，假如是在中国申请的专利，这就又涉及《中华人民共和国专利法》（2008修正）第57条，关于行政裁决的规定，也就是本文论证的主题之一。由此可见，行政裁决的用途决非简单地解决当事人之间的纠纷，它还承载着政府对专利的保护与利用，承载着公共利益与私人利益的权衡。

和，心情舒畅，让人流连忘返。纠纷之于社会犹如排出的废气，极力想避免，而纠纷却如梦魇般围绕着人们，让人难以释怀！

人们行为之间的和谐必然要以调整人们行为的规则之间的和谐进而达到法治和谐为前提。在今天，我们提出构建和谐社会，一定是在现代民主法治意义上的和谐社会。所以，法治的和谐是和谐社会的应有之义和逻辑前提。[1]"和谐社会的所有问题都必然归结于法治问题。"[2]

二、专利权纠纷当事人选择行政裁决的动因考察

专利权纠纷当事人选择行政裁决，有多方面的因素，其中之一就是专利本身的复杂性、专利权纠纷的技术性要求较高等因素的存在。专利是一种有着特殊价值的无形物，专利权纠纷也与普通的民间纠纷等不同，而有着自己的特征，具体表现如下：

(一) 专业性与技术性

在专利权纠纷中需要厘定的专业技术性问题通常都比较多，比如，在技术合同纠纷中，认定和评价系争标的性质、质量、价值是否达到了合同约定或法定的验收标准；技术开发合同履行失败是否属于风险责任；技术转让合同标的是否成熟和实用等等。在专利侵

---

[1] 参见徐显明：《和谐社会与法治和谐》，载徐显明主编：《和谐社会构建与法治国家建设——2005年全国法理学研究会年会论文选》，中国政法大学出版社2006年版，第1页。

[2] 正如张文显教授所言："民主法治在和谐社会的全部要素中发挥着统揽全局的作用，而不仅仅是某一方面、某一部分，不仅因为和谐社会必然是民主社会、法治社会，而且只有在一个崇信民主，奉行法治的社会，构建和谐社会的其他要素才能够得到真正的实现。和谐社会的所有问题都必然归结于法治问题，或者与法治密不可分，法律在构建和谐社会中具有至关重要的作用，因而必须依靠法律来推动和谐社会的构建，依靠法律来引导社会和谐的发展，依靠法律来保障和谐社会的实现。"参见张文显：《构建社会主义和谐社会的法律机制》，载《中国法学》2006年第1期。

权纠纷中，将所指称侵权物中的技术特征与专利权利要求中的相应技术特征相比，是否以基本相同的手段、实现基本相同的功能、产生了基本相同的效果等。[1]

（二）时效性与紧迫性

专利具有期限性。专利权也必然具有期限性，而专利权纠纷的解决就是一个与时间赛跑的"游戏"。一般而言，离专利权保护期届满的时间越近，有关智力成果的使用价值和使用许可费、转让费就越低。这一特点决定了专利权纠纷解决必须要考虑效益与效率，力求在较短时间内裁决纠纷，最大限度地维护权利人的合法权益，避免专利权有限的保护期被久拖不决的判案过程耗费。

专利权的客体包括发明创造、科学技术作品、植物新品种、集成电路布图设计等技术成果。技术成果深受"优胜劣汰"规则的影响。知识爆炸的一个重要特征，或者说是一个重要的引擎就是科学技术的迅猛发展，新事物不断涌现，旧事物随时面临被淘汰，而在岌岌可危中，寻求变革。因而专利权纠纷解决的速度与当事人利用产品能够获得的利益密切相关。

（三）难以保全性，或叫易泄密性

专利有一个缺陷，那就是保密难度大，而泄密则相对容易。专利产品是创造者智慧的结晶，是其付出大量时间、人力、资金和劳动等成本所获的成果。专利权制度要求创造者以公开其产品为代价而获得在一定范围内对其智力成果的垄断权利，保证创造者对智力成果的专有权，以能够收回投入的成本和实现赢利，激励更多的创新活动和信息流动。"虽然世界因发明而辉煌，但发明家个体仍常常寂寞地在逆境中奋斗。市场只认同具有直接消费价值的产品，很

---

[1] 赵静：《论知识产权审判组织及审判运行模式的建制》，载《知识产权》2003年第3期。

少有人会为发明家的理想'埋单'。世界上有职业的教师和科学家，同时人们认识到教育和科学对人类的重要性，教师和科学家可以衣食无忧地培育学生，探究宇宙；然而，世界上没有'发明家'的这种职业，也没有人付给发明家薪水。"[1]

但是，专利权制度中除了大量的公开的智力成果外，还存在大量的处于未公开状态的商业秘密等内部保密信息。由于专利权纠纷往往具有较大的社会影响性，往往受到媒体、舆论和社会公众的广泛关注，专利的泄密则更是防不胜防。选择以不公开方式，或尽可能让更少的人参与的解决方式，无疑是大多数专利权纠纷当事人的明智之举。

(四) 兼受相关国际条约拘束

与一般的纠纷不同，遵循国内法律来解决，专利权纠纷的解决则横跨国际法与国内法，并且涉及行政法、民商法、经济法、诉讼法，甚至是刑事法等法域。另外，专利权涉及在域外的效力以及跨国保护等，作为缔约国之一的中国必须信守在国际条约中的承诺。类似的国际公约有：1883年签订的《保护工业产权巴黎公约》(Paris Convention for the Protection of Industrial Property) 和1886年通过的《保护文学和艺术作品伯尔尼公约》(Berne Convention for the Protection of Literary and Artistic Works)，主要是对知识产权国际保护的实体内容予以规定，而对知识产权实施程序的规定则鲜有涉及，尤其缺乏必要的执法措施和争端解决机制的协调。即使TRIPS协议也仅仅将原本属于国内立法的知识产权保护的实施程序转化为公约规定，从而成为各缔约方严格履行的国际义务，但是并没有对跨国的知识产权诉讼机制作出相应安排。尤其是对于专利权纠纷依赖各

---

[1] 这句话所表达的内容，引自2007年度国家公务员录用考试《行政职业能力测验》试卷第10题题干，意在说明社会应对发明家提供更多保障。

国及地区公共机构实施专利权会带来很大的风险，首先，在不同国家对于知识产权有不同的界定和保护水平，因而在一国认为侵权的行为在另一国可能就是合法行为，"对外国的知识产权拒绝管辖，无论是英美法国家的'不方便法院原则'还是大陆法国家成文法规定的'专属管辖制度'，都是基于知识产权的地域性特点而来，而在该地域性特点的背后大多和各国经济发展水平有密切联系"[1]。其次，目前通过传统诉讼途径解决跨国知识产权纠纷存在较多的障碍，知识产权纠纷的国际性要求一种具有可预测性的、能够得到世界各国承认的纠纷解决机制。

（五）纠纷解决方式的不确定性与多元性

"在法治目标确定之后，并不必须摈弃那些传统的纠纷解决方式和社会组织，而应将其有机地与司法诉讼制度融合为一个多元化的系统，以适应各种社会关系主体的多层次的实际需求。"[2] "纠纷的主体是纠纷解决机制的基本要素，纠纷主体的不同将直接导致具体纠纷解决方式的不同。而纠纷的类型对纠纷解决具有重要意义。它有利于纠纷主体选择恰当的纠纷解决程序，也方便纠纷解决者采取更具针对性的手段解决纠纷。"[3] 专利权纠纷的解决以尊重当事人的程序自由选择权为基础，注重协作、调解等协商性手段，同时也按照纠纷的特点安排了可供当事人自由选择的纠纷解决方式，既包括严格的诉讼方式，包括当事人自己的和解，也包括居间的行政调解与行政裁决等。

---

[1] 朱榄叶、刘晓红主编：《知识产权法律冲突与解决问题研究》，法律出版社2004年版，第49页。

[2] 范愉：《非诉讼程序（ADR）教程》，中国人民大学出版社2002年版，第12~13页。

[3] 齐树洁：《民事程序法研究》，科学出版社2007年版，第30页。

三、专利权纠纷解决方式与国家对于专利的治理有着直接的关系

"无论通过审判来解决纠纷还是通过诉讼外纠纷解决制度来解决纠纷,纠纷解决中的成本问题大致可以分为以下两种情况:一是利用者方面产生的成本,另一个是制度方面产生的成本。"[1] 制度方面产生的成本,可以进一步分为无论是否有纠纷都会发生的固定费用和根据案件数量、纠纷的规模和复杂性会发生变化的可变成本。[2]

社会法治状况愈加良善,纠纷解决也趋于多元化。"当事人将把他们对法院裁决的预测,及其对其他解决方法,诸如仲裁和私下解决的有关费用的预测加以比较,从中选择他们认为成本最低的方法。"[3] 美国社会学家布莱克把纠纷解决或冲突管理机制分为私力救济、回避、交涉、通过第三方解决和忍让。[4] 日本学者棚濑孝雄把纠纷解决过程的类型概括为两条基轴。[5] 国内有学者将纠纷

---

[1] [日] 小岛武司、伊藤真编:《诉讼外纠纷解决法》,丁婕译,中国政法大学出版社 2005 年版,第 162 页。

[2] 何兵:《行政解决民事纠纷》,载何兵主编:《和谐社会与纠纷解决机制》,北京大学出版社 2007 年版,第 188 页。

[3] [美] Y. 巴泽尔:《产权的经济分析》,费方域、段毅才译,生活·读书·新知三联书店、上海人民出版社 1997 年版,第 94 页。

[4] [美] 唐·布莱克:《社会学视野中的司法》,郭星华等译,法律出版社 2002 年版,第 82 页。

[5] 日本学者棚濑孝雄把纠纷解决过程的类型概括为两条基轴:其一,合意性——决定性,并分为根据合意的纠纷解决(如调解、和解)和根据决定的纠纷解决(如审判、行政裁决);其二,状况性——规范性,并分为状况性纠纷解决(典型的例子是国家间的纠纷解决,完全依靠实力对比)和规范性的纠纷解决(如审判)。引自刘荣军:《程序保障的理论视角》,法律出版社 1999 年版,第 12~16 页。

解决机制分为公力救济、社会救济和私力救济三种。[1]

专利权纠纷解决机制是各类解决与创造性智力成果有关的利益冲突的方式、制度的总和或体系。目前，我国专利权纠纷解决的主要方式包括谈判、调解、仲裁、行政处理以及诉讼等。根据解决主体的不同，专利权纠纷的解决粗略地可以划分为这样几种方式：公力救济、社会救济、私力救济，但在具体的纠纷解决过程中，情形要复杂得多。[2] 国内有学者将纠纷解决从私力救济、社会救济向公力救济递进时呈现出的规律进行了探讨。[3]

按照以上对救济方式的分类，行政裁决属于公力救济，是一种行政解决纠纷方式（简称行政ADR）。行政ADR包括：专门的纠纷解决委员会制度、行政仲裁、行政调解、行政裁决、行政复议、行政诉讼、信访等一系列制度。大致可以把这些制度划分为三个层次加一个补充，即行政调解位于第一层次，行政裁决、行政仲裁和行政复议等准司法性制度位于第二层次，行政诉讼位于第三层次，信访作为补充。另外，根据解决纠纷的层级，可以把专门的纠纷解

---

[1] 如徐昕教授，从诉讼法学的角度入手，借鉴社会人类学的划分，将纠纷解决机制分为公力救济、社会型救济和私力救济三种，公力救济包括司法救济和行政救济，社会型救济主要是指调解、仲裁和部分ADR，私力救济包括强制和交涉。徐昕：《私力救济的性质》，载《河北法学》2007年第7期。

[2] 倪静：《知识产权纠纷诉讼外解决机制研究》，厦门大学2008年博士学位论文。

[3] 沈恒斌教授认为：纠纷解决从自力救济、社会救济向公力救济递进时呈现出如下特点：一是当事人对纠纷解决的操控性由强向弱变化；二是当事人在程序及实体结果选择方面的自治性与合意性逐渐减弱；三是纠纷处理的程序由柔性逐渐转向刚性，程序的复杂度随之增强；四是纠纷处理方式从灵活性向规范性固定化转化；五是复原客观事实的难度逐渐增大，从对具体情势的合理判断转向高度依赖证据，从注重客观真实向关注法律真实转换；六是国家对纠纷解决的干预程度不断加强；七是纠纷解决成本不断增大。沈恒斌主编：《多元化纠纷解决机制原理与实务》，厦门大学出版社2005年版，第372页。

决委员会制度放入第一层次或者第二层次。[1] 在日本,行政型纠纷处理机关得到了大力充实亦反映了国民对纠纷的解决结果尽量与审判一致的期待,这一现象意味着纠纷当事人一边追求合意的纠纷解决方式,另一边又要求权威的强力介入和客观妥当的解决。[2] 也可以对专利权纠纷的行政解决方式列举为:①行政裁决;②行政调解;③行政侦查;④行政调查;⑤行政处罚;⑥出具行政意见;⑦海关保护等。[3]

日本法学家井上治典曾这样评价诉讼制度与非诉讼纠纷解决机制(以下简称ADR)的关系:"要抛弃把诉讼置于金字塔顶端的另眼相看的观点,而应抱有把它作为众多纠纷解决方式中的一种对待的想法……诉讼贫乏而ADR丰富且充实的社会是不存在的,也没有只有诉讼丰富而ADR贫乏的社会。诉讼和ADR都反映着与这个时代、这个地区人们相关的实际情况,它们之间有着紧密的连动关系。"[4] 任何一种纠纷解决机制均为社会纠纷解决体系中的有机组成部分,都有自身存在的价值。对于行政解纷机制而言,其绝非为了完全替代其他机制而构设,相反,而是意图为当事人解决纠纷提供更多的选择,为其他解纷机制提供有效的补充,为某一类型的社会纠纷提供合法的、恰切的、有保障的解决渠道,在纠纷解决体系中发挥独特的制度优势。

---

[1] 应松年:《构建行政纠纷解决制度体系》,载《国家行政学院学报》2007年第3期。

[2] [日]棚濑孝雄:《纠纷的解决与审判制度》,王亚新译,中国政法大学出版社2004年版,第50页。

[3] 季节:《论专利权的法律保护——以行政保护为视角》,中国政法大学2010年硕士学位论文。

[4] [日]小岛武司、伊藤真编:《诉讼外纠纷解决法》,丁婕译,中国政法大学出版社2005年版,第211~212页。

基于以上分析，专利权纠纷行政裁决制度不但不会取消，反倒会随着社会发展而有其独特价值和发展空间，并有着继续完善的必要。专利权纠纷行政裁决制度的存在和发展，是由其自身固有的价值决定的。

四、选择专利权纠纷行政裁决

（一）有利于实现专利权保护

《中国大百科全书（法学）》对专利权有较为权威的界定："国家颁发专利证书授予专利权的专利权人，在法律规定的期限内，对制造、使用、销售（有些国家还包括进口该项专利发明或设计）享有专有权（又称垄断权或独占权）。其他人必须经过专利权人同意才能为上述行为，否则即为侵权。专利期限届满后，专利权即行消灭。任何人皆可无偿地使用该项发明或设计。"[1]这个观点说明了专利的本质：以国家权威认同而始，也必然以国家的权威取消而终。这是专利对国家权威的依附性的体现，也是专利权纠纷等问题诱发的源点。用一句通俗的话来讲就是没有专利制度，就无所谓专利；没有所谓的专利，就谈不上专利权；没有专利权，也就不会有专利权纠纷；没有专利权纠纷，也就谈不上其解决方式。

1. 专利权之"人身"与"财产"的双重价值

专利权包括人身权利和财产权利两个方面。人身权是指发明人或设计人享有的与其人身不可分离的权利，具体指《中华人民共和国专利法》（2008年修正）第16条规定的获得奖励、报酬权和第17条规定的署名权。财产权主要包括：专有利用专利和禁止他人利用专利的权利（包括临时禁令请求权、证据保全请求权等），转

---

[1] 中国大百科全书总编辑委员会《法学》编辑委员会、中国大百科全书出版社编辑部编：《中国大百科全书（法学）》，中国大百科全书出版社1984年版，第817页。

让专利申请权、专利权的权利,许可他人实施专利的权利,放弃专利权的权利,专利标识专有使用权(除了专利标识的标记权,还有在广告、合同等方面的专有使用权,因此本书称之为专利标识专有使用权)。

2. 专利权价值之"无形"存在

财产权是个人与他人之间通过某种"物"建立起来的社会关系。如果某人对某物享有权利,他人就有承担不侵犯的义务。财产权包括一个人或其他人受益或受损的权利,它决定一个人能拥有什么和不能拥有什么,可以做什么,不可以做什么。财产权构成了个人的选择集,个人就是根据社会给他的权利权衡成本和收益后采取行动。[1] 财产权的最重要作用就是将资本生产者的私人成本的外部效应内在化。[2]

专利权是一种特别的财产权。与有体财产不同,专利权是一种知识产权,是一种信息权,而信息往往是难以辨识,其价值也有赖于技术标准的判断,而不像实体财产那样一目了然。1875年,德国学者科拉率先提出"无体财产权"的概念,批判了以往的学说将无形物品的权利当成一种所有权的错误,而将其概括为有别于有体财产所有权的另一类权利,即"无体财产权"。[3]

专利权的客体是无形的,其价值依赖于国家的认可与具体运用

---

[1] 胡乐明、张建伟、朱富强:《真实世界的经济学——新制度经济学纵览》,当代中国出版社2002年版,第25页。

[2] H.登姆塞茨:《关于产权的理论》,载[美]R.科斯、A.阿尔钦、D.诺斯等:《财产权利与制度变迁:产权学派与新制度学派译文集》,上海三联书店、上海人民出版社1994年版,第100页。

[3] [日]吉藤幸朔:《专利法概论》,宋永林、魏启学译,专利文献出版社1990年版,第405页。转引自吴汉东等:《知识产权基本问题研究(总论)》,中国人民大学出版社2009年版,第5页。

情况，而不像有体财产那样进行可以进行物与物的交换。财产权理论必须建立在有形物基础之上，而专利权的客体却是无形的。这一特点决定了许多财产权理论无法直接套用到专利权上。

3．专利权私人利益与公共利益之兼有

"不管哪一方，没有另一方都会变得毫无意义，个人财产正因为是同社会利益一致的，所以才得到保护。"[1] 在个人利益与公共利益之间的权衡，既是推动法治的社会动力，也是专利本身自问世以来必须面对的选择。国家的专利制度既是为了保护专利权人得到合法利益，也是为了激发更多的专利产品不断涌现，为公共利益服务，为社会增进福祉。

专利权是知识产权的一项重要内容。知识产权保护，也包括专利权保护，其本身就是一把"双刃剑"：一方面剥夺了他们使用发明创造的权利；另一方面，知识产权制度存在的目的正是为人们提供这些权利。[2] "无论怎样称呼知识产权，我们最好将它视作公共政策的一种手段，授予个人或机构一些经济特权，以实现更大的公共利益，而这些特权只是一种实现目标的手段，其本身并非目标。"[3] 这些关于知识产权价值的表述，旨在说明知识产权的公共利益属性。专利权是知识产权的主要内容，专利权价值的公共利益

---

〔1〕 伯纳德·施瓦茨：《美国法律史》，王军等译，中国政法大学出版社1997年版，第91页。

〔2〕 英国知识产权委员会的报告指出：知识产权保护制度可以激励个人和企业去创造和开发有益于社会的新技术，但是激励制度的作用会因是否具备创造和开发的实力而有所不同。采取的形式会增加受保护技术的消费者和其他用户的成本。在某些情况下，对于无力支持知识产权人要价的潜在消费者和其他用户，知识产权保护就等于剥夺了他们使用发明创造的权利，但知识产权制度的目的正是为人们提供这些权利。参见王先林等：《知识产权滥用及其法律规制》，中国法制出版社2008年版，第7页。

〔3〕 参见王先林等：《知识产权滥用及其法律规制》，中国法制出版社2008年版，第17页。

与专利权的利益在一定程度上具有一致性。

诚如诺斯所言:"人类在整个过去都不断发展新技术,但速度很慢,而且时断时续。主要原因在于,发展新技术的刺激偶尔才发生。一般而言,创新都可以毫无代价地被别人模仿,也无需付给发明者或创造者任何报酬。技术变革速度缓慢的原因就在于,直到相当晚都未能就创新发展出一整套所有权。"[1]专利设立的最终目的是要给专利的不断涌现创造机会,营造专利产品产生与保护的健康、丰厚的土壤,不断增进人类的福祉。

(二) 可以充分发挥专利管理部门的专业特长

专利的复杂性与技术性使得专利权纠纷的解决对专业的要求极高。行政裁决不但需要熟悉专利管理的有关规则标准,还需要极强的专业技术与知识,由法院处理会对事实与证据的认定无从下手,显得力不从心。专利管理部门由于自己的管理经验和技术优势更有利于使案件得到快速、有效解决。专利权纠纷行政裁决可以弥补法官在专业性问题上的经验与知识的缺陷,从而为及时有效化解纠纷,维护当事人的合法权益提供有效的保障,并在一定程度上将法官从不断增长的诉讼中解放出来。

(三) 纠纷解决程序简便、成本低廉、高效便捷

《中华人民共和国专利法》(2008年修正)第21条规定:"国务院专利行政部门及其专利复审委员会应当按照客观、公正、准确、及时的要求,依法处理有关专利的申请和请求。"客观、公正、准确、及时是专利保护的必然要求,也是专利权纠纷得以解决的指

---

[1] [美]道格拉斯·C. 诺思:《经济史上的结构和变革》,厉以平译,商务印书馆1992年版,第161页。

导性原则。法学学科的独立性与自给自足性并不能完全划等号。[1]在司法实践中所适用的法律与纸面上的法律并非一对一的关系,而是有着更为丰富的内涵、理解与适用。

日本学者棚濑孝雄指出:"无论审判能怎样完美地实现正义,如果付出的代价过于昂贵,则人们往往只能放弃通过审判来实现正义的希望。"[2] 众所周知,法院的诉讼成本一般相对较高,给普通公民造成不小的诉讼成本负担。与诉讼相比较,专利权纠纷行政裁决需要交纳诉讼费用极其低廉,有时甚至是免费服务。成本低廉,给当事人造成的经济压力较小。另一方面,专利权纠纷行政裁决具有程序简捷、高效的特点,能减轻当事人的讼累。[3] 科斯和霍布斯甚至直接宣称,"纠纷解决就是一场交易,交易成本在交易中起到举足轻重的作用。"[4] 他们尤其强调运用经济学来理解和指导法律的演进,认为经济分析对于理解法律和法律的变化是一项有用的分析工具,改良法律将能改进社会环境。[5]

(四)综合解决纠纷,使得裁决结果更接近当事人的意愿

纠纷的综合性解决,是一种现实主义的思考,避免了对法院公

---

[1] 苏力:《也许正在发生——中国当代法学发展的一个概览》,载《比较法研究》2001年第3期。

[2] [日]棚濑孝雄:《解决的纠纷与审判制度》,王亚新译,中国政法大学出版社1994年版,第266页。

[3] 威廉·韦德认为:"一般而言,公众总是需要尽可能的最好的产品,并准备为此付出代价。但在处理社会事务当中,目的就不同了。这个目标并不是不惜任何代价以获得最好的结果,而是在符合有效管理的基础上取得最好的结果。为了节省国家和当事人的开支应当使争议得到迅速和经济的处理。"[英]威廉·韦德:《行政法》,徐炳等译,中国大百科全书出版社1997年版,第620~621页。

[4] 转引自[荷兰]乔治·亨得里克斯:《组织的经济学与管理学:协调、激励与策略》,胡雅梅、张学渊、莒利群译,中国人民大学出版社2007年版,第87页。

[5] [美]尼古拉斯·麦考罗、斯蒂文·G.曼德姆:《经济学与法律——从波斯纳到后现代主义》,吴晓露、潘晓松、朱慧译,法律出版社2005年版,第13页。

正裁判理想化的倾向。综合解决方式在学界也被广为认同。[1] 专利权纠纷的解决过程充满了变数，尤其是由于"专利权无效"的主张与对"专利权的确认"等因素的加入，使得专利权纠纷的解决经常出现反复与停滞。即使是知识产权法庭专门审理专利权纠纷案件时，也不得不等待专利复审委员会等部门对专利的确认等，既浪费了鉴定费用，也无端耗费了大量的时间。与法院相比，专利管理部门有相对较为权威的判断与经验，可以对纠纷发生的复杂背景有更深刻的了解，可以因地制宜，综合运用各种权力来达到纠纷的完善解决，并且从实践效果来看，可以根据国家政策和案件的不同情况作出灵活便宜的裁判，这种解决的实际效果往往比法院判决更能体现当事人的意愿。

（五）有效分流诉讼案件，减轻法院审判负担

专利权纠纷行政裁决的另一个重要功能就是分流案件，缓解法院审判负担过重的状况。目前，随着社会经济的发展，公民法律意识的提高，各地法院无一例外地发生了"诉讼爆炸"。尤其是专利案件快速增长，而法院的司法资源相对短缺，造成法院审理案件的压力急剧增加。面对法院日益加大的审判压力，迫切需要社会建立多元化纠纷解决机制，合理利用纠纷解决资源，建立和完善专利权纠纷的行政裁决制度，由专利管理部门发挥自己解纷的特长，提供有效的服务，让法院真正成为纠纷解决的"最后一道屏障"，而不是首先被选择的解决渠道，从而可以有效地缓解专利权纠纷暴涨给

---

[1] "行政解决民事纠纷的另一优势在于行政执法具有多方面性，涉及公民生活的方方面面，而每一方面的行政执法权都具有一定的政策裁量性，政府各部门在联合解决民间纠纷过程中，可以综合运用各自所掌握的裁量权，灵活多变地运用行政权，加大解决纠纷的力度，从而综合地、全方位地解决纠纷，而这正是司法所缺乏的。"参见何兵：《论行政解决民事纠纷》，载罗豪才主编：《行政法论丛（第5卷）》，法律出版社2002年版，第491页。

法院带来的压力。

(六) 信息反馈与管理部门能力提升过程

专利具有时效性与极强的政策性，通过裁决活动，专利管理部门可以及时发现管理过程中出现的某些新的问题、矛盾，以便通过行政立法或采取某些具体的措施，予以克服纠正或事前预防，保证专利管理的顺利进行，实现国家对社会有效的微观管理和宏观调控。[1] 专利权纠纷行政裁决过程中遇到的法律问题或现有制度中存在的不足等时，都是专利管理部门及时调整自己的工作的最佳时机。另外，各项法律制度的实际效果如何也需要在现实社会中得到检验，而行政裁决过程遇到的当事人的纠纷中，纠纷产生的深刻根源除了当事人之间的利害冲突之外，也往往是法律制度规定的不够完善，或有瑕疵造成的，这就好比是一个法律法规效果的"实验"，或叫专利管理部门"试错"与"纠错"的过程，能够让专利管理部门及时发现公共服务中潜在的问题与不足，并解决问题，使得制度导向于一种自我更新的良性循环机制。也就是，日本学者棚濑孝雄所推崇的："以个别的纠纷处理为起点，通过自己的管理权限进一步发掘问题并谋求更具一般性的根本解决，正是行政性纠纷处理机关的最大优势。"[2]

基于对司法中心主义的反思及司法危机的倒逼，当今西方法治发达国家不断完善多元化纠纷解决机制。其中，行政裁决以其主体专门、裁决专业、程序简化、裁判高效的优势，在纠纷解决方面发挥着重要的补充作用。目前我国行政裁决制度存在适用范围缩减、

---

[1] 参见崔卓兰主编：《行政法与行政诉讼法》，人民出版社 2010 年版，第 234 页。

[2] [日] 棚濑孝雄：《纠纷的解决与审判制度》，王亚新译，中国政法大学出版社 1994 年版，第 87 页。

程序不规范、救济方式尚未系统化等问题。为健全我国行政裁决制度，完善社会矛盾预防化解机制，上述问题亟待解决。美国的委任司法制度、英国的行政裁判所制度、日本的行政争讼制度对我国行政裁决的完善具有借鉴意义。2014年10月，中共中央十八届四中全会作出的《关于全面推进依法治国若干重大问题的决定》提出，要"健全行政裁决制度，强化行政机关解决同行政管理活动密切相关的民事纠纷功能"。这是健全我国社会矛盾预防化解机制的一项重要决策，对于新形势下化解民间纠纷、维护社会和谐稳定具有重要的指导意义。2015年2月，最高人民法院公布《关于全面深化人民法院改革的意见——人民法院第四个五年改革纲要（2014-2018）》。该文件指出，要"健全多元化纠纷解决机制。继续推进调解、仲裁、行政裁决、行政复议等纠纷解决机制与诉讼的有机衔接、相互协调，引导当事人选择适当的纠纷解决方式，推动在征地拆迁、环境保护、劳动保障、医疗卫生、交通事故、物业管理、保险纠纷等领域加强行业性、专业性纠纷解决组织建设，推动仲裁制度和行政裁决制度的完善。"[1]

《法治政府建设实施纲要（2015-2020年）》要求"有关行政机关要依法开展行政调解、行政裁决工作，及时有效化解矛盾纠纷"。中共中央办公厅、国务院办公厅印发的《关于完善矛盾纠纷多元化解机制的意见》规定"健全行政裁决制度，明确行政裁决的适用范围、裁决程序和救济途径，强化行政机关解决同行政管理活动密切相关的民事纠纷功能"。这一系列部署和要求为健全行政裁决制度、加强行政裁决工作提供了重要指引。

2018年12月，中共中央办公厅、国务院办公厅印发《关于健

---

[1] 齐树洁、丁启明：《完善我国行政裁决制度的思考》，载《河南财经政法大学学报》2015年第6期。

全行政裁决制度加强行政裁决工作的意见》，指出行政裁决是行政机关根据当事人的申请，按照相关法律法规的授权，居中对与行政管理活动密切相关的民事纠纷进行裁处的行为，并要求"重点做好自然资源权属争议、知识产权侵权纠纷和补偿争议、政府采购活动争议等方面行政裁决工作，更好地为经济社会发展服务"。2019年7月，司法部来函支持国家知识产权局开展知识产权侵权纠纷和补偿争议领域的行政裁决试点工作。国家知识产权局在系统梳理已有工作实践的基础上，借鉴其他系统有益做法，在专利侵权纠纷行政裁决领域先行先试，印发《关于开展专利侵权纠纷行政裁决示范建设工作的通知》。

2020年《中华人民共和国专利法》迎来大幅度修改，更加强调实效性、专业性、科学性等。对于专利权纠纷行政裁决的研究渐渐成为学界新的热点。

第四章

专利权纠纷行政裁决的程序

程序不是次要的事情。随着政府权力持续不断地急剧增长，只有依靠程序公正，权力才可能变得让人能容忍。[1]

——[英] 威廉·韦德

书上的法律和行动中的法律不总是一样的。规则和机构本身并不能告诉我们这机器如何运转。[2]

——[美] 劳伦斯·M. 弗里德曼

在纠纷化解过程中，一直存在着实体正义与程序正义的呼应。实体法好比设计图纸，程序法则像工艺规程，没有后者，工厂生产不出好产品。[3] 程序正义是实体正义的保证。从法律论证的角度看，程序正义是法律论证的基础，没有程序正义，法律论证的说理就成了"空话"，成了"空穴来风"。

程序是否正当最重要的要求是"中立性"。程序的决定者应当体现职业主义的要求，因为专业化的程序操作者比一般公务员更能

---

〔1〕[英]威廉·韦德：《行政法》，徐炳等译，中国大百科全书出版社1997年版，第93页。

〔2〕[美]劳伦斯·M. 弗里德曼：《法律制度》，李琼英、林欣译，中国政法大学出版社1994年版，第1页。

〔3〕李步云：《法的内容与形式》，载《法律科学（西北政法学院学报）》1997年第3期。

作出合理的判断，提出更为中肯的专家意见，更有助于保证行政决定的一致性。[1] 按照戈尔丁的标准，裁决人员的中立性至少应有三个方面的内涵：其一，与案件存在利害关系的人不应该作为案件的裁决者；其二，作为裁决者的个人在作出最终裁决结果时不能含有个人的利益考虑；其三，作为中立的纠纷裁决者不能持有偏见的态度对待当事人。[2] 因此，中立性对裁决人员至少应有三点要求：首先是裁决人员与被裁决的案件没有任何利害关系；其次是裁决人员对案件的任何一方当事人均以公正的态度对待，没有任何偏见；最后是裁决人员对案件当事人所提出的主张没有偏见。[3]

我国专门的行政程序法尚未公之于世，已经出台的一些地方性规定对于行政裁决程序的规定也是轻描淡写，不具有可操作性。专利权纠纷行政裁决程序是专利权纠纷的公正裁断的重要支柱。《国家知识产权战略纲要》强调国家在知识产权保护中的重要地位与目标："健全知识产权执法和管理体制。加强司法保护体系和行政执法体系建设，发挥司法保护知识产权的主导作用，提高执法效率和水平，强化公共服务。深化知识产权行政管理体制改革，形成权责一致、分工合理、决策科学、执行顺畅、监督有力的知识产权行政管理体制。"[4] 这些标准也是专利权纠纷行政裁决努力的方向与要求。不断完善专利权纠纷行政裁决自身程序的建设，不仅惠及当事人，也有利于国家专利政策、制度的落实与日益健全。

---

[1] 戴桂洪：《论正当的行政法律程序》，载《江苏社会科学》2006年第2期。
[2] [美] 马丁·P. 戈尔丁：《法律哲学》，齐海滨译，生活·读书·新知三联书店1987年版，第240页。
[3] 戴桂洪：《论正当的行政法律程序》，载《江苏社会科学》2006年第2期。
[4] 参见《国务院关于印发国家知识产权战略纲要的通知》（国发〔2008〕18号）。

一、行政裁决程序与行政程序、正当法律程序的比较

(一) 行政裁决程序的界定

行政裁决是行政机关以居间人的身份，裁决纠纷的活动，程序上具有准司法性，这就要求行政裁决应有更严格的程序法治理念，应该严格按照类似于法庭审理的准司法程序进行。没有任何一种行政职能在任何时候可以被看成是由私人来履行的。[1] 这不仅是行政裁决行为合法的要件，也是行政裁决行为具有公信力、权威性的制度保障。虽然目前我国行政裁决行为程序法治方面还有不足，但程序法治的价值无疑是行政裁决制度的显著特征。

行政裁决程序，指纠纷的双方当事人、行政裁决主体以及其他相关的部门、企业，按照法律规定，必须遵循的方式、方法与步骤等。由于行政裁决具有司法与执法的双重属性，那么行政裁决的程序是否属于行政程序法的调整范畴？笔者认为，在行政程序的设计上，行政裁决也属于其应当考虑的范畴，但与一般的行政程序显然有区别。同样，行政裁决也不同于人民法院诉讼阶段案件办理的程序，这些恰恰是行政裁决的特色与优势。

行政裁决程序设计的目的在于能够体现行政裁决及时高效的特征，且满足当事人选择行政裁决并参与其中的需要，最终实现化解纠纷的目的。除了当事人实现自己的权益之外，能够使行政裁决主体发挥出其行政专门知识、行政技能与经验，更能便捷高效地解决纠纷，这是行政裁决的生命力所在，否则，当事人又怎么会自愿选择行政裁决，而不是其他？

(二) 行政裁决程序与行政程序的区别与联系

行政程序是指行政主体在运用行政权力，作出行政行为过程

---

[1] [法] 狄骥：《公法的变迁》，郑戈译，中国法制出版社2010年版，第117页。

中，所必须遵循的步骤、方式、顺序和时限。行政程序是行政主体在行使职权过程中的程序，不是行政相对人必须遵循的程序，是一种用来防止行政职权的失范、脱序及随意行使，达到制约行政权力的目的的程序。[1] 行政裁决程序尽管也是行政职权部门履行行政裁决时必须遵循的程序，但与行政程序仍有不同，行政裁决程序还体现了当事人及委托代理人等参与到行政裁决过程必须履行的方式、方法、步骤等，近似于一种诉讼程序，但又没有诉讼程序那么复杂、严格。

在我国台湾地区出台的"行政程序法"第3条排除事项中，"有关私权争执之行政裁决程序"赫然入目，理由是"有关私权争执之行政裁决程序，性质上乃准司法权之行使，与一般行政程序有相当差异，不宜适用本法"。[2]

在行政机关运用行政权的过程中，其活动的方式是经验式的。[3] 它更多关注的是行政效率和行政目标的实现。但行政裁决则不同，它是一种对利益冲突各方作出裁判的活动，既然行政机关在此时的身份是裁判者，那么就必须保持一定程度的中立，公正听取纠纷双方当事人的意见，否则就无法实现案件公正处理的结果。[4] 同时，行政机关往往站在权利人一方的立场上批评、教育错误的一方，提高其认识水平和道德水平，宣传法律和政策，强制

---

[1] 参见应松年主编：《行政法与行政诉讼法》，中国政法大学出版社2008年版，第184~185页。

[2] 罗传贤：《行政法概要》，五南图书出版公司2005年版，第83页。

[3] 参见[英]威廉·韦德：《行政法》，徐炳等译，中国大百科全书出版社1997年版，第51页。

[4] 根据法哲学家戈尔丁的解释，中立至少应当包含如下三个标准：与自身有关的人不应当成为裁判者；结果中不应含纠纷解决者个人利益；纠纷裁决者不应有支持或者反对某一方的偏见。[美]马丁·P·戈尔丁：《法律哲学》，齐海滨译，生活·读书·新知三联书店1987年版，第240页。

违法或者道德上受到谴责的一方接受教育，并且使其心悦诚服地采取正确的态度和行动。

一般而言，"行政权运行方式总是以行政主体为中心，行政程序中不具有角色分工，行政主体仍然是行政主体，相对人仍然是相对人，其原先社会角色不变，行政程序中一般不实行意见交涉，而是行政单向命令，强制主导"。[1] 行政裁决通过程序的角色分化功能，保障每个以符号形式存在的参与主体，在相互交涉的过程中意见达成一致。行政裁决的程序设计，虽不能要求如司法程序那么严格和复杂，但仍应满足纠纷双方当事人之间进行适当交流、沟通与发表自己主张的机会，而不能由作为裁判者的行政机关以"一言堂"的方式来强制当事人解决纠纷，这必然会使裁判的内在品格受到破坏。[2]

（三）行政裁决程序与正当法律程序的联系与区别

正当法律程序，又称"看得见的正义"，源于一句人所共知的法律格言："正义不仅应得到实现，而且要以人们看得见的方式加以实现。（Justice must not only be done, but must be seen to be done）"所谓的"看得见的正义"，实质上就是指裁判过程（相对于裁判结果而言）的公平，法律程序（相对于实体结论而言）的正义，也即威廉·韦德所言："在行政法上自然公正是一个界定完好的概念，它包括程序的两项根本规则：一个人不能在自己的案件中作法官；人们的抗辩必须公正地听取。……它们是如此的普遍，

---

[1] 孙笑侠：《司法权的本质是判断权——司法权与行政权的十大区别》，载《法学》1998年第8期。

[2] 参见陈瑞华：《司法权的性质——以刑事司法为范例的分析》，载《法学研究》2000年第5期。

如此之'自然',以至于不限于司法权。它们同样适用于行政权。"[1]

在诉讼过程中,法律制度的设计保障诉讼当事人之间的平等竞争,当事人可以在法律限定的框架内追求各自利益的最大化。诉讼程序主体部分是在当事人的"攻击""防御"活动中形成,并且确立了有关纠纷的所有命题。法官作为严守中立的第三者,对通过当事人双方的攻击防御而呈现出来的案件争议事实作出最终的裁决。为了保障当事人能够发挥最大的积极性,防止形成司法专横的局面,法官的终局判断受制于当事人的活动,并且由当事人自己对裁决结果承担责任。但是,在行政裁决中,虽然行政机关保持中立性是基本要求,但是,由于行政机关首先追求实现国家公共政策、平衡公共利益和个人利益,因此,这样的中立性不是严格意义上的司法中立。最突出的表现在于,行政机关在行政裁决过程中,可以利用各种行政资源调查、核查并勘验证据,纠纷解决的范围大小并不完全依赖于当事人的主张。我国台湾地区学者汤德宗认为:"当行政机关挑选出少数个人作为'行政裁决'的相对人,使受不利处分时,既有的政治秩序很难有效保障此等孤立的个人,免于遭受行政的侵害,遂需要有'正当行政程序'保障,因此,'行政裁决程序'较'行政立法程序'更需讲'正当程序'。"[2]

"时代要求诉讼外程序吸收诉讼程序与生俱来的各种价值,并在诉讼中有效利用诉讼外程序的优点和程序运作的各种方法,在各个间壁发生已流动化的相互交流、共荣共存的姿态中摸索普遍性的

---

[1] [英]威廉·韦德:《行政法》,徐炳等译,中国大百科全书出版社1997年版,第95页。
[2] 翁岳生编:《行政法》,中国法制出版社2002年版,第958页。

纠纷调整程序的理想状态。"[1] 对于为化解当事人之间纠纷提供帮助的行政职权部门在裁决过程更应吸纳诉讼程序的优点，同时发挥自己的专业与经验优势，提供有效的服务。

二、专利权纠纷行政裁决程序存在的现状

（一）行政裁决程序缺失、不完整、不合理

我国的专利法律、法规中并没有明确的行政裁决程序设计，只是散见于多部法律法规中。其他领域的行政裁决也基本上处于这种状态：有的法律法规明确了行政机关的行政裁决权，但对裁决程序没有相应的规定比如立案的标准是什么，立案要不要有时间限制，其期限有多长，审理和裁决的基本规则有哪些，有无简易程序和普通程序之分，是否需要听证等。这些问题在现有立法中均模糊不清，难以找到明确的规定。不同的行政裁决主体，在不同的领域，进行裁决时的做法不尽相同，影响了法治的权威性与公正性，对当事人来说，出尔反尔的行政裁决也有违信赖保护原则。借鉴西方国家较为成熟的经验，对行政裁决的制约手段主要是有三种：其一，事前的授权制约；其二，事中的程序制约；其三，事后的司法审查。[2] 但是在我国，由于长期受到"重实体，轻程序"的传统思想的影响，现行宪法中缺少有关现代行政程序的理念，法律、法规中亦没有统一规范行政裁决所适用的程序规则的立法规定。宪法、

---

〔1〕［日］小岛武司、伊藤真编：《诉讼外纠纷解决法》，丁婕译，中国政法大学出版社2005年版，第212页。

〔2〕应松年教授认为：由于现代管理的需要，行政自由裁量权极度膨胀，授权制约已不能充分发挥控制行政司法权的作用，事后司法审查也只是对行政机关已经作出的违法行为进行纠正，不能起到防患于未然的作用，存在一定的局限性。于是，控制行政司法权的主要手段已非行政程序莫属。应松年主编：《行政程序法立法研究》，中国法制出版社2001年版，第28页。

部门法的制度缺失必然造成行政机关自行制定行政裁决程序。同样由于没有上位法的限制，行政机关在制定行政裁决和行政调解程序规范时往往尽量多地扩展其权力行使范围和自由裁量边界，使其权力尽量少地受到约束，尽量多地限制相对人的自由和权利，致使行政裁决和行政调解行为对相对人的权益保护不足，对行政司法权的约束不够。再加上行政机关受部门利益的驱动，本来就不健全、不完善的程序规则对其并无太大的约束力，所以其制定的程序不仅缺乏公正性，而且也很不规范，甚至相互矛盾。[1]

（二）基本制度缺失造成行政裁决过程过于随意

专利保护本身需要一定的严谨性与专业性，专利权纠纷的行政裁决虽然不一定如知识产权法院那样严谨，但也一定有法可依，有章可循，否则不仅起不到提供服务的目的，还会适得其反，贻误当事人解决纠纷的时间。但在纠纷实际解决过程中，由于制度上的不健全，往往导致行政裁决主体的独立性不强，公开程度难以令人信服，当事人的参与度不足，这一系列因素的存在，导致专利权纠纷行政裁决结果的公信力相对较差，使得当事人在经历了行政裁决过程之后，转而再选择诉讼解决方式等，徒增了许多纠纷解决的成本。但是，当下面对的问题是，虽然理想设计是一揽子解决问题，但当事人自己，尤其是感觉权益受损的一方，往往都是"不到黄河不死心"，甚至"到了黄河心也不死"。案结事了，不仅仅是专利行政机关的愿望，也是人民法院的美好愿景。尽管如此，每一个环节尽可能公开公平公正，以理服人，对于当事人来说，都是最好的"解药"，都可以化解心中的不解，甚至是不满。

---

[1] 参见袁曙宏主编：《全面推进依法行政实施纲要读本》，法律出版社2004年版，第263页。

(三) 专利权纠纷行政裁决程序适用法律不规范

专利管理部门应以客观事实为依据，以法律、行政法规、地方性法规和规章为准绳，对专利权纠纷作出行政裁决。在适用法律规范时，调整同一法律关系的不同法律规范之间应当一致。但是，时下专利权纠纷行政裁决的困境就是处在适用法律的混乱之中。

实践中，有权进行行政裁决的行政机关通常没有专门为行政裁决设立的机构以及专门的行政裁决办案人员，当发生了与其行政管理活动密切相关的民事纠纷时，这类行政机关通常都是派出行政执法人员边执法边顺带地解决。[1] 但是这样的解决方式存在着固有的问题，即行政执法人员在裁决的过程中习惯于用行政执法的固有模式——检查、处理、执行来解决民事纠纷，行政裁决最重要的"中间性"却因为执法人员的"惯性思维"常常被忽视。"中间性"被忽视造成的直接后果就是行政执法人员作出的行政裁决决定主观性过强，严重影响裁决决定的客观公正性。目前，行政裁决人员的任职资格法律法规还未作出明确的规定，在实务中广泛存在行政裁决人员缺乏解决特定民事纠纷的业务能力问题，因为行政裁决人员的专业素质普遍都不高，这样也就无法保证行政裁决的质量，因此行政裁决人员中立性有待提升。

(四) 制度设计不合理，行政裁决者难以确保中立

行政主体的独立性应包含两个因素：其一是行政主体本身不会受到与之存在利害关系的某方当事人或者某个群体的控制；其二是行政主体所做出的决定应该与其法定的职能相符合。[2] 我国时下

---

[1] 杨健燕、王小红：《完善防范化解社会矛盾的行政裁决机制》，载《河南省政法管理干部学院学报》2010年第3期。

[2] [美]迈克尔·D.贝勒斯：《程序正义——向个人的分配》，邓海平译，高等教育出版社2005年版，第30页。

的专利权纠纷行政裁决面对的一个重要难题就是如何使享有行政裁决职权的专利管理部门中立裁判，而不对当事人的任何一方有所偏袒。按照学者王亚新的观点，纠纷解决者虽然在追求纠纷解决实体正确性方面保持中立，但是在现象上却与有理的当事人一方保持一致，从而常常会呈现出一种可以称之为"当事人化"的外观，从而使其中立性招致疑问，甚至卷进与当事人对立的尴尬处境。[1] 在专利权纠纷行政裁决过程中，此种情形较为明显，原因在于享有行政裁决职权的专利管理部门往往也是专利权的认定或确认部门，对于享有专利权的当事人一方具有天然的"好感"，而对专利权构成侵犯的另一方则有所"反感"，原因不仅仅是侵犯专利权者引发了事端，也对专利主管部门确认后的公信力构成威胁。出于这种"护短"的心态，行政裁决过程的公信力自然大打折扣，使得"疑似侵权方"不敢轻易地请求专利管理部门进行行政裁决，甚至在专利管理部门完成行政裁决后，也往往提起诉讼，使得纠纷再次处于不确定状态，由此带来司法资源的无端浪费。

韦德在论述英国裁判所时指出："裁判所必须在查明事实的基础上公正地实施法律规则，而不是执行行政政策，从这个意义来说，大多数裁判所所作的裁决实际上是司法性质而不是行政性质的。"虽然我国的行政裁决与英国的裁判所有本质上的不同，但是，保持相对的中立性与专业性，是确保客观公正的程序要素，行政裁决只有具备了程序要素，才可能得到当事人的认可与支持。

在行政活动中，行政裁量权的扩张不可避免，行政官员往往成为程序的决定者，使得"中立性"和控制机制均受到削弱，人们很难充分相信他们能够不受控制地、独立地主持行政裁决活动和作出

---

[1] 王亚新：《对抗与判定——日本民事诉讼的基本结构》，清华大学出版社2002年版，第261页。

裁决决定。裁决的中立性是程序正义的最低要求之一，在行政裁决程序中，行政裁决程序能否发挥预设价值在很大程度上取决于裁决机构人员的相对独立性和中立性。"在这里，个人不过是正确适用客观标准所不可缺少的手段和工具，个人像机器一样精确地、无个性地履行职责是理想的状态。"[1]所以很多国家在行政裁决制度的改革过程中，一个共同的行动就是减少行政裁决机构与主管机关的牵连，增强行政裁决人员的中立性，保证行政裁决结果的公正。

三、专利权纠纷行政裁决程序的特殊价值

（一）提高专利权纠纷化解的效率

效率既是行政裁决过程依法行政的体现，又是满足行政裁决程序对时效的要求。对于专利权纠纷行政裁决而言，效率堪比其立根之本。专利管理部门的人力、物力、财力和时间都是有限的，提高行政效率，将有益于对公共利益的维护和个人利益的保护。如果失去了效率价值，专利权纠纷行政裁决较之其他纠纷解决方式的优势将大打折扣。如果无端浪费时间，当事人自然不愿选择行政裁决。

专利权纠纷行政裁决制度设立的目的，就是为了给专利权纠纷的当事人提供一种选择便捷、高效纠纷解决机制的机会，以避免诉讼之累。专利权纠纷的当事人都是"理性人"，会根据所收集到的信息做出对自己最有利的选择，也即："一个富有活力的救济制度中所包含的权利救济方式亦必须满足不同缺损权利的救济需要，并且相关主体有权选择自己认为的最'合算'的救济方式。只有这样，这个救济制度中的资源利用才是有效的。因为作为'理性人'的相关主体是自己利益最大化的选择者，他对所使用的救济方式作

---

[1]〔日〕棚濑孝雄：《纠纷的解决与审判制度》，王亚新译，中国政法大学出版社1994年版，第104页。

出的'合算'的选择对救济资源的利用也必然是有效的。"[1]

威廉·韦德在论述英国的行政裁判所制度产生的原因时指出："二十世纪的社会立法设立裁判所仅仅是出于行政上的原因,是因为它能够提供一种较为迅速、经济也更为便捷的公正裁判,它是处理大量有关福利计划的小额请求的必要设施。法院的法律程序是琐碎、缓慢、费用昂贵的。它的缺陷也正是其优点,因为法院的任务是实现高标准的公正。一般而言,公众总是需要尽可能的最好的产品,并准备为此付出代价。但在处理社会事务当中,目标就不同了。这个目标并不是不惜任何代价以获得最好的结果,而是在符合有效管理的基础上取得最好的结果。为了节省社会和当事人的开支,应当使争议得到迅速和经济的处理。"[2] 因此,比专利诉讼更具有效率是专利权纠纷行政裁决与专利诉讼相比的优势所在,也是专利权纠纷行政裁决制度赖以存在的基础。

威廉·韦德认为正是因为行政裁判所相较于法院而言能够更快速、更经济、更便捷地对案件作出裁判。即使设立行政裁判所制度的初衷是出于行政管理上的需要,但这一制度运行过程中体现出了在节约社会成本以及当事人成本的基础之上,又能使争议得到迅速和经济的处理,这是最好的结果。[3] 因此行政裁判所制度符合有效管理原则。

(二)确保专利权纠纷行政裁决过程的公正

我国《专利行政执法办法》(2010年施行)第3条的规定对专

---

[1] 周林彬:《法律经济学论纲——中国经济法律构成和运行的经济分析》,北京大学出版社1998年版,第452页。

[2] [英]威廉·韦德:《行政法》,徐炳等译,中国大百科全书出版社1997年版,第97页。

[3] [英]威廉·韦德:《行政法》,徐炳等译,中国大百科全书出版社1997年版,第620~621页。

利权纠纷行政裁决具有重要的指导意义。[1] 专利权纠纷行政裁决主体运用行政裁决权，必须坚持和贯彻公开、公正、公平的原则。专利权纠纷行政裁决过程由于高度的专业性和时效性要求，更接近于一种准司法过程。"没有公开就无所谓正义。"[2] 1946年《美国联邦行政程序法》（Administrative Procedure Act，简称 APA）为行政司法设立了行政裁决程序，1992年《日本行政程序法》、1997年《联邦德国行政程序法》都规定了行政程序具体程序环节，强调程序的公正价值。

专利权纠纷的行政裁决过程必然要遵循程序公正。"程序不是次要的事情。随着政府权力持续不断地急剧增长，只有依靠程序公正，权力才可能变得让人能容忍。"[3] 如果裁决是公开的，人们对裁决结果的公正性将寄予更多的信任，从而有利于树立法律的权威，有助于裁决的执行。[4] 那么，程序公正的标准是什么？英国1957年弗兰克斯委员会报告指出：程序公正必须满足三种基本目

---

[1]《专利行政执法办法》（2010年施行）第3条规定："管理专利工作的部门处理专利侵权纠纷应当以事实为依据、以法律为准绳，遵循公正、及时的原则。管理专利工作的部门调解专利纠纷，应当遵循自愿、合法的原则，在查明事实、分清是非的基础上，促使当事人相互谅解，达成调解协议。管理专利工作的部门查处假冒专利行为，应当以事实为依据、以法律为准绳，遵循公正、公开的原则，给予的行政处罚应当与违法行为的事实、性质、情节以及社会危害程度相当。"

[2]［美］伯尔曼：《法律与宗教》，梁治平译，生活·读书·新知三联书店1991年版，第48页。

[3] 在裁判所系统中，公开意味着裁判所活动程序的公开和让民众能够获悉其据以作出裁决的主要理由；公平，是要求裁判所采用一种明确的程序，以使当事人各方能够知晓其享有的权利，充分地发表自己对案件的意见并了解其将要面临的情况；无偏私，则要求裁判所不受有关部门的决定的影响，无论这种影响是显而易见的还是潜在的。参见［英］威廉·韦德：《行政法》，徐炳等译，中国大百科全书出版社1997年版，第93页。

[4] 张树义主编：《纠纷的行政解决机制研究——以行政裁决为中心》，中国政法大学出版社2006年版，第46页。

标，即公开、公平和无偏私。[1] 在专利权纠纷行政裁决程序中应当有基本的程序要求，主要包括"就关涉该人利益、地位、责任或权利义务的纠纷解决程序，应当从实质上保障其参与该程序以影响裁判形成的程序上基本权；并且，在裁判作成之前，应当保障该利害关系人能够适时、适式提出资料、陈述意见或者进行辩论的机会。在未被赋予这种机会的情况下所收集的事实及证据，均不能成为裁判的基础"。[2]

（三）提高当事人对专利主管部门的信赖或专利主管部门的公信力

如何把解决矛盾纠纷的事务合理地、适当地分散到社会的各个领域中去，这在一个社会的宏观司法政策上是一个极为重要的问题。[3] "正义是给予每个人他应得的部分的这种坚定而恒久的愿望。法律的基本原则是：为人诚实，不损害别人，给予每个人他应得的部分。"[4] 公正的行政裁决有助于培养公民的法律信仰，进而对政府产生信赖，也就使政府行为有了公信力，这将为政府推行一系列法规政策打下良好的法治根基。公正的行政裁决可以使人们相信依靠正当的法律途径能够寻求公平和正义，能够获得可靠的安全的保障，从而使严格守法成为社会成员的基本信念和根本准则，并植根于人们的心中。相反，枉法裁判或裁判不公，混淆了正义与邪

---

[1] [英]威廉·韦德：《行政法》，徐炳等译，中国大百科全书出版社1997年版，第642页。

[2] 邱联恭：《程序选择权之法理：民事诉讼法研讨（四）》，三民书局1993年版，第560页。

[3] [日]棚濑孝雄：《纠纷的解决与审判制度》，王亚新译，中国政法大学出版社1994年版，第96页。

[4] 此句为查士丁尼皇帝钦定法学阶梯的开篇语。[罗马]查士丁尼：《法学总论——法学阶梯》，张企泰译，商务印书馆1989年版，第5页。

恶，将造成人们对法律权威的怀疑，渐渐对政府的公正立场失去信心，随之而来的就是很难与政府的合作，人们极有可能产生一种厌烦，甚至是抵抗的情绪。

专利权纠纷行政裁决的发挥能够提升专利行政机关的综合治理能力和水平，并与国家法治整体化建设融为一体。"程序作为一种规范模式和行为序列属于制度范畴的东西，可以对效率产生影响。合理的程序规则可以促进效率提高，可以为效率提供有效的保障手段。而不合理的程序规则往往会阻碍效率的提高。"[1]因此合理的制度设计，可以与国家综合治理相互促进，彼此成就。

专利权纠纷行政裁决的程序在设定之前、设定之时，其所追求的正义是一种社会正义，必须符合公共利益，但是一旦专利权纠纷行政裁决程序确立之后，在个案之中，行政裁决程序追求的则应当是个体之正义，应秉承公正，维护当事人的合法的权益。专利管理部门对专利权纠纷进行裁决的目的就是使争议的法律关系恢复到原来的状态，使专利的权属尽快稳定下来，并发挥出其应有的价值，裁决过程本身必然要求具有公正性，否则，行政裁决不仅不能发挥其应有的矫正功能，反而又造成了新的非正义，使得专利权处于悬而未决状态，专利的价值不仅不能发挥，而且会引起当事人，尤其是专利权人对行政裁决机构的不满，徒增了新的纠纷。

四、专利权纠纷行政裁决的基本制度

为了确保公正，所有纠纷解决制度应当至少要满足以下几个要求：首先，纠纷解决机构尽可能的中立，纠纷解决人员的身份和待遇要有保障。中立的纠纷解决机构是纠纷解决制度的灵魂，缺乏中

---

[1] 关保英：《论行政程序的效率价值》，载《湘潭工学院学报（社会科学版）》2000年第2期。

立的纠纷解决机构的纠纷解决制度很难说得上是公正的制度。其次，纠纷解决过程要公开，所有利害关系人都有权参与到纠纷解决程序中来。最后，采用对抗式程序，各方当事人对所有证据进行当庭质证，对所有争议法律问题进行当庭辩论。[1]

（一）回避

回避制度，是指行政裁决人员在与案件有利害关系，可能影响案件的公正裁决时，不能再参加对案件裁决的制度。回避制度来源于普通法的自然公正原则，即"自己不能作自己的法官"。《专利行政执法办法》（2010年施行）第7条规定了行政裁决过程中回避的人选、提出与决定回避的程序要件、回避后的效果等。[2]

专利权纠纷行政裁决过程中，回避分为主动回避与申请回避。主动回避指管理专利工作的部门指派的案件承办人员如果与当事人有直接利害关系的，主动提出回避，但是，并不能因此中断裁决过程，而是要继续进行审理，直到管理专利工作部门的负责人同意该承办人回避时停止参与本案的工作。申请回避与主动回避不同，当事人申请案件承办人员回避的，应当说明理由，由管理专利工作部门的负责人决定是否回避，在是否回避的决定作出前，被申请回避的人员应当暂停参与本案的工作。专利权纠纷的行政裁决人员虽然不是法官，但其在行政裁决中的地位类似审判活动中法官的地位，都是居中裁判的公断人。因此，专利权纠纷的行政裁决人员在行政裁决活动中必须在双方当事人之间保持中立，保持同等的司法距

---

[1] 应松年：《构建行政纠纷解决制度体系》，载《国家行政学院学报》2007年第3期。

[2] 《专利行政执法办法》（2010年施行）第7条规定："管理专利工作的部门指派的案件承办人员与当事人有直接利害关系的，应当回避，当事人有权申请其回避。当事人申请回避的，应当说明理由。案件承办人员的回避，由管理专利工作部门的负责人决定。是否回避的决定作出前，被申请回避的人员应当暂停参与本案的工作。"

离，做到客观公正，不偏不倚，这样才能保证案件的公正处理。"调处专利纠纷案件的人员有下列情形之一的，应自行回避，当事人也有权要求他们回避：一是本纠纷当事人的近亲属；二是与本纠纷有利害关系；三是与本纠纷当事人有其他关系，可能影响本纠纷的公正处理。"[1] 利害关系主要指经济上的利害关系而言，但不以此为限，还包括其他足以影响行政决定的非财产因素（例如感情利益和精神利益）在内。持有个人偏见，可能会影响个人的判断。个人偏见是指主持听证或参加裁决的人员，对当事人的一方或所属的团体有偏爱或憎恶。由于这种偏爱或憎恶的存在，裁判者不可能公正地考虑案件的是非曲直。如果决定的作出者对一方当事人有反感，或者在调查取证之前，已经对案件事实形成自己的观点，那么审判型听证对当事人的意义就不大了。职能交叉，可能影响到裁决者的中立。在行政裁决中，职能交叉是指裁决人以别的身份已经与案件相牵连，主要是裁决人员曾经从事过与申请裁决的专利权纠纷相关的行政管理活动，造成裁决职能与管理职能的交叉。但是，行政机关的主要职能是行政管理，行政机关所裁决的纠纷都是与行政管理密切相关的专利权纠纷，专利权纠纷和行政违法往往纠缠在一起，行政机关在对专利权纠纷作出裁决的同时，还必须对行政违法行为作出行政处理决定，因此，行政机关的职能交叉不可避免。职能交叉使裁决人员事先已经对案件有了接触，可能着重以他在管理活动中所调查的证据作为在进行行政裁决时裁断的依据。甚至行政管理人员在行使职权活动中所秘密调查的，未经过当事人对质的证据，也可能作为裁决的证据。而且职能交叉，容易使行政裁决人员对案件形成先入为主的成见，而忽视当事人所提出的证据和反驳。

---

[1] 参见《上海市处理和调解专利纠纷规定》第10条第1款。

使得行政裁决人员对案件的裁定，难以处于一种超然的客观心理状态，而这种心理状态是公正的裁决所必须具备的条件。因而，在这种职权交叉状态下，最好由办案人员主动提出回避，因为当事人无从知道专利管理部门内部的具体分工，也就难以觉察到可能会因为"管理权与裁判权交叉"给自己的权益带来潜在的不公。在制度设计上，专利权纠纷行政裁决也要做到确认专利权的机关不进行裁决，进行裁决的专利管理部门不对专利予以确认，避免职能的交叉。

（二）代理

代理，是指代理人以被代理人的名义，在代理权的范围内，实施法律行为，由被代理人承担代理行为产生的法律后果。行政裁决比较发达的英国、美国都规定了代理制度。例如，在英国，出席裁判所案件审理的任何当事人均可以委托一名律师或者其他公民担任代理人。许多裁判所的程序规则都赋予当事人不受限制的委托代理权。在美国，当事人有权在正式听证程序中雇用律师。此外，有些行政机关在作出某些影响当事人重大利益的裁决时，如果当事人无力雇用律师，还为当事人指派律师。我国目前在行政裁决领域，仅有少数法律对代理活动作出了笼统的规定，还远未形成完善的代理制度。我国应借鉴国外有关代理制度的规定，参考我国民事诉讼及仲裁活动中的代理制度，尽快在行政裁决领域建立符合行政裁决特点的代理制度。从方便当事人、维护当事人的合法利益、促进行政裁决的公正性的角度出发，所有的行政裁决活动都应当允许当事人委托代理人参加裁决。对当事人利益有重大影响的裁决，若当事人无力委托代理人，裁决机关可以为当事人指定代理人。代理人在行政裁决活动中享有的权利和承担的义务，可以比照民事诉讼中有关代理人权利、义务的规定，但也要有所不同，以体现行政裁决的特点。

由于专利权纠纷具有天然的复杂性与专业性，当事人不仅面对技术的短板，还同时面临着对专利权的一系列法规的运用混淆不清的问题，即使对于专业人士，同时具备熟悉专利技术和对法律程序了如指掌能力的人士也不在多数，在现实纠纷的处理中，更多的情形是当事人按照自己的需要找代理人帮助解决这些问题。在专利权纠纷行政裁决领域建立代理制度可以给当事人提供有效的法律帮助、补充当事人的行为能力，而且代理人尤其是代理律师参加裁决活动，可以帮助和促使裁决人员客观、全面的了解案情，防止裁决人员偏听偏信，从而使纠纷得以公正解决。

《中华人民共和国专利法》（2020年修正）要求外国人、外国企业或者外国其他组织在中国没有经常居所或者营业所的，在中国申请专利和办理其他专利事务时"应当委托依法设立的专利代理机构办理"，也就是法定的委托代理。对于中国单位或者个人在国内申请专利和办理其他专利事务的，可以委托依法设立的专利代理机构办理，也可以自行其是，这种代理叫自愿性代理。

专业代理机构有敬业诚信义务。专利代理机构"应当遵守法律、行政法规，按照被代理人的委托办理专利申请或者其他专利事务；对被代理人发明创造的内容，除专利申请已经公布或者公告的以外，负有保密责任"。为了规范代理机构，对于专利代理机构的具体管理办法由国务院规定。[1]

---

[1]《中华人民共和国专利法》（2020年修正）第18条规定："在中国没有经常居所或者营业所的外国人、外国企业或者外国其他组织在中国申请专利和办理其他专利事务的，应当委托依法设立的专利代理机构办理。中国单位或者个人在国内申请专利和办理其他专利事务的，可以委托依法设立的专利代理机构办理。专利代理机构应当遵守法律、行政法规，按照被代理人的委托办理专利申请或者其他专利事务；对被代理人发明创造的内容，除专利申请已经公布或者公告的以外，负有保密责任。专利代理机构的具体管理办法由国务院规定。"

(三) 听证

听证制度,是指行政主体听取行政相对人或争议当事人意见的制度。[1] 行政裁决中的听证,是指裁决机关居中听取双方当事人对案件事实和法律适用的意见。听证,可分为广义的听证和狭义的听证。广义的听证,泛指行政机关听取当事人意见的程序。[2] 狭义的听证特指行政机关以听证会的形式听取当事人意见的程序。在此论述的听证是狭义的听证。

听证制度目前在国内法律体系中适用的范围极其狭小,并非任何对当事人不利的处理都应有听证。听证带有一定的公益性与公正性,是观众参与的一种重要形式,也是当事人维权的一种重要方法,但是,由于听证要调动大量的公共资源,耗费当事人大量的时间,假如听证仅仅作为一种形式或走过场的话,将直接损害当事人和公众利益,也有损公众对政府的信赖。听证的案卷排他性原则,指行政机关的决定必须根据案卷作出,不能在案卷之外,以当事人不知道或没有论证的事实作为根据,否则,行政裁决无效。[3] 这也就是美国最高法院大法官 Van Devanter 所主张的:"制定法所规定的对于没有列入听证记录的证据,一律不得考虑的原则必须得到遵守,否则,听证的权利就变得毫无意义,如果决定者在作出处分时随意背离记录,或咨询他人做出的事实认定或法律见解,则在正式听证中提出的证据和辩论没有任何价值。"[4]

《中华人民共和国专利法》中并没有规定听证制度,但在2011年2月1日起施行的《专利行政执法办法》中对听证有所涉及。该

---

[1] 参见应松年主编:《行政法学新论》,中国方正出版社1999年版,第526页。
[2] 参见王万华:《行政程序法研究》,中国法制出版社2000年版,第1页。
[3] 应松年主编:《行政程序法》,法律出版社2009年版,第129页。
[4] 转引自罗传贤:《行政程序法基础理论》,五南图书出版公司1990年版,第252页。

法第 30 条第 2 款规定："管理专利工作的部门作出较大数额罚款的决定之前,应当告知当事人有要求举行听证的权利。当事人提出听证要求的,应当依法组织听证。"该条并没有在专利权纠纷行政裁决中加以规定。由于行政裁决时也可能对一方当事人做出巨额罚款,在行政裁决中加入听证的规定,可以有效地保护当事人的合法权益。另外,听证程序的启动是以当事人的申请在先的,是否准许听证,除了法定的听证之外,决定权在于专利行政裁决部门。

在专利权纠纷行政裁决中有必要加入听证制度。原因在于:其一,听证过程便于查清案件事实。听证程序借鉴了诉讼程序中两造对抗,法官居中裁判的构造模式。在听证过程中,可以充分发挥当事人的积极性、主动性,双方当事人陈述事实,就事实和法律适用相互质问对方证人,相互辩论,各类证据的真伪和证明力在激烈的论辩中得到检验,以求得彻底查清案件的真实情况。其二,听证过程可以保证裁决人员的中立。做决定的人处于中立的地位,不偏袒任何一方,是程序公正最基本的要求。通过听证,裁决人员可以充分听取双方当事人的意见,了解案件的真实情况,避免偏听偏信。其三,听证过程可以保障当事人平等、有效地参与裁决活动。在听证过程中,当事人向行政机关提供证据,陈述自己的意见,对不利于自己的证据进行反驳,影响行政裁决的作出,从而有效地参与了行政裁决活动。其四,在专利权领域,听证制度不仅给行政裁决者带来压力,也给专利保护提供了一次宣传机会,有利于专利政策、法规的宣传,客观上为形成良性的专利保护市场做了一定程度的铺垫。

(四) 告知

告知制度,是指行政主体在对行政相对人采取某项行政行为过程中,一般限于不利于当事人的情形,告知当事人享有哪些权利、承担哪些义务，如何行使有关权利、履行有关义务以及其他有关事项。作出决定的行政主体负有以书面或口头形式告知相对人并加以指导的义务，若行政主体未履行该项义务而导致相对人因此丧失权利或未履行有关义务遭受损害，则应承担相应的法律责任的制度。

《中华人民共和国专利法》（2008年修正）中并没有规定告知制度，但在2011年2月1日起施行的《专利行政执法办法》中对告知有所规定。该法第30条规定："管理专利工作的部门作出行政处罚决定前，应当告知当事人作出处罚决定的事实、理由和依据，并告知当事人依法享有的权利。管理专利工作的部门作出较大数额罚款的决定之前，应当告知当事人有要求举行听证的权利。当事人提出听证要求的，应当依法组织听证。"

告知制度具有以下功能：其一，保证相对人真正充分地享有并及时行使其权利，同时及时履行其应承担的义务；其二，可以使行政权力与相对人权利恢复平衡，从而沟通、协调行政主体与相对人之间的关系；其三，体现了现代行政中对相对人人格和利益的尊重；其四，增加行政的透明度，有利于相对人监督行政行为，可以减少行政主体违法或不当行政行为的发生。

在西方发达国家的行政程序立法中，告知制度又叫教示制度，早已普遍建立。从我国现有行政裁决程序的规定来看，告知制度适用的场合仅限于当事人如何获得救济的内容，在行政裁决活动中对相对人程序权利的告知和对相对人程序行为的指导则十分少见。在涉及较为复杂的法律事务和较为专业的行政管理知识时，告知制度对我国民众来说就更为必要，另外，告知制度也是服务行政的必然要求，在专利权纠纷行政裁决制度中应全面建立告知制度。

（五）说明理由制度

说明理由制度，即行政机关作出裁决决定时，必须从事实认定和法律适用两个方面对作出决定的理由进行充分的说明。[1] 说明理由既可以让当事人明确双方在纠纷解决过程中所能够达到的预期，掌握更大的主动性，也使当事人对于纠纷相关的法律与政策有较为直观的了解，对于裁决的内容也更易于接受，为纠纷的化解打下扎实的心理基础。与传统的简单执法不同，现代治理更强调治理方式的合理性、令人信服性，而说明理由的过程就是一种说服式的治理模式，也就是不像传统模式，仅仅依赖强权做后盾，而是依赖于法治本身的正义唤起当事人内心的认同，然后自觉地予以配合，这是法治文明的体现，也是行政治理发展的必然趋势。

在行政裁决比较发达的英国和美国，都要求说明裁决的理由。英国 1971 年颁布的《裁判所和调查法》，要求被列入该法适用范围的裁判所"在其作出、宣告裁决之前或者当时，如果当事人提出要求，以书面或口头的形式说明裁决的理由"。[2] 一般认为，裁决说明理由制度是一种强制性的义务，因而，如果某一裁决没有一些适当的理由说明予以支持，就会被有关机关予以撤销或发回重审。[3]

澳大利亚学者 G. A. Flick 认为，说明理由制度至少有以下七个优点：①有利于促使行政机关在作决定时，就事实问题和法律问题进行认真考虑，慎重作出决定，以避免职业性的草率。②可以获得当事人的信服，避免对立，有利于事后执行。③使公众了解行政机关对特定事务在事实上和法律上的见解或态度，提高其预测的可能性。④当事人不服行政行为，可以认真考虑请求行政救济的可能

---

[1] 参见杨海坤、黄学贤：《中国行政程序法典化：从比较法角度研究》，法律出版社 1999 年版，第 136~137 页。
[2] 参见 [英] 威廉·韦德：《行政法》，徐炳等译，中国大百科全书出版社 1997 年版，第 669 页。
[3] 参见 [英] 威廉·韦德：《行政法》，徐炳等译，中国大百科全书出版社 1997 年版，第 673 页。

性，以减少诉讼。⑤如果寻求司法救济，可以使当事人对行政机关的理由加以反驳，不致无的放矢。⑥便于受理行政争诉的机关了解原行政机关作出行政决定的动机和见解，以进行审查。⑦使以后发生同类案件时有据可循，促成平等保护。[1] 这一见解对行政裁决过程中的说明理由制度的设计同样适用。实际上，并非诉讼程序才需要说明理由，在行政执法过程中，尤其是在行政裁决过程中都需要说明理由。说明理由既是行政裁决程序中的必备环节，也是法治社会下行政执法文明的体现，更是对公民权利的充分尊重。

目前，我国仅有少数有关行政裁决的立法对说明理由作出了规定，尚未形成完整的制度。而且从这些规定看，存在一个明显的缺陷，即未要求行政机关对认定事实的证据进行分析，因此，在一些事实争议较大的裁决案件中，处理决定不能起到以理服人的作用，而且也不能充分发挥说明理由制度约束行政机关滥用权力的作用。我国应尽快在行政裁决领域建立起完善的说明理由制度，除涉及国家机密、个人隐私、职业声誉、商业秘密或法律另有规定的情况外，对作出的裁决都要说明理由。原因很简单，单方性的高权行政，效果并不理想，让行政相对人容易接受才是目前行政行为所追求的理想目标。[2]

《中华人民共和国专利法》（2008年修正）中并没有明确地规定关于行政裁决的说明理由制度，但该法第60条规定："……当事人不服的，可以自收到处理通知之日起十五日内依照《中华人民共和国行政诉讼法》向人民法院起诉。"其中的"处理通知书"就要

---

[1] 参见罗传贤：《行政程序法基础理论》，五南图书出版公司1993年版，第65页。

[2] 郑艳：《论行政诉讼中的和解》，载《浙江省政法管理干部学院学报》2001年第6期。

求专利行政裁决部门予以说明理由。建议修改《中华人民共和国专利法》时将行政裁决过程中的说明理由制度予以明确规定。《专利行政执法办法》（2010）第11条规定："请求符合本办法第八条规定条件的，管理专利工作的部门应当在收到请求书之日起5个工作日内立案并通知请求人，同时指定3名或者3名以上单数承办人员处理该专利侵权纠纷；请求不符合本办法第八条规定条件的，管理专利工作的部门应当在收到请求书之日起5个工作日内通知请求人不予受理，并说明理由。"应当说明的事项应在法律中予以明确，使专利权纠纷的当事人对受到处理的事项心服口服，这也有利于行政裁决裁判结果的执行。

（六）行政案卷制度

行政案卷制度，又称行政案卷原则、案卷排他性原则等，是指行政机关应以行政案卷为依据作出行政行为，而不得以行政案卷以外，当事人未知悉、未论证的事实作为依据的制度。[1] 行政案卷制度体现了法治行政的精神，也是行政正当程序原则的必然要求。

无论英美法系，还是大陆法系，均采纳行政案卷制度。[2] 以美国为例，美国《联邦行政程序法》第556（e）款规定："证言的记录、物证连同裁决程序中的提出的全部文书和申请书，构成按照本编第557节规定作出裁决的惟一的案卷。当事人缴纳法定费用后，有权取得副本。"第557节所规定的正式裁决决定，只能根据行政案卷作出。[3] 日本也有类似的规定，日本《行政程序法》规定"行政厅在作出不利行政处分的决定时，必须充分斟酌笔录的内

---

[1] 马怀德主编:《行政程序立法研究:〈行政程序法〉草案建议稿及理由说明书》，法律出版社2005年版，第182页。

[2] 邱丹、刘德敏:《行政许可司法审查中的行政案卷制度》，载《广东社会科学》2011年第2期。

[3] 王名扬:《美国行政法》，中国法制出版社1995年版，第484页。

容和报告书中记载的主持人的意见",而这种斟酌"并不是单纯地予以参考,行政厅当然不能基于笔录上没有记录的事实进行判断,也不允许其基于使当事人等没有利用记录阅览请求机会之余暇的调查资料作出处分。"[1]

《中华人民共和国行政诉讼法》(2014年修正)第35条规定:"在诉讼过程中,被告及其诉讼代理人不得自行向原告、第三人和证人收集证据。"根据该规定,行政机关向法院提交的有关证明行政裁决合法性的证据,必须是在行政裁决过程中收集于行政案卷中的证据,在我国行政裁决的司法审查中,适用行政案卷制度。行政案卷制度既是法院对行政裁决部门"首次判断权"的尊重,也是对行政裁决过程的监督。《最高人民法院关于行政诉讼证据若干问题的规定》第59条规定:"被告在行政程序中依照法定程序要求原告提供证据,原告依法应当提供而拒不提供,在诉讼程序中提供的证据,人民法院一般不予采纳。"其实,这些规定是人民法院对行政机关依法行政进行监督的规定,行政机关的案卷制度虽然有类似的要求,但各自要求却差别很大,原因在于,案卷制度是一种自我的约束,而人民法院的监督则是出于证据规则的要求。也就是说,案卷制度是内部监督机制的设计,而人民法院的监督则是来自外部的监督,必须有明确法律规定,以严格法定程序进行。如果不搞清楚其中的区别与联系,将使法院超越司法权与行政权的界限,替代行政许可机关实施行政许可行为。[2]

大数据时代的不期而至,信息也是一种重要的治理因素,可以帮助我们更加科学准确判断形势,更加科学施策。行政案卷制度,除了以上有助于证据规则的公正与延续之外,还有利于督促行政职

---

[1] [日]盐野宏:《行政法》,杨建顺译,法律出版社1999年版,第220页。
[2] 甘文:《案卷主义的价值及其限制》,载《人民司法》2005年第8期。

权部门通过对行政裁决所拟成的案卷进行统计与行政裁决后的评估,及时总结经验,反馈信息,为专利权的保护提供积极有效的服务。

(七) 时效制度

与一般具体行政行为不同,行政裁决具有准司法的特点,必然对时间与期限进行严格限制。时效制度是规定法律文件和法律事实的法律效力产生或消灭的时间范围的法律制度。时效制度有利于稳定社会秩序,促使权利人及时行使权利,有利于行政裁决机关及时结案。[1]

1. 行政裁决程序的中止

行政裁决程序的中止是指在行政裁决过程中,因出现需要中断裁决的情形发生,裁决暂时停止,待引起裁决中止的原因消失后再继续进行的制度。

在专利权纠纷行政裁决过程中有下列情形之一的,中止裁决并书面告知当事人:①发现新的需要查证的事实的;②裁决需要以相关裁决或法院判决结果为依据的,而相关案件未结案的;③作为自然人的申请人死亡,需等待其近亲属表明是否参加裁决的;④因不可抗力或者其他特殊情况需要中止的情况。中止裁决的因素消除后,恢复裁决。中止时间不计入裁决时限。[2]

《中华人民共和国专利法实施细则》(2010年修订)第86条规定:"当事人因专利申请权或者专利权的归属发生纠纷,已请求管理专利工作的部门调解或者向人民法院起诉的,可以请求国务院专利行政部门中止有关程序。依照前款规定请求中止有关程序的,应

---

[1] 应松年主编:《行政法与行政诉讼法》,中国政法大学出版社2008年版,第205页。

[2] 参见《城市房屋拆迁行政裁决工作规程》(2003年施行)第12条。

当向国务院专利行政部门提交请求书,并附具管理专利工作的部门或者人民法院的写明申请号或者专利号的有关受理文件副本。管理专利工作的部门作出的调解书或者人民法院作出的判决生效后,当事人应当向国务院专利行政部门办理恢复有关程序的手续。自请求中止之日起 1 年内,有关专利申请权或者专利权归属的纠纷未能结案,需要继续中止有关程序的,请求人应当在该期限内请求延长中止。期满未请求延长的,国务院专利行政部门自行恢复有关程序。"

2. 行政裁决程序的终结

行政裁决程序开始后,出现了使裁决不可能进行或没有必要继续进行的情形,行政裁决机关决定结束行政裁决案件审理的制度。

有下列情形之一的,终结裁决并书面告知当事人:①受理裁决申请后,当事人自行达成协议的;②发现申请人或者被申请人不是裁决当事人的;③作为自然人的申请人死亡,15 天之内没有近亲属或者近亲属未表示参加裁决或放弃参加裁决的;④申请人撤回裁决申请的。[1]

另外,《中华人民共和国行政复议法实施条例》(2007 年施行)第 42 条规定,行政复议期间有下列情形之一的,行政复议终止:①申请人要求撤回行政复议申请,行政复议机构准予撤回的;②作为申请人的自然人死亡,没有近亲属或者其近亲属放弃行政复议权利的;③作为申请人的法人或者其他组织终止,其权利义务的承受人放弃行政复议权利的;④申请人与被申请人依照本条例第 40 条的规定,经行政复议机构准许达成和解的……

3. 行政裁决程序的期间

行政裁决程序的期间是指行政裁决机关、当事人及其他参与到

---

[1] 参见《城市房屋拆迁行政裁决工作规程》(2004 年施行)第 13 条。

行政裁决过程的参加人进行行政裁决活动的期限和日期。期间可分为法定期间和指定期间。法定期间是指法律、法规明确规定的行政裁决中必须遵守的时间。我国《中华人民共和国专利法实施细则》(2010年修订)第75条规定："依照专利法第五十七条的规定，请求国务院专利行政部门裁决使用费数额的，当事人应当提出裁决请求书，并附具双方不能达成协议的证明文件。国务院专利行政部门应当自收到请求书之日起3个月内作出裁决，并通知当事人。"其中的3个月的裁决期即为法定的期间。指定期间是指在行政裁决过程中，特定情形出现后行政裁决机关根据需要为当事人参与裁决指定的期间。《专利行政执法办法》(2010)第19条规定："管理专利工作的部门处理专利侵权纠纷，应当自立案之日起4个月内结案。案件特别复杂需要延长期限的，应当由管理专利工作的部门负责人批准。经批准延长的期限，最多不超过1个月。案件处理过程中的公告、鉴定、中止等时间不计入前款所述案件办理期限。"

4. 行政裁决程序的期日

行政裁决程序的期日是指行政裁决机关、当事人和其他参加人进行行政裁决的日期和时间。行政裁决程序的期日可分为准备、调查、审理、调解等期日。

期间和期日的确定不但是行政裁决制度效率化的体现，还是防止矛盾扩大化的保证。因而，为防止行政裁决机构懈怠裁判或恶意拖延，关于期限的规定应贯穿于行政裁决过程的始终。

五、专利权纠纷行政裁决的步骤

行政裁决程序大体包括申请、受理、调解、调查、听证、裁断、送达、执行等主要环节。以下将分别论述。

(一) 申请

以"深圳市知识产权局行政处理专利侵权纠纷案件"[1]中对申请表的设计项目来看申请的程序要求：

表4-1 深圳市知识产权局行政裁决（处理）专利侵权纠纷案件申请表

专利侵权纠纷行政裁决	
事项名称：专利侵权纠纷行政裁决	
内容	深圳市知识产权局行政处理专利侵权纠纷案件
法律依据数量及方式	《中华人民共和国专利法》《中华人民共和国专利法实施细则》
条件	
申请材料	一、提交请求书： 1. 专利权人或者利害关系人（请求人）提出行政处理请求，应提交《请求书》正本一份，并按被请求人人数提交相应份数的副本。 2. 当事人（包括请求人和被请求人）是自然人的，应写明当事人的姓名、性别、年龄、籍贯、住址、邮政编码、联系电话及其他事项；是单位的，应写明单位名称、地址、邮政编码、联系电话、法定代表人或负责人的职务和姓名及其他事项。 3. 正文应写明请求事项，具体指明被控侵权行为的类型。 4. 应写明起诉事实、理由，附证据材料清单（下载证据材料清单样式）。 5. 应写明构成被控侵权行为的分析对比（查看分析对比示例）。

---

[1] 《专利侵权纠纷行政裁决（深圳）》，载http://www.110.com/ziliao/article-32221.html，最后访问日期：2012年4月8日。

续表

	6.《请求书》尾部须由专利权人或者利害关系人署名或盖公章。 二、提交证明当事人主体资格的证据材料： 1. 请求人应提交证明其主体资格的材料。其中请求人是自然人的，应提交如居民身份证、户口本、护照、港澳同胞回乡证等证据的复印件；企业单位作为请求人的应提交营业执照、商业登记证等材料的复印件；事业单位应提交事业法人代码证；银行、非银行金融机构作为请求人的，还须提供其金融许可证。 2. 具有请求权的利害关系人包括专利实施许可合同的被许可人、专利权的合法继承人，应提交证明其主体资格的材料。其中，独占实施许可合同的被许可人可以单独提出请求；排他实施许可合同的被许可人在专利权人不请求的情况下，可以单独提出请求；除合同另有约定外，普通实施许可合同的被许可人不能单独提出请求。 3. 转让专利申请权或专利权的，提供专利权登记和公告文件复印件。 4. 证明被告主体资格的材料如营业执照、身份证、护照等证据的复印件；被请求人为在深圳市工商行政管理局登记成立的企业的，应提交其近期工商登记单，被请求人名称有变更的，还应提供变更登记单。 5. 其他必须的证据材料。 三、提交权利凭证： 1. 专利证书复印件；专利年费交纳凭证复印件，或者近期《专利登记簿副本》复印件。 2. 由国家知识产权局/中国专利局作出的专利公告复印件（提

续表

供经专利机构检索的权利要求、说明书、附图及图片）；涉及实用新型专利权的，还应当提供由国家知识产权局作出的检索报告复印件。

3. 涉及实用新型、外观设计专利侵权的案件，被请求人如欲请求宣告专利权无效，须在答辩期间内向专利复审委员会提出，并提交有关材料和专利复审委员会的受理通知书复印件。被请求人可以据此请求中止该案件的行政处理，专利行政执法机关根据情况依法决定是否中止行政处理程序。

4. 其他必须的证据材料。

四、提交侵权证据：

1. 请求人应提交证明被请求人实施被控侵权行为的有关证据材料。不能提供证据支持自己的请求的，要承担败诉的后果。

2. 专利侵权纠纷涉及新产品制造方法的发明专利的，被请求人应当提供其产品制造方法不同于专利方法的证明。

3. 发明或者实用新型专利权的保护范围以其权利要求的内容为准，说明书及附图可以用于解释权利要求。外观设计专利权的保护范围以表示在图片或者照片中的该外观设计专利产品为准。

4. 发明或者实用新型专利权的保护范围以其权利要求的内容为准，是指专利权的保护范围应当以其权利要求记载的技术特征所确定的范围为准，也包括与记载的技术特征相等同的特征所确定的范围。等同特征是指与记载的技术特征以基本相同的手段，实现基本相同的功能，达到基本相同的效果，并且所属领域的普通技术人员无需经过创造性劳动就能够联想到的特征。

5. 其他必须的证据材料。

续表

	五、提交授权委托书： 当事人可以委托 1 至 2 人作为代理人。委托他人作为代理人时，必须提交由委托人签名或者盖章的授权委托书，授权委托书必须记载委托事项和权限。代理人代为承认、放弃、变更请求、进行和解等，必须有委托人的特别授权。受委托人为律师的，应提供律师执业证复印件及律师事务所致专利行政执法机关函。 六、对证据材料的基本要求： 1. 当事人应客观、全面地提供证据，不得伪造、毁灭证据。证据材料分为书证、物证、证人证言、视听资料、当事人陈述、鉴定结论、勘验笔录。 2. 书证与物证均应提交原件、原物，提交原件、原物确有困难的，可以提交复印（制）件、照片、副本、节录本，但应与原件、原物核对无异。证人证言须附证人身份证明材料。 3. 提交外文书证必须附公证机关或其他有关部门翻译的中文译本。 4. 提交录音证据的同时，应提交相应的文字记录稿。 5. 提交物证的同时，应提交能充分反映该物证证明内容的照片。 6. 请求人提出请求时除提供原件外，还应按被请求人人数提供相应套数的证据复印件，每套附证据材料清单。 七、外国、港澳台当事人提交的证据材料需按规定办理公证、认证手续。依法需要办理公证、认证等证明手续的材料种类主要是： 1. 请求人提交用于认定其主体资格的国籍身份、资格证件，包括护照、居民身份证、法人资格证明、法定代表人（代表人）身份证明书等的复印件。

续表

	2. 委托诉讼代理人、诉讼代表人的文书，一般指授权委托书。 3. 合议组认为需要办理证明手续的作为认定案件事实的主要证据材料，一般包括境外证人的证言、当事人的案情陈述、书证（如合同书等）、国外有关政府机关登记的文件。 4. 其他在境外产生的证据材料。 八、其他事项： 1. 请求人须填写《请求人承诺书》，保证其：①提交的文件、陈述的事实及证据均合法、真实、有效；②未就该专利侵权纠纷向人民法院起诉；③有必要时，愿意预缴鉴定等有关费用。（下载《请求人承诺书》格式） 2. 当事人须填写《送达地址确认书》，提供有效的送达地址。（下载《送达地址确认书》格式） 3. 受理专利侵权纠纷案件后，被请求人对管辖权有异议的，应当在答辩期间内向深圳市知识产权局书面提出。 4. 被控侵权的行为人应与被控侵权行为之间存在关联性。
申请表格	
申请受理机关	深圳市知识产权局
决定机关	深圳市知识产权局
程序	深圳市知识产权局接受举报后对符合条件的予以立案，并依法作出处理
时限	
证件名称及有效期限	

续表

法律效力	
收费	不收费
年审或年检	

从以上表格中所罗列的内容，可以看出：专利权纠纷行政裁决是由当事人提出裁决申请为前提的。《中华人民共和国专利法实施细则》（2010年修订）第75条也规定："依照专利法第五十七条的规定，请求国务院专利行政部门裁决使用费数额的，当事人应当提出裁决请求书，并附具双方不能达成协议的证明文件。国务院专利行政部门应当自收到请求书之日起3个月内作出裁决，并通知当事人。"

请求人有专利权人或者利害关系人。所谓"利害关系人"包括专利实施许可合同的被许可人、专利权人的合法继承人。专利实施许可合同的被许可人中，独占实施许可合同的被许可人可以单独提出请求；排他实施许可合同的被许可人在专利权人不请求的情况下，可以单独提出请求；除合同另有约定外，普通实施许可合同的被许可人不能单独提出请求。

申请应向被请求人所在地或者侵权行为地的管理专利工作的部门提出。两个以上管理专利工作的部门都有管辖权的专利纠纷，当事人可以向其中一个管理专利工作的部门提出请求；当事人向两个以上有管辖权的管理专利工作的部门提出请求的，由最先受理的管理专利工作的部门管辖。管理专利工作的部门对管辖权发生争议的，由其共同的上级人民政府管理专利工作的部门指定管辖；无共同上级人民政府管理专利工作的部门的，由国务院专利行政部门指定管辖。[1]

当事人提出申请一般应当以书面的形式提出，以请求书的形式向主管部门提出行政裁决的申请。请求书应当记载以下内容：①请求人的姓名或者名称、地址，法定代表人或者主要负责人的姓名、职务，委托代理人的，代理人的姓名和代理机构的名称、地址；②被请求人的姓名或者名称、地址；③请求处理的事项以及事实和理由。有关证据和证明材料可以以请求书附件的形式提交。请求书应当由请求人签名或者盖章。[2]

请求管理专利工作的部门处理专利侵权纠纷的，除了提交请求书之外，还应提供下列证明材料：①主体资格证明，即个人应当提交居民身份证或者其他有效身份证件，单位应当提交有效的营业执照或者其他主体资格证明文件副本及法定代表人或者主要负责人的身份证明；②专利权有效的证明，即专利登记簿副本，或者专利证书和当年缴纳专利年费的收据。专利侵权纠纷涉及实用新型或者外观设计专利的，管理专利工作的部门可以要求请求人出具由国家知识产权局作出的专利权评价报告（实用新型专利检索报告）。请求人应当按照被请求人的数量提供请求书副本及有关证据。[3]

（二）受理

管理专利工作的部门应当在收到申请人的请求书后，审理以下内容：①请求人是专利权人或者利害关系人；②有明确的被请求人；③有明确的请求事项和具体事实、理由；④属于受案管理专利工作的部门的受案和管辖范围；⑤当事人没有就该专利侵权纠纷向

---

[1] 参见《中华人民共和国专利法实施细则》（2010年修订）第81条第2、3款。
[2] 参见《专利行政执法办法》（2010）第10条。
[3] 参见《专利行政执法办法》（2010）第9条。

人民法院起诉。[1] 符合规定条件的,"管理专利工作的部门应当在收到请求书之日起5个工作日内立案并通知请求人,同时指定3名或者3名以上单数承办人员处理该专利侵权纠纷;请求不符合本办法第8条规定条件的,管理专利工作的部门应当在收到请求书之日起5个工作日内通知请求人不予受理,并说明理由"。[2] 管理专利工作的部门应当在立案之日起5个工作日内将请求书及其附件的副本送达被请求人,要求其在收到之日起15日内提交答辩书并按照请求人的数量提供答辩书副本。

"申请人应当自申请日起2个月内或者在收到受理通知书之日起15日内缴纳申请费、公布印刷费和必要的申请附加费;期满未缴纳或者未缴足的,其申请视为撤回。"[3] 2012年1月1日起施行的《山东省行政程序规定》第115条第1、2款规定:"行政机关审理行政裁决案件,应当由2名以上工作人员办理。申请人、被申请人对主要事实没有争议的,行政机关可以书面审理;对主要事实有争议的,应当公开审理。但是依法不予公开的除外。"行政裁决机关受理后,也可以书面审理。

(三) 听证

《专利行政执法办法》(2010) 第30条规定:"管理专利工作的部门作出行政处罚决定前,应当告知当事人作出处罚决定的事实、理由和依据,并告知当事人依法享有的权利。管理专利工作的部门作出较大数额罚款的决定之前,应当告知当事人有要求举行听证的权利。当事人提出听证要求的,应当依法组织听证。"听证程序的启动也是以当事人的申请为前提。但是,行政裁决解决纠纷与

---

[1] 参见《专利行政执法办法》(2010) 第8条。
[2] 参见《专利行政执法办法》(2010) 第11条。
[3] 参见《中华人民共和国专利法实施细则》(2010年修订) 第95条第1款。

诉讼程序相比的优势就在于其简便易行，而不是繁文缛节，所以，听证仅仅是行政裁决过程较小范围内适用的制度，或者说只有在对当事人进行巨额罚款等之前，才有必要进行听证。

我国的专利法规虽然规定了听证的要求，但对于听证的程序性规定没有涉及。作者只能根据其他领域的听证程序进行适当的理论设计。完整的听证程序，应包括以下步骤：

第一，听证的申请。由当事人或利害关系人向专利行政裁决的主管部门提出听证申请。

第二，听证的通知。专利权纠纷行政裁决机关在接到申请后，认为符合听证条件的，应当在举行听证之前及时向当事人发出通知以使当事人有足够的时间作好充分的准备。通知的内容应包括：听证的事由与依据；听证的日期和场所；听证所要涉及的事实问题和法律问题；当事人得委托代理人；听证的主要程序；当事人在听证中的权利和义务等。

第三，预备听证。美国《联邦行政程序法》规定，在正式听证举行之前，设立一个预备听证程序。预备听证会由一名裁决人员主持，由双方当事人及其代理人参加，预备听证会的主要作用是筛选掉那些本身已经比较清楚的、无须再加以证明的事实及双方当事人无争议的事实。只让那些模糊不清的事实以及当事人之间存在较大争议的事实进入听证程序，从而简化争端，节省裁决时间，提高裁决的效率。预备听证不是必经程序，裁决机关可以向当事人提出建议，由当事人决定。

第四，举行听证会。听证会由3~5名裁决人员、双方当事人及其代理人、证人、鉴定人、翻译人员等人员参加。其中由一名裁决人员担任听证主持人。当事人既可以亲自参加听证，也可以委托1~2名代理人参加听证。除涉及个人隐私、商业秘密、国家秘密外,听证会一律公开举行。听证应坚持言辞辩论的原则,裁决活动的所有参与人员,包括当事人、证人、鉴定人等都应出席听证,以言辞的方式向裁决人员陈述事实、发表意见、提供证据、询问证人、鉴定人等,任何未经在听证会上以言辞方式提出和调查的证据均不得作为裁决的根据。

听证会的基本过程包括两个阶段:调查阶段和辩论阶段。在调查阶段,听证主持人负责指挥听证的进行,询问当事人、证人、鉴定人;当事人在代理人的协助下出席听证,向主持人陈述案情、提交证据;证人出庭作证,双方当事人轮流向对方证人质证。在辩论阶段,当事人就如何认定事实、适用法律相互辩论。听证必须制作笔录,听证记录应包括:听证的事项与当事人、证人、鉴定人的基本情况;参加听证的裁决人员;听证的时间和地点;当事人陈述的内容及提出的证据;裁决机关自己调查取得的证据。

裁决人员在听证中的作用。对此问题,英、美两国在做法上有所不同,在英国,裁判所实行的程序应当是两造对抗而不是纠问式的,裁判所应当掌握双方当事人提供的案情并作出裁决,而不能自行进行调查,加入当事人之间的辩论或者举证以支持或是反对任何一方当事人。与英国相比,美国更注意发挥行政法官在听证中的积极性,行政法官在听证程序中发挥积极的作用,负责指挥听证程序的进展,必须查明事实,主动询问证人,可以要求当事人澄清某方面的问题,可以主动地进行调查。作者认为:英国模式有利于发挥当事人在裁决活动中的作用,使其积极、有效地提供证据,而且激烈的言词对抗也有利于查清案件的事实真相,有助于公正裁决的实现。但其弊端也显而易见,那就是容易导致裁决程序的繁琐和复杂,耗费大量的人力、物力。而行政裁决与民事诉讼相比的长处恰恰在于其相对简便的程序,过度司法化的裁决程序不利于发挥行政裁决制度的优势。而且行政机关裁决的民事纠纷，往往涉及一些专业性、技术性较强的问题，完全让当事人承担举证、质证的任务也是勉为其难。因此，在听证程序中，在尊重当事人裁决活动中的主体地位的同时，也应发挥行政裁决机关的积极性、主动性，这样才有利于实现公正和效率的平衡。

（四）质证

在专利权纠纷行政裁决过程中，行使行政裁决权的专利管理部门只是以居间的身份对当事人之间的利益关系予以确认。在行政裁决过程中，双方当事人都有为自己辩护的权利，也有提出对自己有利证据的义务，也就是民事诉讼中的证据规则"谁主张，谁举证"原则。由当事人承担举证责任可以减轻行政裁决主体的负担，发挥当事人自己的主动权，也可以避免当事人提出主张的随意性，出现专利"碰瓷"等利用专利管理方面的不足而企图获利的现象。

哈贝马斯认为辩论应在当事人之间自由沟通的情形下，心平气和地进行交涉。[1] 哈贝马斯的思路是：让裁判过程的公开性为裁判结果的客观性、正当性提供担保，客观性就蕴含在"理性重构"（rational reconstruction）的公开化之中，这种公开化也就使得相关的批评有了依托。[2] 哈贝马斯主张真理共识，他认为"事实就是

---

〔1〕 哈贝马斯主张参与论辩的过程中，需要两个方面的保障。其一是参与辩论的人要具有沟通的理性，他们能够自律、真诚、友好，并且愿意接受别人的合理建议。其二是论辩需要在理想的言谈情景中进行。就是说要给予论辩者参与的同等机会；提出主张、说明和证成其问题的同等机会；表达情感和意图的同等机会；做出反驳、辩论和说明理由的同等机会。参见［德］哈贝马斯：《在事实与规范之间——关于法律和民主法治国的商谈理论》，童世骏译，生活·读书·新知三联书店、上海人民出版社2003年版，第282页。

〔2〕 贾敬华：《确定性的法向客观性的法的变迁》，人民出版社2009年版，第63页。

人们说出来的、通过论辩程序能够证立的命题"。[1] 通过理性论证达成共识就是客观的真理，我们称之为"客观的评价"。这一观念，可以容纳裁判者的创造性活动。但是，这种创造性活动不是自由发挥，而是有条件的。[2]

我国《专利行政执法办法》（2010）第31条第1款规定："当事人有权进行陈述和申辩，管理专利工作的部门不得因当事人申辩而加重行政处罚。"原则上，专利权纠纷的行政裁决部门并不主动进行调查或核实，而是由双方当事人分别提出对自己有利的证据，并对对方的指控提出反驳理由，这样既可以节省专利权纠纷行政裁决部门的人力、财力与时间，也可以促使当事人更加慎重对待自己的程序选择自由权。美国《联邦行政程序法》第556节（d）款规定："除法律另有规定外，法规或裁定的提议人应负举证的责任。"该项规定不仅仅适用于行政机关，而且，"凡提出某种要求、控诉或申请的人，应承担举证责任。也就是说，凡主张某种事实的人，对该事实负有举证责任"。[3]

与民事诉讼繁杂的程序设计不同的是，专利权纠纷行政裁决过程追求纠纷解决的快捷与便利，专利权纠纷行政裁决职权部门也可以在双方陷入举证困境时，主动介入进行调查。也就是《专利行政

---

[1] [德]尤尔根·哈贝马斯：《交往行为理论：行为合理性与社会合理化》，曹卫东译，生活·读书·新知三联书店、上海人民出版社2004年版，第10页。

[2] 这些限制性条件包括：①裁判者必须超越自己的主观偏好，裁判的过程应该是非个人化的、不偏不倚的；②裁判必须从一般性的角度考虑评价和价值问题，并且裁判者除考虑当下判决的可能结果之外，还须考量判决对可能出现的同类案件产生的影响；③裁判者必须尊重相关的客观资料，并且在评判资料的相关性时，还须受一系列职业和学科规则（例如合法性准则）的约束；④解释结果不能抵触行业共同体（或曰解释共同体）的一般性意见。参见陈林林：《裁判的进路与方法——司法论证理论导论》，中国政法大学出版社2007年版，第53~58页。

[3] 王名扬：《美国行政法》，中国法制出版社1995年版，第471~472页。

执法办法》(2010)第31条第2款规定的"管理专利工作的部门对当事人提出的事实、理由和证据应当进行核实。当事人提出的事实属实、理由成立的,管理专利工作的部门应当予以采纳"。有学者据此提出行政裁决的依职权调查证据原则,认为依职权调查证据原则既可以满足保护当事人合法权利的需要,也符合行政裁决的基本原理。[1] 这个主张强调了行政裁决的具体行政行为的性质,但行政裁决部门的"主动"调查,却将自己置于当事人纠纷的"漩涡"之中,往往是出力不讨好。如何既发挥专利权纠纷行政裁决职权部门的专业与职权优势,而又将纠纷双方当事人的主动性调动起来,使得纠纷的解决如同打隧道一样的从两面着手,而不是任何一方的单打独斗,这是我国的专利法规下一步修改的方向。专利权纠纷行政裁决职权部门的依职权调查必须是在与其专利的管理职权密切相关,且当事人取证困难的情形下进行。专利权纠纷行政裁决职权部门介入的调查,不同于一般的行政职权行为,必须有明确的法律规定,否则调查中收集到的对一方当事人不利的证据的证明力问题,将受到质疑,假如一方当事人据此提出异议,专利权纠纷行政裁决职权部门将非常被动,且也会因此成为行政诉讼中的被告。在证据的认定标准上,有学者主张采取"优势证明原则",这也是民事诉讼中的证明标准原则。[2]

(五)调查

调查是专利纠纷行政裁决管理工作部门的一项职权行为,调查行为恰恰体现了专利权纠纷行政裁决的优势。与美国的裁判所相

---

[1] 苏宪君、高芳:《对行政裁决行为的合法性审查》,载《黑龙江省政法管理干部学院学报》2011年第5期。
[2] 苏宪君、高芳:《对行政裁决行为的合法性审查》,载《黑龙江省政法管理干部学院学报》2011年第5期。

似,"裁判所的裁决也不必仅以提交给裁判所的证据为依据,它也可以依据其自己的一般知识和经验作出裁决,因为,设立专门裁判所的理由之一就是它可以这样做"。[1]

在专利侵权纠纷行政裁决过程中,调查根据启动的原因不同分为申请调查与主动调查两种。申请调查,也就是被动调查,展开调查的条件是:①当事人因客观原因不能自行收集部分证据的,也就是,只有在当事人举证不能的情况下,调查才有可能启动,这也说明调查的被动性。②当事人以书面请求管理专利工作的部门调查取证。③管理专利工作的部门决定是否进行调查。根据情况决定是否调查收集有关证据。

出于公共利益保护等需要,专利权纠纷行政裁决职权部门可以根据需要依职权调查收集有关证据,这就是主动调查。主动调查的启动要求有明确的法律规定,或出于公共利益的保护需要,并且要求执法人员调查收集有关证据时,应当向当事人或者有关人员出示其行政执法证件。在主动调查中,当事人和有关人员应当协助、配合,如实反应情况,不得拒绝、阻挠。[2]

调查的方式有:查阅、复制与案件有关的合同、账册等有关文件;询问当事人和证人;采用测量、拍照、摄像等方式进行现场勘验;涉嫌侵犯制造方法专利权的,管理专利工作的部门可以要求被

---

〔1〕 王名扬:《美国行政法》,中国法制出版社1995年版,第495页。
〔2〕 参见《专利行政执法办法》(2010)第35条规定:"在专利侵权纠纷处理过程中,当事人因客观原因不能自行收集部分证据的,可以书面请求管理专利工作的部门调查取证。管理专利工作的部门根据情况决定是否调查收集有关证据。在处理专利侵权纠纷、查处假冒专利行为过程中,管理专利工作的部门可以根据需要依职权调查收集有关证据。执法人员调查收集有关证据时,应当向当事人或者有关人员出示其行政执法证件。当事人和有关人员应当协助、配合,如实反应情况,不得拒绝、阻挠。"

调查人进行现场演示。[1] 另外，还有在特殊情形下运用的抽样调查和登记保存。

抽样调查方式：管理专利工作的部门调查收集证据，"涉及产品专利的，可以从涉嫌侵权的产品中抽取一部分作为样品；涉及方法专利的，可以从涉嫌依照该方法直接获得的产品中抽取一部分作为样品。被抽取样品的数量应当以能够证明事实为限"。抽样调查的程序要求是：①必须由管理专利工作的部门进行，当事人无权进行。②应当制作笔录和清单，写明被抽取样品的名称、特征、数量以及保存地点，由案件承办人员、被调查的单位或者个人签字或者盖章。被调查的单位或者个人拒绝签名或者盖章的，由案件承办人员在笔录上注明。清单应当交被调查人一份。[2]

登记保存的运作程序：①前提是证据可能灭失或者以后难以取得，又无法进行抽样取证。②由管理专利工作的部门进行登记保存。③登记保存的效力：登记保存后，应在7日内作出决定。经登记保存的证据，被调查的单位或者个人不得销毁或者转移。④具体要求：管理专利工作的部门进行登记保存应当制作笔录和清单，写明被登记保存证据的名称、特征、数量以及保存地点，由案件承办人员、被调查的单位或者个人签名或者盖章。被调查的单位或者个人拒绝签名或者盖章的，由案件承办人员在笔录上注明。清单应当交被调查人一份。[3]

调查结束后，进行调查的专利权纠纷行政裁决部门应将调查收

---

[1] 参见《专利行政执法办法》（2010）第36条第1款规定："管理专利工作的部门调查收集证据可以查阅、复制与案件有关的合同、账册等有关文件；询问当事人和证人；采用测量、拍照、摄像等方式进行现场勘验。涉嫌侵犯制造方法专利权的，管理专利工作的部门可以要求被调查人进行现场演示。"

[2] 《专利行政执法办法》（2010）第37条。

[3] 《专利行政执法办法》（2010）第38条。

集的证据制作笔录。笔录应当由案件承办人员、被调查的单位或者个人签名或者盖章。被调查的单位或者个人拒绝签名或者盖章的，由案件承办人员在笔录上注明。调查的结论不仅是专利权纠纷行政裁决部门作出裁决的依据，也是当事人寻求司法保护的证据之一。

(六) 裁前调解

在行政裁决作出前，调解作为一种化解当事人之间纠纷的一种手段，要比行政裁决决定更具有说服力与执行力，调解是当事人双方对于实体和程序两方面的处分，具有终结行政裁决的功能。专利权纠纷的行政裁决的部门在进行行政裁决过程中，可以根据当事人的意愿随时进行调解。"……双方当事人达成一致的，由管理专利工作的部门制作调解协议书，加盖其公章，并由双方当事人签名或者盖章。调解不成的，应当及时作出处理决定。"[1] 在民事诉讼中，有诉前调解、诉中调解、裁前调解等规定，在行政诉讼中，虽然目前不主张用调解，但在理论界基本上已对调解进入行政诉讼达成共识。在专利权纠纷行政裁决领域有裁前调解的规定，但如何运作却没有具体规定。作者建议可以借鉴民事诉讼中的相关规定，充分发挥行政裁决机关在调解中的专业与经验优势，引导双方沟通与协商，争取最大可能的和解。以2012年1月1日起施行的《山东省行政程序规定》为例，其中第115条第3款规定："行政机关应当先行调解，调解不成的，依法作出裁决。"庭前调解基本上得到认可与推广。

(七) 裁断决定

我国专利法将专利权纠纷行政裁决往往用"行政处理决定书""行政调处决定书""行政裁决决定书"等，来表述行政裁决后的

---

[1] 参见《专利行政执法办法》(2010) 第13条。

书面性结论。尽管文字形式表述不同，实质都是指专利管理部门居间就专利权纠纷进行的调解与裁决，最终所形成的结论。我国《专利行政执法办法》(2010) 第17条规定："除达成调解协议或者请求人撤回请求之外，管理专利工作的部门处理专利侵权纠纷应当制作处理决定书，写明以下内容：（一）当事人的姓名或者名称、地址；（二）当事人陈述的事实和理由；（三）认定侵权行为是否成立的理由和依据；（四）处理决定认定侵权行为成立并需要责令侵权人立即停止侵权行为的，应当明确写明责令被请求人立即停止的侵权行为的类型、对象和范围；认定侵权行为不成立的，应当驳回请求人的请求；（五）不服处理决定提起行政诉讼的途径和期限。处理决定书应当加盖管理专利工作的部门的公章。"以下就以北京市知识产权局2009年8月19日公布的《北京市知识产权局处理决定书》[1]来说明专利权纠纷行政裁决决定书中存在的问题：

专利侵权纠纷处理决定书

京知执字（××××）×××-××号

请求人：赵某　　身份证号：

住址：山西省介休市裕华路×号×号楼×门×号

被请求人：宁某（北京盛源意康商行经营者）

住所：北京市朝阳区×××

案由："包装盒"（专利号：ZL200430076258.7）外观设计专利侵权纠纷

请求人赵某于2007年10月29日就被请求人宁某侵犯其"包装盒"（专利号：ZL200430076258.7）外观设计专利权一案，向本

---

[1]《北京市知识产权局处理决定书》，载 http://www.bjipo.gov.cn/zlzf/zfjggg/qqcljg/201106/t20110623_23556.html，最后访问日期：2012年1月6日。

局提出处理请求。本局于 2007 年 10 月 29 日受理后依法组成合议组，并于 2008 年 5 月 13 日对本案进行了口头审理，请求人赵某参加了口头审理，被请求人宁某缺席口头审理，本案现已审结。

请求人赵某称：

请求人是专利号为 ZL200430076258.7，名称为"包装盒"外观设计专利的专利权人，该专利已经独家许可给北京奥特舒尔保健品有限公司使用。2007 年 10 月 19 日，本人于北京市朝阳区十八里店乡十里河村北京程田家园古玩市场地下一层保健品市场 B 区 27 号的盛源药保健品批发中心（北京盛源意康商行），购买了"新碧生源"常润茶两条，每条三盒，并取得了盖有"盛源药保健品批发中心出库专用章"的收据一张，并对以上购买行为进行了公证。该"新碧生源"常润茶不是北京澳特舒尔保健品有限公司生产，但在产品包装盒上使用了"包装盒"（专利号：ZL200430076258.7）外观设计专利的图案，侵犯了本人的外观设计专利权，故请求贵局依法处理。

被请求人宁某辩称：

2007 年 9 月，本人在广州药交会收集到深圳海纳生物科技有限公司的招商彩页，回到北京后，与深圳海纳生物科技有限公司联系，在 2007 年 10 月份汇款给深圳海纳生物科技有限公司，购买"新碧生源"常润茶并进行销售，本人在销售"新碧生源"常润茶之前不知道其为侵权产品。

经审理查明：

请求人赵某于 2004 年 7 月 27 日申请了名称为"包装盒"的外观设计专利，并于 2005 年 7 月 13 日获得专利权，专利号为 ZL200430076258.7，该专利至今有效。被请求人宁某销售了深圳海纳生物科技有限公司生产的"新碧生源"常润茶。被请求人宁某

(即北京盛源意康商行经营者，为个体工商户）销售的"新碧生源"常润茶包装盒为一长方体，由正面和与之相对的后面，上面和与之相对的下面，左面和与之相对的右面共六个面组成。其中，被请求人宁某销售的"新碧生源"常润茶包装盒的后面、下面与请求人赵某的外观设计专利相对应的后视图、仰视图相同；"新碧生源"常润茶包装盒的左面、右面与请求人赵某外观设计专利的左视图、右视图相比，在相同位置均有形状相似的一野菊花花朵图案；"新碧生源"常润茶包装盒的正面与请求人赵某外观设计专利的主视图相比，仅在"碧生源"三个字的前面增加了一个"新"字。

以上事实，有外观设计专利证书、专利文件、（2007）海民证字第9304号公证书、国家知识产权局专利收费收据及被请求人宁某销售的"新碧生源"常润茶实物等在案佐证。

本局认为：请求人所拥有的名称为"包装盒"的外观设计专利权（专利号：ZL200430076258.7）合法有效，应受我国法律保护。专利法第59条规定："外观设计专利权的保护范围以表示在图片或者照片中的该外观设计专利产品为准"。被请求人宁某销售的"新碧生源"常润茶包装盒，与请求人赵某的外观设计专利产品为同类产品，且形状相同均为长方体。"新碧生源"常润茶包装盒的正面与上面相比请求人赵某的外观设计专利，仅在"碧生源"三个字的前面增加了一个与"生"字字体大小及形状相似的"新"字，正面左上角的小标略有不同，该包装盒的左面与右面相比请求人赵某的外观设计专利，仅是花朵图案存在微小差异。这些区别不足以对一般消费者的整体视觉效果产生显著影响，因此构成相近似。专利法第11条第2款规定："外观设计专利权被授予后，任何单位或者个人未经专利权人许可，都不得实施其专利，即不得为生产经营目的制造、许诺销售、销售、进口其外观设计专利产品。"被请求人宁某销售"新碧生源"常润茶的行为侵犯了请求人赵某的外观设计专利权。

专利法第63条第2款规定:"为生产经营目的使用或者销售不知道是未经专利权人许可而制造并售出的专利产品或者依照专利方法直接获得的产品,能证明其产品合法来源的,不承担赔偿责任。"被请求人宁某提供了证明其产品合法来源的中国农业银行卡存款业务回单复印件,由于被请求人宁某未参加口头审理,无法确认该证据的真实性、合法性以及与本案的关联性。因此,被请求人宁某未能提供其销售产品的合法来源,应承担赔偿责任。

根据《中华人民共和国专利法》第57条第1款之规定,本局决定如下:

1. 责令被请求人宁某停止销售侵犯请求人赵某的外观设计专利权(专利号:ZL200430076258.7)的包装盒产品。

2. 请求人赵某要求赔偿50万元的请求,因被请求人宁某在本案处理过程中未出现,无法进行调解,故本局不予支持。

3. 本案受理费、处理费共计叁佰元整,由被请求人宁某负担。

当事人如不服本决定,可自收到处理决定书之日起十五日内依照《中华人民共和国行政诉讼法》向北京市第一中级人民法院起诉。

合议组:刘某 张某 陈某

北京市知识产权局
××××年×月×日

行政裁决决定书是行政裁决的最终结果的展示。行政裁决决定书应该让当事人、相关人以及普通民众获得确定的、客观的答案，我国行政裁决决定书的质量与说服力是我国执法部门在处理民事纠纷时治理水平的真实体现。以上所列举的北京市知识产权局所作的行政处理决定书，不管是在语言的表达上，还是对证据的梳理、对结论的逻辑论证上都是较为严谨的。

（八）通知和送达

行政裁决过程中的送达是行政裁决机关依法定方式将行政裁决决定书或者其他法律文书送交当事人和其他参加人的行为。在专利权纠纷行政裁决过程中，管理专利工作的部门可以通过寄交、直接送交、留置送达、公告送达或者其他方式送达有关法律文书和材料。[1]

送达必须依法定方式，由受送达人在送达回证上记明收到日期，签名或盖章。

---

[1] 参见《专利行政执法办法》（2010）第49条规定："管理专利工作的部门可以通过寄交、直接送交、留置送达、公告送达或者其他方式送达有关法律文书和材料。"

第五章

创设多元化纠纷化解机制

任何法律,只要它涉及资源使用——而事实恰恰如此——无不打上经济合理的烙印,即使它与市场行为无关或只与不完全相似于市场行为的行为有关。"[1]

——[美]波斯纳

无论做出裁决的法律依据多么振振有辞,但这一裁决可能使汽车制造、钢铁、石油等主要工业停摆时,大多数法官是会踌躇的。[2]

——[美]希尔斯曼

一、创设多元化纠纷解决机制的时代背景

(一)中国经济社会快速发展的必然要求

毛泽东曾说:"大家明白,不论做什么事,不懂得那件事的情形,它的性质,它和它以外的事情的关联,就不知道那件事的规律,就不知道如何去做,就不能做好那件事。"[3] 如果政策因素是

---

〔1〕 [美]理查德·A.波斯纳:《法律的经济分析》,蒋兆康译,中国大百科全书出版社1997年版,译者序言第15页。

〔2〕 [美]希尔斯曼:《美国是如何治理的》,曹大鹏译,商务印书馆1986年版,第189、190页。

〔3〕 参见《中国革命战争的战略问题》,载毛泽东:《毛泽东选集第一卷》,人民出版社1970年版,第155页。

最重要的,那么裁决应由能够领会作出政策的官员作出,无论他是法官还是行政人员。此外,法官和行政人员按照不同的方式作出裁决,方式的选择也可能决定着裁决权的分配。[1]"这些纠纷处理机关虽然在法律规范的解释及确定上没有法院那样权威,但在事实、证据的收集和认定上却有与法院同等甚至超越法院的能力。"[2]"知己知彼,百战百胜。"熟悉所生存的空间,深刻思考其中的同与不同,掌握了精髓,方可做到有的放矢、水到渠成。

改革开放40年来,中国把握了这一历史机遇,经历了难得的快速增长期,并成为推动世界经济发展的重要引擎,有力促进了世界和平与发展。经济的发展往往以重大革新开始,而发展的同时也往往影响着社会的变革。"事物的发展往往具有两面性。"随着中国改革开放的步子越迈越大,社会面貌日新月异的同时,各种社会纠纷也进入高发期。中国当下社会主要矛盾转化为人民日益增长的美好生活需要和不平衡、不充分的发展之间的矛盾。"使人民获得感、幸福感、安全感更加充实、更有保障、更可持续"是考验国家治理能力和水平的重要指标。纠纷可以随着社会的急剧变革而不断产生,却难以随着社会的发展自然而然地消除,它需要国家提供优质的司法服务与保障,也需要动员社会多方面力量共同解决,在逐步摸索中,纠纷的多元化解决机制渐以形成。

(二)"法治国家、法治政府、法治社会"一体化建设的直接体现

依法治国,建设社会主义法治国家是中国各族人民的共同选

---

[1] [英]W. Ivor. 詹宁斯:《法与宪法》,龚祥瑞、侯健译,生活·读书·新知三联书店、上海人民出版社1997年版,第170、171页。

[2] [日]棚濑孝雄:《纠纷的解决与审判制度》,王亚新译,中国政法大学出版社1994年版,第93页。

择,纠纷的化解必须纳入法治的轨道,法治的进程也必然是在有效化解各类纠纷的基础上才能够实现,各类纠纷的化解过程,也会直接影响社会主体关于法治的理解与认同,也关涉法治信仰在社会中的确立。在国家、政府、社会的结构体系中,纠纷的化解趋于多元,方式多样,如在国家层面有人民法院的审判、调解等,在政府层面有行政调解、行政和解、行政复议、行政裁决等,在社会层面有仲裁、人民调解等,这些方式形成有机的纠纷化解机制,有力促进了社会关系稳定,为经济社会发展奠定了扎实的基础。

(三)"一带一路"不断延伸与发展的有力保障

"一带一路"合作国家与地区不断延伸,合作方式日益丰富多彩,有力维护了世界的多元化格局,为实现"经济全球化"增加了新动能。在国内,为了与国际接轨,更有利于纠纷的及时高效化解,多元化纠纷解决机制应当顺理成章地纳入"一带一路"的制度体系中。在国际上,沿线各国之间,有着不同的法律体系与文化,需要建立多元化纠纷解决机制以满足各国之间的新要求。多元化纠纷解决机制不仅仅可以汲取各国多方面的经验,及时化解彼此的争议,而且可以增长"一带一路"各国对规则的认同与支持,合理的才具有强大的生命力,在彼此交流、相互学习借鉴中,增加合作,增进友谊。

二、创设多元化纠纷解决机制的价值追求

(一) 尊重当事人程序选择自由权

多元化纠纷解决机制的首要目的就在于满足当事人程序选择自由的需求。中国有句古话"鞋子合不合脚,只有穿了才知道",还有"鞋子合不合适,只有脚知道"。每一位当事人都可以视为"理性人",选择什么样的权利,如何才能实现自己的利益最大化,当

事人自己心里往往最清楚。我们的制度设计就是要确保当事人程序选择自由权的实现。纠纷解决方式的多元化也必须在现有法律体系之下，不得违背法律与公序良俗，因而创设多元化纠纷解决机制可以引导当事人充分发挥其程序选择自由权，实现合法权益。

（二）提高纠纷化解效率

正义不仅应该实现，而且应该尽可能快的被实现。西方也有法谚："迟到的正义为非正义。"与其他纠纷化解方式相比，审判往往因为程序的繁杂，证据证明标准的严苛等原因，需要一个相对较长的审判周期，使得正义的实现相对较迟一点。审判不是目的，尽管法院裁断是最为权威的判断，但是如果能够通过其他方式尽早解决，不啻为一种理性的选择，因而，多元化纠纷解决机制的创设就应该简化程序，形成纠纷化解的链条，避免彼此"踢皮球"，或者各自为政，耽搁了时间，浪费了资源。

（三）增加当事人法治获得感

在全面建设法治国家的进程中，人民法院行使审判权发挥着重要作用，而多元化纠纷解决机制的创设，是为了更好地发挥人民法院的审判职能，集中力量办"精品案"，为了在法律范围内尽可能满足当事人的诉求，让当事人在纠纷化解中，切切实实感受得到中国法治的进步，感受到法治的权威，感受到生活在法治国家下的幸福与美好。多元化纠纷解决机制最终就是要提高当事人对纠纷解决方式的满意度，增进对法治的信赖，增加人民的福祉。"百姓的口碑就是金杯银杯"这句话在创设多元化纠纷解决机制中依然适用。

三、创设多元化纠纷解决机制与人民法院审判体系的协调

充分发挥人民法院的审判职能，促进多元化纠纷解决机制与诉讼的协调，是解决问题的关键。

(一) 积极回应社会需求与尊重司法规律并重

根据《中国统计年鉴》的相关数据，全国法院一审案件的受理数量从 1978 年的 40 余万件，经过 10 年的时间，到 1988 年案件数量突破 200 余万件。2015 年，全国法院一审案件的受理数量突破了 1000 万件的千万大关，2017 年更是直接达到了 1500 余万件（其中民事案件为 1300 多万件）。从法院审理案件的整体情况上看，一审案件的数量在 40 余年里增长了将近 40 余倍，这种爆炸式增长在世界范围内也十分罕见。[1]

人民法院的审判体系之所以如此权威，是因为其有一套符合司法规律的制度设计，能够尽可能压缩次品的"出厂率"。不过，不管是哪一种纠纷化解方式，都应该尊重司法规律，尽可能公开化解程序，充分权衡多方面利益，且不得损害国家、社会及他人的合法权益。如甘肃酒泉阿克塞哈萨克族自治县审理的一起婚姻纠纷案件，男女双方同意离婚，财产分割时，女方坚持要带走家里唯一的一套毡房，男方则寸步不让，案子陷入僵局。为了平息双方的怨恨，不激化新的矛盾，法官没有马上做出判断，而是主动到当事人的家里了解情况，法官请来了村里比较有威信的长辈，以及村委会的同志一起探讨解决问题的办法，大家一致认为毡房就应该归男方，女方不能带走，法官进一步了解到，原来当地风俗中，把毡房看作传家宝，要代代传下去，在尊重当地风俗习惯的基础上，法官最终将毡房分给了男方。这个案件就是一个典型的法官积极回应社会呼声，同时在厘清事实、权衡利弊基础上作出的相对合理的判决。

多元化纠纷解决机制的创设是对当事人程序选择自由权的尊

---

[1] 陈卫东：《诉讼爆炸与法院应对》，载《暨南学报（哲学社会科学版）》2019 年第 2 期。

重，也是对社会的积极回应。"百姓有所呼，制度有所应。"人民法院的审判体系虽然在大的框架中也属于多元化纠纷解决机制中的关键环节，或者是最后的最为关键的环节，但在运作过程中，人民法院的审判体系有着明确的严格的法律规定，与其他纠纷化解方式有着严格的区别，为便于论述，我们将其与其他纠纷化解方式分别论述。多元化纠纷解决机制的创设弥补了单纯依赖人民法院审判体制的不足，也有效缓解了人民法院的判案压力，各方力量合力解决问题，往往可以较为便捷的解决争端。如专利权纠纷，如果行政机关可以通过行政裁决、行政复议等途径发挥自己的专业优势，这些意见往往更容易被当事人接受，也大大缩短了办案时间，节约了司法资源。

（二）实现程序选择自由权与审判为重要参照引领并重

审判因为是纠纷的最后一种解决方式，而且往往是最为权威的方式，因而审判的可能性判决，往往是其他纠纷化解方式的参照，当事人往往会通过对人民法院以往已经作出裁断的案件，与自己的案件进行比对，从中抽取一些对自己有利的信息，作为与对方当事人谈判的筹码，以及采取其他纠纷化解方式时的底线，所以，虽然案件未必进入审判领域，但审判的专业与权威仍然发挥着重要的引领作用。如果案件已经进入审判领域，通过调解等方式合力解决纠纷，调解、和解等成功的关键也往往建立在双方对审判的可能性结果了解的基础上而作出的彼此妥协，而不是浑然不知，被蒙蔽。因而，当事人双方信息对称，通过共同对话协商来解决纠纷，往往增加了结果的可接受性，减轻了强制执行的阻力。

（三）对案件全面审查与重点审理并重

在多元化纠纷解决机制中，如果其他方式并没有成功化解，最终仍然到人民法院进行审理，那么如何与审判相协调的问题也就集中体现在几个关键点上：一是其他纠纷化解方式是选择性的，还是进入法院审判系统的必要条件（即前置性程序）；二是对其他方式所得出结论的认可度；三是对双方已出示证据的认可度。审判过程对案件全面审查是原则，只有全面审查，才可能全面掌握案件事实，但是，如果双方当事人已经走过了其他纠纷化解方式，双方已经在一些问题上意见一致，尤其是对一些证据的认定上双方意见一致，没有争议的情形下，审判过程可以对分歧较大的问题进行集中、重点审理，而不是平均用力，这既是对其他纠纷化解方式的尊重，也是有效化解争议，节约司法资源的最佳路径。

（四）尊重当事人意愿与发挥审判司法执行力并重

审判的权威性一直都是其他纠纷化解方式能否成功的关键性要素。双方当事人不同的立场往往导致纠纷的化解陷入僵局，或者前功尽弃，最终又回到了起点，表现在：一方面，如果一方当事人不能够通过其他方式得到自己的合法权益，就会请求人民法院进行强制执行，如果人民法院不予认可，或不置可否，那么，其他纠纷化解方式就失去了权威性，也就会在自然选择中慢慢被淘汰，最终当事人只能依赖于人民法院进行裁断。另一方面，被申请强制执行一方的当事人，如果感到其他纠纷化解方式不能够满足自己的需要，或者自己并不寄希望于其他化解方式，那么也可以提起诉讼，从而使案件进入审判领域，他的选择也应得到保护，并且，法院也不应因为有其他纠纷化解方式的存在而关闭大门。这种情形就必须要求有相应法律法规的跟进，人民法院在这个环节上并不能自作主张，有了明确的法律规定，法院才可以强制执行，因而多元化纠纷解决机制的形成不仅仅是自然而然的成长过程，更为重要的是相应的立法支持，并且与审判环节协调一致，才可能满足当事人的意愿。

（五）积极化解与及早预防纠纷的产生并重

纠纷的产生自有其经济社会文化的根源，纠纷的化解过程反映了一个社会的法治状况。多元化纠纷解决机制既可以有效化解纠纷，也有助于追根溯源把问题消灭在萌芽状态中，甚至可以通过相应的立法，根除一些纠纷产生的根源。比如，在甘肃一些较为贫困的地方，因女方悔婚，男方追要彩礼的案件不断上升，法院一方面运用多元化纠纷解决机制，调动民政、地方政府、村委会、家族长辈等多方面力量，合力解决争议；另一方面，对这类案件进行了梳理，并实地调查，最后与当地民政部门等沟通协调，出台了一系列对称性建议与意见，移风易俗，增加了贫困人口的致富门路，减少了彩礼的数额，从根本上解决了这一社会难题。再如在一些行政机关不作为行政案件中，法院在裁断时向有关机关提出司法建议，或者向其上级主管部门反应相关问题，引起了行政机关的重视，有的出台了相应的规章制度，行政机关的作风得以改进，不作为案件大大减少，等等。

行政裁决机关在解决特殊类型民事纠纷过程中还可以不断地积累解决相关案件的经验，在后续的行政活动中逐渐形成普遍适用该特殊领域纠纷的行政政策以及行政规范，这样可以积极防治以后的同类型矛盾纠纷。[1]

纠纷处理机关已经不限于充当双方当事者之间进行沟通的媒介，而成为根据自己独立的判断（如关于什么是不正当行为或不法侵害的判断）和动用自身的权力来谋求事态一般改善的主体。行政性纠纷处理机关最大的优势就在于以个别的纠纷处理为起点，通过行政性纠纷处理机关自身所享有的管理权限，进一步挖掘产生该类纠纷的背后原因，以个别现象推导出一般原理，由此行政性纠纷处

---

[1] 梁平：《多元化纠纷解决机制的制度构建——基于公众选择偏好的实证考察》，载《当代法学》2011年第3期。

理机关可以找到具有一般性的解决方法。[1] 创设多元化纠纷解决机制与人民法院审判体系的协调,关键在于人民法院审判体系的权威与高效,关键在于发挥出人民法院的功能与作用,而不是取而代之。多元化纠纷解决机制的形成更多地依赖于当事人的选择,但是必须有立法的积极跟进,有相应制度的制定与实施,才能予以有效保障,否则,只能是形同虚设。

综合以上分析,可以得出:专利权纠纷行政裁决设立的目的在于为当事人提供优质、高效的解决纠纷的公共服务,同时,这也是国家对专利权实施保护,以及落实专利政策的举措。这是一个多元的时代,在专利权纠纷的解决上,也同样面临着多元的选择。无论专利权纠纷行政裁决自身的程序设计多么完美,假如不能放在一个有序的系统里,或与其他纠纷解决机制不能进行良好的衔接,那么,专利权纠纷行政裁决不仅自身的价值与功能的发挥将会大打折扣,而且,还会使整个专利权纠纷解决系统趋于紊乱,最终,与自己的目标背道而驰。对专利权纠纷行政裁决与其他制度之间的衔接问题进行探讨,是完善其程序的要件之一,也是构建有效的专利权纠纷解决系统的必要步骤。

---

[1] [日] 棚濑孝雄:《纠纷的解决与审判制度》,王亚新译,中国政法大学出版社1994年版,第86、87页。

第六章

专利权纠纷行政裁决与其他解纷方式的"衔接"

> 读书是学习,使用也是学习,而且是更重要的学习。[1]
>
> ——毛泽东
>
> 鞋子合不合脚,自己穿了才知道。[2]
>
> ——习近平

"衔接"是多元化纠纷化解机制形成的"关键点",如构筑桥梁时"衔接口"的链接,如交通之"枢纽"。纠纷化解的要旨——解决问题,如果各自为政,互不相干,就谈不上"多元"。因而,只有衔接顺畅,问题才能够得到有效的解决。衔接是保障相对人权利的必要维度,更是解决行政裁决与司法裁决之间界限问题的关键,实现了裁决程序与救济程序之间的紧密衔接,也就保证了行政

---

[1]《中国革命战争的战略问题》,载毛泽东:《毛泽东选集第一卷》,人民出版社1970年版,第165页。关于学习与使用,毛泽东强调"学习不是容易的事,使用更加不容易。"参见该书第162页。

[2] 2013年3月23日,习近平总书记在俄罗斯莫斯科国际关系学院发表演讲时以此作比喻,意在说明"一个朴实的道理:一个国家的社会制度合不合适,只有这个国家的人民最清楚,也最有发言权。"习近平主席在多个场合提到这个"鞋子理论",给予我们启发。实际上,对于专利权纠纷来说,选择哪一种方式解决更为合适与有效,当事人自己更有发言权,更能做出理智的选择。

裁决与司法裁决之间能够并存和互补的地位和价值。[1]

一、专利权纠纷行政裁决"衔接"的效能分析

（一）"衔接"的经济效益分析

效益原则不仅仅体现在当事人所选择的纠纷解决方式在化解纠纷的过程中，而且还要在一种解纷方式失败后往别的解纷方式转化过程中有所体现。如在行政裁决过程中，要讲究效益，就要争取在最短的时间里，尽可能减少当事人的负担，及时解决当事人之间的冲突，但是，如此下来，当事人仍有不满的情况下，应该有较好的制度衔接，确保当事人顺利地进入下一个解决方式中，假如出现制度障碍，即难以进入下一个解纷方式中，或根本无法选择其他解纷方式，那么，这个解纷机制是有违法治精神的，也与经济效益原则的要求大相径庭。波斯纳对科斯定理推崇备至，认为科斯定理是他的《法律的经济分析》的"主旋律"。而科斯定理对法律最大的影响就是"能使交易成本最小化的法律，是最好的法律"。[2] 在经济学家贝克尔看来，人类的一切活动都蕴含着效用最大化的动机，都

---

[1] 王珺：《三维标准下行政裁决程序法制的检视与优化》，载《学术交流》2022年第4期。

[2] 波斯纳认为：科斯定理提供了根据效率原理理解法律制度的一把钥匙，也为朝着实现最大效率的方向改革法律制度提供了理论根据。科斯定理的第一律是：如果交易成本为零（zero transaction costs），不管怎样选择法律规则、配置权利，有效率的结果都会出现。换句话说，当交易成本为零，并且个人是合作行动时，法律权利的任何分配都是有效率的。科斯定理的第二律（亦称科斯反定理）是：如果存在现实的交易成本，有效率的结果就不可能在每个法律规则、每种权利配置方式下发生。换句话，在交易成本为正的情况下，不同的权利界定和分配，则会带来不同效率的资源配置。根据科斯定理，能使交易成本最小化的法律是最好的法律。See R. A. Posner, *Economic Analysis of Law*, Little, Brown and Company, 1977, p. 17.

可以运用经济分析加以研究和说明。[1]

当事人理性的选择是采取较为经济,同时也有一定公信力的途径。诉讼过程成本高、周期长、程序复杂的缺陷尤其突出。正因为司法审判收益获得的艰难性和不确定性,合意解决纠纷的收益可能是当事人希望的全部,故许多时候被视为诉诸司法更低廉的替代性方式,尽管在行动遭到异议和对抗时,成本——收益会产生变动,但当事人能回避司法程序昂贵的交易成本。

缺少必要的制度衔接,无论单个的解纷方式设计得多么华美,也只能是一个个犹如散沙般的孤岛,只有连接起来,才可以形成大面积的陆地。当下,我国正处在一个意义深远的体制转轨、社会转型的特殊时期,社会多重矛盾在此期间生成、积聚和爆发。如何有效地解决现有纠纷,并防范可能发生的冲突成为建设法治国家,构建和谐社会必然面对的主题。

(二)"衔接"与当事人程序选择自由权的实现

行政裁决的衔接机制的设立有利于当事人程序选择自由权的实现。纠纷当事人双方有选择解决方式的自由权,国家的法律制度也应该通过制度设计,便于当事人进行选择,顺利转入下一个环节,或者纠纷解决机制之间相互协作,避免资源浪费与贻误纠纷解决的最佳时机。为便于当事人程序选择自由权的实现,可以设计以下几种制度衔接方式:

由于ADR与诉讼都为当事人之间进行理性对话以及按照主动性、选择性以及自律性解决纠纷提供了场所,所以应当按照这种共同点来强调各程序间的相互渗透,并且配置诉讼、仲裁、调停、相

---

[1] 贝克尔说:"经济分析为理解人类行为提供了一直为边沁、康德、马克思及其他学者长期求之不得的统一的方法。"参见[美]加里·S.贝克尔:《人类行为的经济分析》,王业宇、陈琪译,上海三联书店、上海人民出版社1995年版,第99页。

互交涉等程序。[1] 并列配置论将纠纷解决的各类方式置于同等重要地位，并强调各类方式之间的共同点与共通性，突出各类方式之间的相互融合与互相渗透，无疑具有视角的正确性，但是，如果仅偏重各个纠纷解决方式的相似之处而忽略差异性，无法凸显个体特性与优越性，很难为纠纷当事人选择适宜恰当的解决途径提供理论指引，因此有失片面。

日本著名诉讼法学者小岛武司提出了"正义的综合体系"理论。[2] "正义的综合体系"理论按照纠纷解决模式及构造的不同，将纠纷解决途径进行合理性划分，在整体构建中，彰显各个纠纷解决方式的独特性，成功解决了整体与部分的关系。但是，"正义的综合体系"理论过分强调裁断型程序与调整型程序之间的差异，凸显裁判方式的核心地位，认为其他纠纷解决方式处于从属角色，从而忽略了多种纠纷解决模式之间的关联与衔接，造成了选择何种纠纷解决方式的困难，增加了成本和适用过程的不可预测性。

相较而言，多元化纠纷解决机制则是从满足社会主体纠纷解决多样化的需求出发，一方面深刻认识到各个纠纷解决方式异质的形态与功能，另一方面也强调各个纠纷解决方式之间并行不悖、互相补充的和谐关系。在差异中明确协作，在协调中凸显个性，因而较为全面、辩证地展示了纠纷解决方式的整体图景及其内在关联，对

---

[1] [日] 井上治典：《为了轻松地利用裁判程序》，载《纠纷处理与正义——泷寄喜助先生六十华诞纪念文集》，有斐阁服务1988年版，第50页。转引自陈刚主编：《自律型社会与正义的综合体系》，中国法制出版社2006年版，第15页。

[2] 所谓"正义的综合体系"的理论，具体而言，在以裁判为中心的同心圆中，配置由中立的第三方参与和实施的救济途径（仲裁、诉讼和解、调停等）；由第三方与当事人双方进行联系并实施的各种形式调整活动的救济途径（斡旋、会谈、民政专员制度、诉处理制度等）；以及按照不由第三方介入的当事人相互交涉方式之顺序来拓展外延的各种途径。参见陈刚主编：《自律型社会与正义的综合体系》，中国法制出版社2006年版，第15页。

第六章 专利权纠纷行政裁决与其他解纷方式的"衔接"

于纠纷解决方式的制度建构具有重要启示。

从和谐社会建构的角度,应该在纠纷解决机制上赋予纠纷当事人更为广泛的程序选择自由权。纠纷的当事人都应有权对自己的程序或实体权利进行处分。为当事人的处分权的实现提供机会不仅是妥善解决纠纷,节约社会资源的需要,同时,也有利于公民基本权利的实现。既然纠纷的存在是多种多样和有层次的,那么,相应地,纠纷解决机制也应是有层次的、多元的,而不是单一的。[1]

(三)"衔接"过程的动态考察

中国处于一个极其特别的历史时期:经济上的高速发展也面临放缓与转向的瓶颈,而法律制度建设尽管已经自成体系,但是也面临着进一步的切合实际的改革。在这种复杂多变的社会下,纠纷的出现本身就是难以预料的,而解决方式更是应该用发展的眼光,而不是固守既有的制度设计,自缚手脚。国内有不少学者已经意识到这一点,如有学者主张:"中国市民社会正处于形成之中,其内部自生机制远不够完善和成熟,客观上尚不能充分应对日益激增的纠纷解决的现实需要。这就需要一个行使较多公共职能的强大国家的存在,需要依托一个现代的、理性化、法制化的政治架构来实现纠纷的解决。"[2]

---

[1] 范愉教授认为:从纠纷解决机制的范围和层次而言,和谐社会纠纷解决机制必然要求纠纷解决方式或者制度应是全面的、统一的,针对不同层次的社会纠纷设置了不同的出口。纠纷是多种多样和有层次的,纠纷解决机制也应是有层次的、多元的,而不是单一的。纠纷多种多样,针对不同的纠纷,需要提供不同的解决路径。为及时解决纠纷,既要提供预防和解决纠纷的场所、机构、程序以及有关的规则,又要提供不同的纠纷处理方式,如法院外当事人之间的协商、交涉、和解和第三人介入的调解、仲裁、行政决定,以及法院内和解、调解和审判等。参见范愉:《非诉讼纠纷解决机制研究》,中国人民大学出版社2000年版,第3页。

[2] 左卫民等:《变革时代的纠纷解决——法学与社会学的初步考察》,北京大学出版社2007年版,第10页。

从对纠纷解决机制的动态考察来看,专利权纠纷的行政裁决制度必然要求与其他纠纷解决方式之间的动态配合与协作,是一个动态的选择过程,而不是一种僵化的、静止的方式。随着社会的发展,纠纷形势与规模会不断变化,因此,纠纷解决机制也处于变化发展之中。建立专利权纠纷的行政裁决机制,必须实现与其他各种纠纷解决机制之间的功能互济、有机衔接与整合。努力建立各类纠纷解决机制之间的信息共享和沟通机制;及时、有效地处理不同模式解决纠纷可能引发的机制冲突或者不协调的状况,在动态考察的基础上,建立起行政裁决的结果反馈和影响评估机制,为下一步的工作开展与立法变革积累经验。

二、专利权纠纷行政裁决与其他纠纷解决途径之间的"衔接点"

所谓"衔接点",就是指前后纠纷解决方式之间程序上的链接点,是前后两个程序得以顺利运作的关键性因素。在行政裁决与其他纠纷解决途径之间,衔接点至少有三个:其一,选择性程序还是前置性程序,或者是后续性程序;其二,前后程序对对方处理结果的认可度,或者说是处理结果的法律效力;其三,证据规则的延续性。

(一)"衔接点"之一(先后关系):选择性,还是前置性?

所谓行政裁决选择性纠纷解决途径,指在进入行政裁决前,所经历的某种纠纷解决方式是选择性的,也就是可以经过这种程序,也可以不经过,经过与否完全取决于当事人的程序选择自由权,而没有法律、法规的限制或要求。

选择性纠纷解决途径设计的目的首先是出于对当事人程序选择自由权的尊重,因为,纠纷解决出自当事人的自愿,当事人选择怎样的解决途径,也最能体现理性,体现对效益的权衡,也正是基于这一点，选择性纠纷解决途径往往是成本较为低廉的、随意的。最后，选择性纠纷解决途径所进行的过程，以及达成的结果，较能体现当事人的意愿，更便于双方的接受，也就更有执行效果。

与行政裁决选择性纠纷解决途径相对的是前置性纠纷解决途径，也就是在当事人将纠纷提交到行政裁决主体前，必须先进行的方式或步骤。与选择性纠纷解决途径设计的目的不同，前置性纠纷解决途径的设计旨在对当事人的程序选择自由权进行一定程度的限制，因而要求必须有明确的法律规定。程序前置的合理性在于对前置制度的效果的考量，以及对后续行为的影响，后续行为可以以此抗辩对方的主张。

行政裁决与其他制度之间是一种选择性程序设计，还是前置性程序设计，不能一概而论，应视行政裁决的目的而定。为公共利益而介入者，倾向于选择前置主义；为协助弱势一方行使权利者，倾向于采取选择性关系。

(二)"衔接点"之二（前后关系）：法律效力的延续

专利权纠纷行政裁决前的纠纷解决方式包括协商、和解、调解、仲裁、行政调解、行政仲裁等制度，假定这些制度是合法、合理运作的，那么其得出的结论是否会在后续审理中得到确认？不同的情形，结论也不一样。但是，既然是多元的纠纷解决机制，在制度上彼此的认可与支持都是维系多元体系存在的基础。彼此不予承认、相互抵牾的制度设计本身不仅不合理，也有违多元机制的称号。专利权纠纷行政裁决前的纠纷解决方式主要指如何从其他纠纷解决方式中进入行政裁决程序，对在其他纠纷解决方式中的结果作何处理。也就是，是对先前的裁决行为进行全面审查，还是仅仅进行合法性审查，甚或是置之不理，另起炉灶。行政裁决机关的态度决定了行政裁决前纠纷解决方式的效力，也凸显了制度衔接的必要性。

（三）"衔接点"之三（对话平台）：遵守相同或相似的证据规则，还是互不相干

遵守相同或相似的证明规则其实是确保多元化纠纷解决机制相互衔接的关键因素，可以称之为多元化纠纷解决机制中的"黏合剂"。因为证明规则提供了分析问题与认识问题的思维方式，也为说明理由提供了思维框架。证据规则中的证明责任是证据规则的一个重要问题。证明责任（burden of proof），也称为举证责任，国内也有学者将其称为证明负担，目前，我国学者对证明责任的概念存在不同的观点。"证明责任，在不同的诉讼体制下，有不同的含义，但总体上是指证明主体须依法收集或提供证据认定或阐明案件事实的责任。从主体上说，证明责任分为司法机关证明责任与当事人证明责任。从内容来说，证明责任包括主张责任、收集提供证据的责任、调查证据的责任和判断证据的责任。从责任后果来说，又包括司法机关的责任后果与当事人的责任后果。在西方国家证明责任的后果主要是当事人的责任后果，而在我国除当事人的责任后果外，还有司法机关的责任后果。"[1] 这个观点强调证明责任的核心是提供证据的责任。有学者主张："关于证明责任的性质及构成方面，人们或许有许多不同的观点，但作为证明责任本身，不管人们怎样看待它，它都会客观地起作用，案件事实真伪不明产生的不利后果总是客观存在的。在证明责任理论中比认识证明责任更重要或更具有实际意义的是证明责任的分配。证明责任作为裁判规范指示法官在案件事实真伪不明时如何作出裁判，证明责任（客观证明责任）

---

[1] 范忠信：《中西法文化的暗合与差异》，中国政法大学出版社2001年版，第14页。

规范的实质是在案件事实不明的场合，谁最终应当承担不利后果。"[1] 这个表述将证明责任的核心放在不提供证据的不利后果方面。

行政裁决证明责任是指在案件事实真伪不明时，如何作出裁判。证明责任规范的实质是在案件事实不明的场合，谁最终应当承担不利后果。行政裁决证明责任包括提供证据的责任和说服责任。[2]

确定行政裁决证明责任应当考虑的因素。在行政裁决程序中，承担证明责任的人不能够提供足够的证据，将会承担主张不成立的法律后果。在事实无法查清的情况下，行政裁决证明责任分配对裁决结果具有重要意义。确定行政裁决证明责任应当考虑裁决争议的性质、行政机关的职能、违法事实与权属事实、损害事实的区别等因素。[3]

美国《联邦行政程序法》第556条第4款也规定"除法律另有规定外，法规或裁定的提议人应负举证的责任"。裁决提议者承担证明责任是证明责任分配的基本法理。行政裁决程序中，行政机关依职权调查案件事实，因此，行政机关调查收集到的证据应当在行政裁决程序中提供，并作为证据证明案件事实。为了查清案件事实，当事人可以要求行政机关调查收集证据，或者要求行政机关提供已收集到的证据。对于有法律规定实行证明责任倒置的，应当实行证明责任倒置。[4]

---

[1] 郑贤君：《宪法的社会学观》，载《法律科学（西北政法学院学报）》，2002年第3期。
[2] 参见徐继敏：《行政裁决证据规则初论》，载《河北法学》2006年第4期。
[3] 参见徐继敏：《行政裁决证明规则初论》，载《河北法学》2006年第4期。
[4] 参见徐继敏：《行政裁决证据规则初论》，载《河北法学》2006年第4期。

三、从协商到行政裁决（即行政裁决前的协商环节）

诚如上文所述，公权力在解决纠纷时与自力或依赖社会的力量相比，显得更为权威、公正，甚至因为有国家强制力作为后盾，纠纷的解决更为有效与彻底。但是，不管是基于多元社会下，纠纷解决方式倾向于多元的社会动因，还是出于对当事人意愿的尊重，纠纷的自力与社会解决方式一直存在着，且在不同的领域发挥着积极的作用。专利权纠纷的化解中，也存在着诸如和解、调解、仲裁等方式，而这些方式的存在不仅不应与行政裁决、诉讼解决等方式相冲突，而且还应极力为纠纷的化解起到补充作用。

（一）协商：纠纷解决的沟通基础

协商是一种旨在相互说服的交流或对话过程。谈判的目的是达成解决纠纷（或者预防潜在纠纷）的协议。在纠纷解决的场合上，谈判就是双方当事人为了达成和解（特别是诉讼外和解）的协商交易过程或者活动。与调解由纠纷之外的第三方参与、调停、斡旋解决纠纷要求不同，协商仅指纠纷当事人之间谈判、互相协商自行解决纠纷的方式，不需要第三者的参与。[1]

对纠纷当事人来说，通过协商达成专利权纠纷双方的和解，与启动行政裁决程序，以及其他纠纷解决方式相比，都是最节省时间与财力的路径。即使不能够达成和解，那么协商的态度在解决纠纷的任何一个阶段都是有必要的，应该得到鼓励与支持的。协商是理解和合作的基础，是社会最重要的美德之一。一个社会的良好秩序不一定通过强制来维持，也可通过协商合意来达成。通过协商找出双方的冲突原因和分歧所在，在充分沟通的前提下，纠纷的化解更

---

〔1〕 范愉、史长青、邱星美：《调解制度与调解人行为规范——比较与借鉴》，清华大学出版社2010年版，第8页。

为彻底。从"对抗对决"走向"对话协商",从"胜负决斗"走向"争取双赢",当代社会的人们比以往任何时候都更重视以协商与合作来促进社会的发展,更重视相互尊重与宽容的价值。在司法程序中,通过协商、和解等弱化对抗性也是一种新的法治现象。

除了积极维护自己的权益之外,一种基于理性判断的妥协也是必要的。妥协就是通过双方让步而对彼此的冲突作出调节。这意味着妥协的双方都有某些合理的要求,都有某些价值可提供给对方。而这意味着双方在某些基本原则上达成一致,以此作为他们之间交易的基础。只有在涉及具体事物和特例的时候,执行双方都能够接受的基本原则,人们才可能达成妥协。例如,一个人出售自己的产品,他可以和买主砍价与还价,并在砍价与还价之间的某个价格幅度范围内达成一致。在这种情况下,双方接受的基本原则是交易的原则,即买主必须向卖主付钱才能获得他的产品。但是,如果卖主想让买主付钱,而所谓的买主却想不付任何代价就获得产品,那么就不可能产生妥协、协议或者讨价还价,只有一方对另一方完全放弃。在财产所有人和窃贼之间不可能有妥协。然而,如今当人们说起"妥协"的时候,他们指的却不是双方的合理让步或交易,而恰恰是背叛他们的原则,向毫无根据的非理性要求做出单方面的屈服。这种屈服教条的根源是伦理主观主义——它认为欲望或者奇想是至高无上的道德要素,认为每个人都有资格满足他自认为有权获得的欲望,认为所有欲望都具有同等的道德合理性,认为人们一起相处的唯一手段就是屈服于任何事物,并与任何人"妥协"。不难看出,谁将从单方面屈服的教条中获利,谁又会遭受损失。[1] 协商过程如果缺乏不偏不倚的第三方的干预则不够稳定。"信任和可

---

[1] [美]安·兰德等:《自私的德性》,焦晓菊译,华夏出版社2007年版,第67、68页。

靠是协商中重要的因素。"[1] "主要由当事者根据协议来达成合意的解决方法,比起根据法律一刀两断地作出裁决,更容易带来符合纠纷实际情况的衡平式的解决。"[2] 依据这种利益的权衡而作出的选择是理性的,也必然是顾及效益的。

(二) 协商是通往和解之路的"心理密钥"

俗话说"理不辩不明,话不说不清"。沟通对话就是协商最为直接的表达。行政裁决中协商制度的建立与不断完善成了时下的一种立法趋向。与以往的几部不同,《中华人民共和国专利法》2008年修正时,在专利权纠纷行政裁决中,更是将协商列为行政裁决的前置性程序,"取得实施强制许可的单位或者个人应当付给专利权人合理的使用费,或者依照中华人民共和国参加的有关国际条约的规定处理使用费问题。付给使用费的,其数额由双方协商;双方不能达成协议的,由国务院专利行政部门裁决"。[3] "未经专利权人许可,实施其专利,即侵犯其专利权,引起纠纷的,由当事人协商解决;不愿协商或者协商不成的,专利权人或者利害关系人可以向人民法院起诉,也可以请求管理专利工作的部门处理……"[4] 即专利权纠纷的双方当事人必须先行协商解决问题,只有在协商没有结果时,才进入调解与行政裁决过程。要实现纠纷裁断者与纠纷当事人之间关系的和谐,要求作为裁断者的行政机关充分尊重当事人的各种权利。协商前置性程序的设计,既为专利权纠纷的双方当事人化解纠纷提供便利,也突出了行政裁决的目的在于化解纠纷达至

---

[1] [英] 西蒙·罗伯茨、彭文浩:《纠纷解决过程——ADR 与形成决定的主要形式》,刘哲玮、李佳佳、于春露译,北京大学出版社 2011 年版,第 198 页。
[2] [日] 棚濑孝雄:《纠纷的解决与审判制度》,王亚新译,中国政法大学出版社 2004 年版,第 76 页。
[3] 参见《中华人民共和国专利法》(2008 年修正) 第 57 条。
[4] 参见《中华人民共和国专利法》(2008 年修正) 第 60 条。

第六章　专利权纠纷行政裁决与其他解纷方式的"衔接"

或接近双方的意愿。这一规定，在 2020 年修改时得以沿续。

在专利权纠纷行政裁决过程中，博弈论也具有一定的理论指导价值或参考价值。原因就在于专利的特殊价值。博弈论按学科分类属于数学的一个分支，其核心内容在于运用数学方法构造人类行为的理论。纳什均衡（Nash Equilibrium）是非合作博弈理论的核心概念，即给定你的策略，则我的策略是最好的策略；给定我的策略，则你的策略也是你最好的策略。即一方在一定的策略空间中，在对方的策略已定的情况下，自己可以选择的策略是最好的策略，同理，相对方也面临同样的境遇，因而，此时双方均不愿调整自己的策略，于是产生了一种均衡，这是主体在相互依存和制约状态下的均衡。[1] 集团的分化、重组已经逐步形成，利益集团之间的利益冲突日益复杂多元，矛盾冲突层出不穷。应该消除过去那种"以人之失计我之得""人之得即我之失"的零和博弈思路，认识到"法律博弈"属于非零和多元博弈（即合作的多方博弈）为主的特点，应该通过协调、商议以合作代替对抗，寻求使各方都能够获得正当利益的最佳全赢博弈策略，让多元的利益主体充分参与到法律实施的博弈中来，通过反复博弈，使各种利益在博弈中实现均衡，这对社会的长期稳定和法律制度的连续发展具有重要意义。

和解是一种协商性纠纷解决方式。通常情况下，调解、和解是"根据合意的纠纷解决"，能够反映当事人的自愿选择，也最经济，案件处理的客观效果与主观效果不会发生较大偏离。但实际效果背离了这一逻辑：客观效果显示，只解决了外部问题，达到了"面"上的和谐，却没有消除当事人心灵深处的冲突，不满仍在延续。尤其是专利权纠纷的复杂与专业性要求极高，双方当事人协商缺少必

---

[1] 参见 [美] 道格拉斯·G. 拜耳、罗伯特·H. 格特纳、兰德尔·C. 皮克：《法律的博弈分析》，严旭阳译，法律出版社 1999 年版，附录。

要的指导，便非常盲目，导致互不信任，由于双方信息的严重不对等，因而有必要加入较有专业优势的独立第三方予以合理的建议，也就是给双方的协商提供一个可以交谈、沟通的平台。第三方的诚信与权威就显得极其重要。专利权纠纷的行政裁决机关，以及人民法院都可以扮演这一角色，二者相比较而言，由于行政管理方面的便捷与专业优势，由行政裁决机关来指导或主持双方当事人之间的协商与和解，更简便易行。

（三）当事人在专利权纠纷协商不能后，选择行政裁决

1. 协商是行政裁决的前置程序，还是选择性程序之争议

2008年修正的《中华人民共和国专利法》对于专利权纠纷的解决增加了当事人之间协商的规定，而之前一直没有关于协商等自力解决纠纷的规定，在2020年修改时这一制度得以延续。在专利权使用费争端的行政裁决中，将当事人双方的协商作为进入行政裁决程序的前提，也就是前置性程序。[1] 专利权被实施强制许可后使用费的争议，仅仅是使用费的多少可以进行协商，而不是被强制许可的争议。另外，《中华人民共和国专利法》（2008年修正）第60条，也把双方当事人的协商等私力解决作为行政裁决的前置性程序。[2] 2020年该法修改后，该条内容被第62条吸纳。《中华人

---

[1] 参见《中华人民共和国专利法》（2008年修正）第57条。
[2] 参见《中华人民共和国专利法》（2020年修正）第60条之规定："未经专利权人许可，实施其专利，即侵犯其专利权，引起纠纷的，由当事人协商解决；不愿协商或者协商不成的，专利权人或者利害关系人可以向人民法院起诉，也可以请求管理专利工作的部门处理。管理专利工作的部门处理时，认定侵权行为成立的，可以责令侵权人立即停止侵权行为，当事人不服的，可以自收到处理通知之日起十五日内依照《中华人民共和国行政诉讼法》向人民法院起诉；侵权人期满不起诉又不停止侵权行为的，管理专利工作的部门可以申请人民法院强制执行。进行处理的管理专利工作的部门应当事人的请求，可以就侵犯专利权的赔偿数额进行调解；调解不成的，当事人可以依照《中华人民共和国民事诉讼法》向人民法院起诉。"

民共和国专利法实施细则》（2010修订）第75条也有类似的规定："依照专利法第五十七条的规定，请求国务院专利行政部门裁决使用费数额的，当事人应当提出裁决请求书，并附具双方不能达成协议的证明文件。国务院专利行政部门应当自收到请求书之日起3个月内作出裁决，并通知当事人。"

协商在纠纷化解机制中具有特殊的价值，它在任何一个环节，任何一个时段都存在，随时随地可以协商。协商这一纠纷的自力解决方式不仅节约了当事人之间化解纠纷的时间成本，也有利于当事人双方被破坏的法律关系的恢复或弥补。协商前置既有利于当事人之间能更有效地解决问题，也有利于整个社会关系的维系。而行政裁决之所以把协商这一自力解决方式作为前置性程序，一方面是自力解决方式有让当事人信服与心服的优势，另一方面，行政裁决的目的首先在于化解当事人之间的纠纷，而不是为了行使行政管理职权。为当事人提供解纷的机会，从而完成公共服务，是行政裁决的宗旨所在。

2. 对协商过程法律效力的认可

通过协商等自力解决方式，当事人之间往往可以达到满意度较高的结果，省却了各种成本，也照顾了彼此的"面子"，这个结果是比较有利于熟人社会中正常关系的维系的。自力解决的方式也并非仅仅限于协商，生活中的纠纷解决情形要比我们的想象丰富得多，不排除有双方实力悬殊下的威胁与利诱，不排除忍气吞声的接受，而内心却积聚着更大的仇恨。假如没有协商机制，没有彼此妥协的精神，自力解决方式不仅难以达到学者们期待的经济人理性选择的理想结局的出现，甚至还会因为在自力解决过程中的不公正、违背情理，或又在原来纠纷的基础上酿成新的纠纷，或酝酿出更大的纠纷。对于当事人之间的自力解决过程，行政机关不便参与，而对于双方达成的妥协与一致意见，行政机关，包括法院也都保持着尊重和必要的谦抑。除非有明显的违法行为，或者有至少一方提出异议，行政机关或法院才有可能介入纠纷的处理。

就专利权纠纷行政裁决而言，专利权纠纷的当事人双方通过协商等所形成的结论，行政裁决主体会持尊重态度，但不会按照当事人达成的意见来履行自己的职责，也就是说，当事人双方达成的意见只对双方有效，假使有一方反悔，那么并没有相应的权力部门予以强制执行，这也是自力解决纠纷的缺陷所在。在一方或双方均反悔的情形下，向行政裁决部门提交申请，行政裁决机关便有义务审理与审查，对于先前双方的结论不是直接清零，一概不予认可，而是本着息事宁人、符合法理的原则，进行具体情况具体分析。对于先前彼此没有分歧的结论，行政裁决部门可以不再审理，而集中审理争点较多的部分。

3. 证据规则的采用

在进入行政裁决环节后，专利权纠纷的当事人双方在自力解决纠纷过程中所达成的一致意见可否作为行政裁决过程中的证据？一方提出对方曾经的许诺，在进入行政裁决环节后，可否按照禁止反言的规则来拘束另一方？法律明确规定，协商、调解过程中彼此的妥协与让步，不应作为不利于自己的证据。理由在于，在协商、调解等自力解决过程中，双方作出的必要的让步，目的仅仅是达到彼此的满意，这个让步与事实的认定虽然有一定关系，但却缺少客观性，因而不予采信。但也有例外，对彼此提出的有利于对方的证据，只要对方予以认可，那么就可以作为有利方的证据。这种情形在一般事务的纠纷的处理中，或许是比较鲜见，不怎么可能出现，但是在专利权纠纷中，由于技术参数多，以及评价标准难以把握等，出现类似的情形不足为怪。为了发挥行政裁决快捷解决纠纷的特色，对没有争议的证据的认可，也是顺理成章的事。

四、专利权纠纷的当事人调解失败后，选择行政裁决（即行政裁决前的调解环节）

调解人应是利益无涉的第三方，是局外人，[1] 这是调解的程序性保障。行政裁决的调解有诸多法院裁判体系所无法比拟的优点，但也有其局限性。

（一）经历民间调解或人民调解过程后，选择行政裁决程序

调解是在中立第三方的参与下进行的，当事人之间经过协商达成一致意见的纠纷解决活动。这是一个调解几乎无处不在的"大调解"时代，大调解包括民间调解、人民调解、行政裁决部门的行政调解、法院的诉讼调解等。"大调解"下的纠纷多元处理机制，是一种特殊的权力联合方式，往往能够产生理想的运作效果，但难以避免造成职权不清、职责不明、政法不分、救济不畅的消极后果，[2] 更难以保证纠纷当事人确实是在意思自治的前提下达成了合意。任何一个国家与社会所拥有的完善而有效的多元纠纷解决体系绝不仅仅是各个解纷机制"独善其身"的简单组合，而是一个"共存共荣"的有机整体。"人民调解是一种合作性的纠纷解决方式，帮助当事人治疗冲突的创伤，重修旧好。在中国这样一个把和谐秩序置于重要地位的国度中，人民调解的这种功能是我们进行纠

---

[1] ［英］西蒙·罗伯茨、彭文浩：《纠纷解决过程——ADR与形成决定的主要形式》，刘哲玮、李佳佳、于春露译，北京大学出版社2011年版，第205页。

[2] 正如苏力教授所认为的那样，"动用多种资源来保证司法判决得到落实，很容易使法院变成一个更像地方政府部门的行政机构，不仅会为地方各类机关干预法院开通了渠道，而且会使法院从一个依据规则解决纠纷的机构蜕变为一个纯粹的纠纷解决机构。"参见苏力：《送法下乡——中国基层司法制度研究》，中国政法大学出版社2000年版，第288页。

纷解决机制选择的重要因素。"[1] 人民调解或民间调解对于处理民间纠纷、个人恩怨等可以发挥出"熟人社会"下彼此谅解谦让的优势,但是对于专利权纠纷的解决,所涉及的问题都是专业性极强,判断是非标准要求极高的,在这种条件下,人民调解与民间调解的发挥就很受限制。不过只要有市场需要,就可以由专业人士组成民间的专利权纠纷调解委员会,专门负责调解专利权纠纷,这样就可以避免专利权纠纷在化解过程中造成不必要的浪费。

在2008年修正的《中华人民共和国专利法》中并没有民间调解或人民调解的规定,但是只要纠纷可以轻易地得到化解,就不会反对这种简便易行的做法,甚至可以通过修订现行法规,鼓励专利权纠纷在双方商谈下进行化解。2020年修改时,该立法思想受到重视,在该法的第52条规定:"当事人就实施开放许可发生纠纷的,由当事人协商解决;不愿协商或者协商不成的,可以请求国务院专利行政部门进行调解,也可以向人民法院起诉。"该法既对协商、调解、诉讼作了规定,也就衔接规则做了设计,因而更具有可操作性与合理性。

1. 调解对于行政裁决来说是选择性程序,还是前置性程序

"人民调解调解的范围是公民与公民之间、公民与法人、公民与社会组织之间在日常生产和生活中发生的人身和财产方面的争执。调解不是诉讼的必经程序,不能因为调解不成而阻止当事人向法院起诉。调解达成的协议具有合同性质的法律效力,当事人反悔可以就人民调解协议向法院起诉,也可以就原纠纷起诉;以原纠纷起诉的,对方当事人可以调解协议进行抗辩。人民调解委员会根据

---

[1] 马新福、宋明:《现代社会中的人民调解与诉讼》,载《法制与社会发展》2006年第1期。

当事人的申请受理调解纠纷，当事人没有申请的，人民调解委员会也可以主动受理。除了人民调解制度外，属于民间调解的还有我国的仲裁制度和劳动争议调解制度。"[1] 从以上内容可以看出，调解虽然与和解均鼓励当事人双方进行协商、沟通以达成一致，但是，调解不同于和解的地方在于，有中立第三方的介入和并不以双方的合意为前提。调解的重要特征是能够使当事人不断进行换位思考，而不是把规则强加于对方，是能够帮助当事人双方获得一个新的、共享的关于他们关系的理解，一个重新定位的相互态度及取向的理解。调解应当有利于贯彻公正原则，而不是总让双方妥协，让权利打折。如果过分强调调解，就容易出现这种问题，从而损害当事人权益。[2]

民间调解解决专利权纠纷，不是纠纷进入诉讼环节的前置性程序，而是选择性程序。《中华人民共和国专利法》中没有直接规定民间调解、人民调解为前置性程序，在不违背相关法律的情形下，民间调解、人民调解可以作为专利权纠纷行政裁决的选择性程序。也就是完全依赖于当事人对民间调解、人民调解的信赖，假如能够使得纠纷得到及时有效的化解，就应得到权力部门的认可与支持。反过来，假如专利权纠纷在调解中出现大量的问题，或者本身就不适合进行调解，那么专利权纠纷的当事人就会主动放弃调解，而直接选择其他纠纷解决途径。另外，专利权纠纷行政裁决设立的目的就在于为当事人化解纠纷提供服务，促使专利权纠纷的及时化解，而不是久拖不决。

---

[1] 李冰：《构建"大调解"工作格局之管见》，载《人民调解》2006年第5期。
[2] 龙宗智：《关于"大调解"和"能动司法"的思考》，载《政法论坛》2010年第4期。

2. 调解结果的法律效力

《中华人民共和国人民调解法》第 31 条规定:"经人民调解委员会调解达成的调解协议,具有法律约束力,当事人应当按照约定履行。人民调解委员会应当对调解协议的履行情况进行监督,督促当事人履行约定的义务。"这部法律首次通过立法确立了对人民调解协议的司法确认制度,即对经人民调解委员会调解达成调解协议后,双方当事人认为有必要的,可以自协议生效之日起 30 日内共同向人民法院申请司法确认;人民法院确认调解协议有效,一方当事人拒绝履行或者未全部履行的,对方当事人可以向人民法院申请强制执行。这是近年来人民调解工作的一项重要制度创新,是运用司法机制对人民调解给予支持的重要保障性措施。[1] "人民调解与纯粹的民间调解不完全等同,最主要的区别在于前者是在人民调解委员会的主持下进行的调解,人民调解委员会是依法设立的调解民间纠纷的群众性组织。"[2]

"民间调解的调解主体虽然不是国家官员,但是因为我国传统国家政治体制具有政权结构和社会结构统一的特点,在一定程度上国家将处理民事争议的权力交由一些民间人士(如社长、族长)行使;或组织设立专门机构,如申明亭、乡约,来解决纠纷,规定经过民间调解并达成协议之后不得再行起诉,因此这种民间调解虽不具有司法调解的官方性,但仍然受到当时政府的支持和认可。"[3]

《中华人民共和国人民调解法》中规定了法院对调解的确认,对于调解协议的效力,可以申请法院的司法确认,以赋予其法律效

---

[1] 《盘点人民调解法七大亮点解决民间纠纷调解优先》,载新华网,最后访问日期:2011 年 11 月 29 日。
[2] 《人民调解法》第 7 条。
[3] 宋朝武等:《调解立法研究》,中国政法大学出版社 2008 年版,第 37 页。

力,进而拥有强制执行力。另外也可以尝试仲裁确认,就是这些调解协议书也可以由仲裁组织确认效力,以达到便民、快捷的效果。

3. 证据规则的延续性

《中华人民共和国人民调解法》第 32 条规定:"经人民调解委员会调解达成调解协议后,当事人之间就调解协议的履行或者调解协议的内容发生争议的,一方当事人可以向人民法院提起诉讼。"必须明确的是,法院确认的是调解协议,而不是对调解过程中双方提出的主张予以确认。这一点在第 33 条得到体现:"经人民调解委员会调解达成调解协议后,双方当事人认为有必要的,可以自调解协议生效之日起三十日内共同向人民法院申请司法确认,人民法院应当及时对调解协议进行审查,依法确认调解协议的效力。人民法院依法确认调解协议有效,一方当事人拒绝履行或者未全部履行的,对方当事人可以向人民法院申请强制执行。人民法院依法确认调解协议无效的,当事人可以通过人民调解方式变更原调解协议或者达成新的调解协议,也可以向人民法院提起诉讼。"可以看出,法院所能做的始终是对调解结果(调解协议)的认可与否,而不过问调解过程中双方的证据或彼此的妥协与让步。这是对调解本质上发挥当事人在自己意愿主导下解决纠纷的尊重。也体现了调解的一个重要原则,即调解过程中,任何一方对于己不利时的证据的确认,不能作为在进入法院诉讼过程后的"自认",行政裁决过程也是这样。如果在行政裁决过程承认双方在调解阶段的彼此妥协或让步,那么就会造成对坦诚相见方的不公,就会为调解过程设置心理的无形压力,协商与彼此妥协、谅解的精神也将荡然无存。

但是,任何事情都有例外,尽管调解过程中的不利于对方的证据不具有延续力,但是有利于对方的证据却未必,毕竟,行政裁决过程是要尽可能的合理简化程序,在双方均认同的证据部分,可以免于质证,也就是予以认可,这样既可以使得调解过程的成本没有白费,也为行政裁决过程节约了时间与成本。

(二) 专利权纠纷经历行政调解后,选择行政裁决

美国著名民事诉讼法学家史蒂文·苏本教授在题为《一位传统法学家对调解的看法》一文中指出:"美国的民事诉讼已经进入了一个新的时代,最重要的标志就是调解的作用受到重视。ADR中最有发展价值的是调解(和解)。原因在于:第一,有充分的实证依据表明调解在高速发展,并深受当事人的欢迎。第二,目前法学界和法律职业集团本身通过实证研究和观察转变了对调解的态度,从最初的高度警惕和批判转变为积极支持。第三,现在社会各界已经充分认识到调解的价值,出现了越来越多的促成调解发展的社会因素。第四,调解的实际结果表明,其利大于弊,过去对调解的种种怀疑看来是过虑了。"[1] 在中国,协商、和解与调解等有着深厚的文化基础与实践经验,被誉为"东方经验"。在法治社会的背景下,一度对这种做法表示怀疑,产生争议,但是,实践是检验标准,是"试金石",实践也在锻造着更为合理,切实可行的制度。

国家知识产权局一直鼓励专利纠纷的解决要富有创新意识,充分发挥行政调解的作用,"根据专利类型和纠纷的实际情况,简化调解程序,采取快速有效的调解方式。优化专利侵权救济与确权无效程序的衔接机制,充分发挥行政执法简便、快捷的优势。"[2] 现

---

[1] 范愉:《客观、全面地认识和对待调解》,载《河北学刊》,2006年第6期。
[2] 国家知识产权局于2011年6月27日发布的《关于加强专利行政执法工作的决定》"(八)创新专利纠纷行政调解工作机制"中规定:"要大力开展各类专利纠纷的行政调解工作,创新工作机制,根据专利类型和纠纷的实际情况,简化调解程序,采取快速有效的调解方式。优化专利侵权救济与确权无效程序的衔接机制,充分发挥行政执法简便、快捷的优势。"参见"关于加强专利行政执法工作的决定",载http://www.sipo.gov.cn/tz/gz/201106/t20110628_608983.html,最后访问日期:2011年11月11日。

行的专利权纠纷行政裁决在救济途径上存在内部矛盾：一方面，从属性上看，它是居中解决专利民事纠纷的一种行政裁决，具备准司法性，是一个完整的权利救济途径。另一方面，在救济途径设计中它却被分为行政裁决决定和行政调解两个救济方式。即专利裁决经过双方质证等过程后，在结案中却被分为裁决和调解两种权利救济方式。在裁决中仅能作出"责令停止侵权行为"的决定，而要解决"责令赔偿损失"则需要进一步通过行政调解来完成。这两者不仅性质不同，并且类属于两种行政行为。[1]

我国专利法规中规定的调解，主要指行政调解，也就是在专利管理部门的主导下进行的调解。以调解的方式结案，可以简化裁决程序，及时化解纠纷，节省当事人的时间和金钱，也利于缓和当事人之间的矛盾，所以，在专利权纠纷行政裁决过程中，凡能够通过调解解决的纠纷应尽可能地进行调解。行政调解的范围也远远大于行政裁决的范围，除了2008年《中华人民共和国专利法》第60条规定的在行政裁决前进行的行政调解之外，还包括：①专利申请权和专利权归属纠纷；②发明人、设计人资格纠纷；③职务发明创造的发明人、设计人的奖励和报酬纠纷；④在发明专利申请公布后专利权授予前使用发明而未支付适当费用的纠纷；⑤其他专利纠纷。对于第4项所列的纠纷，当事人请求管理专利工作的部门调解的，应当在专利权被授予之后提出。[2] 该条内容在2020年修正的《中华人民共和国专利法》第65条得以延续。

---

[1] 贺志军：《知识产权侵权行政裁决制度检视及完善——以〈TRIPS协议〉义务的澄清为视角》，载《知识产权》2019年第12期。
[2] 参见《中华人民共和国专利法实施细则》（2010年修订）第85条。

1. 行政调解与行政裁决的先后关系：选择性程序，还是前置性程序

行政调解是否应当成为行政裁决的前置性程序，在我国专利法规中并没有明确规定，但是根据现在法院系统在判案中多采用调解前置主义，也就是鼓励庭前调解，如果在行政裁决前加入行政调解的程序，既可以达到发挥主管部门的权威与专业优势的效果，也有利于当事人纠纷的及时化解，因而，本书认为，有必要在行政裁决前加入行政调解的前置程序设计，调解不成的及时作出裁决。行政裁决机关通过调解，使当事人充分协商、达成协议的，便可以结束裁决活动。双方当事人达成的调解协议，与裁决机关的裁决书具有相同的法律效力，既有结束案件的效力，又有强制执行的效力。如果一方当事人不履行调解协议所确定的义务，对方当事人有权申请强制执行。若裁决机关有强制执行权的，当事人应向裁决机关申请强制执行，裁决机关无强制执行权的，当事人可以向人民法院申请强制执行。[1]

将行政调解作为其他行政解纷制度的阶段性环节。在行政解纷机制的诸多具体形态中，行政裁决与行政仲裁均为裁决法定民事纠纷的解纷方式，行政复议为裁决行政纠纷的解纷方式，三者之间互不渗透与掺杂，但是，行政调解却通常作为以上三种解纷行为中的

---

[1]《专利行政执法办法》（2010）第13条规定："管理专利工作的部门处理专利侵权纠纷案件时，可以根据当事人的意愿进行调解。双方当事人达成一致的，由管理专利工作的部门制作调解协议书，加盖其公章，并由双方当事人签名或者盖章。调解不成的，应当及时作出处理决定。"

阶段性环节而嵌入其中。[1] 除此之外，我国的法律规范还通常在法条中授权行政机关单一的行政调解权，即行政机关在解决特定纠纷时只能运用行政调解权，而无权对纠纷作出具有强制力的裁决。虽然这样立法的目的在于尊重纠纷当事人的自治性意志，但反而限制了行政调解机制的发展。由于行政调解必须在纠纷当事人自愿的基础上方能形成，因此，往往被认为并不具有行政行为的强制执行力，而仅仅是一种行政事实行为，致使调解协议的效力一直处于模糊状态。当专利权纠纷中的一方当事人反悔时，对于该当事人而言，此协议并不产生任何法律约束力；对于解纷主体而言，无法在调解之后作出任何有效的裁决，无异于浪费了有限的解纷资源；对于法院而言，需要重新审理案件，并未因行政机关的参与而减轻诉讼负担，反而无形中增加了当事人纠纷解决的成本。由于行政调解的弱效力甚至无效力的特征，已经历了民间调解和人民调解的纠纷当事人往往倾向于放弃这一无法进行有效裁断的解纷方式。行政机关为避免重复做工，也倾向于直接建议纠纷当事人寻求法院的救助。如此一来，行政调解这一"东方经验"因失去了制度存在的必要性而呈现日益萎缩态势。为了避免行政调解从某些纠纷多发领域中彻底退却，本书建议不再将其作为解决某类纠纷的单独解纷手段，而是将其作为其他行政解纷机制的前置性环节，并给予一定的

---

[1] 行政裁决方面：在授予行政机关纠纷解决权的相关法律规范中，通常明文规定，在行政裁决作出之前行政机关应当先行调解，经调解后仍无法达成协议的，行政机关方能作出裁决，参见《民间纠纷处理办法》第17条；行政仲裁方面：全国人大常委会于2007年12月29日通过的《中华人民共和国劳动争议调解仲裁法》第42条亦明确规定："仲裁庭在作出裁决前，应当先行调解……调解不成或者调解书送达前，一方当事人反悔的，仲裁庭应当及时作出裁决"；行政复议方面：于2007年8月1日起施行的《中华人民共和国行政复议法实施条例》第50条中突破性地规定行政复议机关可以按照自愿、合法的原则对特定的行政纠纷进行调解，调解未达成协议或者调解书生效前一方反悔的，行政复议机关应当及时作出行政复议决定。

法律约束力保障实行。

《进一步贯彻"调解优先、调判结合"工作原则的若干意见》中提出，规范调解活动，科学把握当判则判的时机，"要在加强调解的同时，切实维护当事人合法权益，注意防止不当调解和片面追求调解率的倾向，不得以牺牲当事人合法权益为代价进行调解""切实贯彻当事人自愿调解原则至关重要。要积极引导并为双方当事人达成调解协议提供条件、机会和必要的司法保障。除了法律另有规定的以外，要尊重当事人选择调解或者裁判方式解决纠纷的权利，尊重当事人决定调解开始时机、调解方式方法和调解协议内容的权利。要在各个诉讼环节，针对当事人的文化知识、诉讼能力的不同特点，用通俗易懂的语言，进行释法解疑，充分说明可能存在的诉讼风险，引导当事人在充分认识自身权利义务的基础上，平等自愿地解决纠纷"。[1] 2011年6月27日，国家知识产权局公布的《关于加强专利行政执法工作的决定》，尤其强调"切实完善专利行政执法工作机制"，不断"创新专利纠纷行政调解工作机制"，要大力开展各类专利纠纷的行政调解工作，创新工作机制，根据专利类型和纠纷的实际情况，简化调解程序，采取快速有效的调解方式。优化专利侵权救济与确权无效程序的衔接机制，充分发挥行政执法简便、快捷的优势。[2]

2. 法律效力的延续（前后关系）——行政调解的法律效力衔接

行政调解协议法律效力的欠缺一度成为其主动性与积极性的桎

---

[1] 杨维汉：《最高法院：科学把握"当判则判"时机规范调解活动》，载 http://www.dayoo.com/2011-06-28，最后访问日期：2023年1月27日。

[2] 国家知识产权局：《关于加强专利行政执法工作的决定》，载 http://www.sipo.gov.cn/tz/gz/201106/t20110628_608983.html，最后访问日期：2023年1月11日。

桔。行政调解不同于直接影响当事人权利、义务的行政裁决，其对当事人不具备强制力，当事人可以选择接受或不接受行政机关的调解。即使民事纠纷的当事人在行政调解机关的主持下自愿达成调解协议，当一方当事人反悔时，调解协议也不产生法律约束力，另一方当事人只能选择通过民事诉讼重新审理此案。由于调解协议法律效力的欠缺，即便是当事人选择了调解作为纠纷解决方式，但最终的结果可能是除了时间的消耗与费用的浪费之外，并未获得满意的结果。因此，当事人往往直接放弃了这一效力不足的解纷方式。对行政机关而言，法律规范并未将行政调解设定为其法定义务，为了避免重复做功，也倾向于放弃这一解纷方式。[1]

行政调解形式与实质的脱节，往往导致纠纷化解过程的程序空转。根据法律规定，当事人在不服行政裁决时所选择的司法救济途径只能是提起行政诉讼。为了避免成为被告，行政机关往往在审理民事案件时，变相利用行政强制力，以行政调解之"形"与行政裁决之"实"相结合，不但快速地解决了纠纷，而且免于被追诉。但是，此时的行政调解行为已丧失了其根本特性，往往成为行政机关不正当行使行政权力的借口。

假如诉讼外纠纷解决方式不具有法律效力，当事人往往会在花费许多时间、精力后纠纷仍得不到彻底解决的情况下，最终不得不走上法庭。这说明，在纠纷解决机制的整体设计和运行中，如果缺少系统协调的发展战略，在制度的衔接和程序的安排上不够科学合理，那么，在运行中就会时常出现障碍。因此构建一个高效、协调的纠纷解决系统，对于充分发挥诉讼外纠纷解决机制的功能具有至

---

[1] 参见范愉：《当代中国非诉讼纠纷解决机制的完善与发展》，载《学海》2003年第1期。

关重要的作用。[1]

根据《最高人民法院关于执行〈中华人民共和国行政诉讼法〉若干问题的解释（已失效）》第1条第2款的规定，公民、法人或者其他组织对行政机关的调解行为不服提起诉讼的，不属于人民法院行政诉讼的受案范围。显然，在我国行政调解行为不属于具体行政行为的范畴。"行政机关居间调解民事纠纷，是行政机关实施行政管理的一种重要手段。在很多情况下，行政机关进行民事调解工作能够及时有效地化解纠纷，起到稳定社会秩序的作用。行政机关主持调解下，当事人达成协议，不是行政机关的意思表示，而是当事人自己的意思表示。因此，调解行为不是行政机关行使公权力的行为，调解协议对当事人不具有必然的拘束力，当事人事后反悔完全可以通过仲裁或者民事诉讼来解决。"[2]

根据我国的司法实践和最高人民法院的司法政策，目前行政主体对一般民事纠纷独立进行的调解多被认定为具有合同性质，相当于私法上的和解。2009年7月，最高人民法院发布的《关于建立、健全诉讼与非诉讼相衔接的矛盾纠纷解决机制的若干意见》规定，行政调解达成的协议具有合同的效力，当事人受合同效力的约束，双方当事人可以共同向法院申请确认，该协议经法院依照简易诉讼程序确认后，具有强制执行的效力。[3] 墨西哥《工业产权法》明确规定，在作出行政侵权裁决的整个过程中，工业产权局应当随时寻求通过调解方式来解决当事人之间的利益争端。墨西哥国家版权

---

[1] 廖永安：《诉讼内外纠纷解决机制的协调与整合》，载《云南大学学报（法学版）》2004年第3期。

[2] 蔡小雪：《行政复议与行政诉讼的衔接》，中国法制出版社2003年版，第5页。

[3] 范愉、史长青、邱星美：《调解制度与调解人行为规范——比较与借鉴》，清华大学出版社2010年版，第39页。

局在行政调解中的权力较大,其不仅可以对拒不参加调解的一方处以罚款,而且经墨西哥国家版权局签字后的行政调解一经达成,就具有强制执行力。

3. 证据规则的延续（相互认同）

"实际操作中,行政调解的法律效力存在一些缺陷,当事人双方经过行政调解达成了行政调解协议,如果事后不认真履行协议,不负任何法律责任。这样的规定显然是难以实现行政调解应有的效果。新《中华人民共和国人民调解法》的出台有效解决了人民调解协议的效力问题,在行政调解中也是可以借鉴运用的,通过相关的立法,引入现代行政程序法的基本理念,给予行政调解有效的法律效力保障。"[1] 可以参考《中华人民共和国人民调解法》,行政调解协议也可以经过法院、行政裁决机构、仲裁机构的审核,如果没有违反当事人意思自治以及相关的法律规定,就可以以裁定书的形式对行政调解的效力予以确认。

基于调解的自愿性,在进行制度设计时,应当将调解设置为行政裁决、行政仲裁、行政复议和行政诉讼的附属制度,在这些制度的运作过程中,如果当事人愿意通过调解来达成协议解决纠纷的,纠纷解决机关应当尊重当事人的意愿,启动调解程序。如果通过调解能够圆满解决纠纷,那么行政裁决、行政仲裁等程序就可以到此终止,不必再进行下去了。[2]

如前文所述,尽管行政调解过程可以发挥当事人的主动性与积极性,但现有法律规定仍存在一些问题:其一,行政机关在调解时

---

[1] 石先广:《人民调解、行政调解、司法调解有机衔接的对策思考》,载上海市高级人民法院、上海市司法局、上海市法学会编:《纠纷解决:多元调解的方法与策略》,中国法制出版社2008年版,第28~37页。

[2] 应松年:《构建行政纠纷解决制度体系》,载《国家行政学院学报》2007年第3期。

难以确保独立性与公正性；其二，行政调解缺乏程序规范；其三，部分行政机关怠于行使行政调解权，而又没有相应的督促程序等。专利权纠纷进入行政裁决前，应当先行展开行政调解，调解不成的再进入行政裁决程序，也就是采取行政调解前置的规定。对于有失公正的行政调解行为，行政裁决机构应该予以重新审查，确保行政调解既符合双方当事人自愿原则，也符合程序法和实体法的规定。行政调解过程中的任何自认，以及妥协性协议在行政裁决过程中不得被作为证据，这是为了保证调解过程当事人的自主性。建立专利纠纷行政调解司法确认机制，是提高专利纠纷解决效率、降低社会解纷成本、促进行政和司法资源优化配置的多赢共利之道。[1] 在2020年4月份发布的《2020—2021年贯彻落实〈关于强化知识产权保护的意见〉推进计划》中，明确将"开展知识产权纠纷调解协议司法确认试点"作为持续推进的项目，也期待行政调解的司法确认制度能够尽快得以落地实施。

五、行政裁决与行政复议的"衔接"

（一）行政裁决与行政复议的联系与区别

行政复议是公民、法人或者其他组织认为具体行政行为侵犯其合法权益，向行政机关提出行政复议申请，行政机关受理行政复议申请、作出行政复议决定的活动。行政复议的立法目的是防止和纠正违法或者不当的具体行政行为，保护公民、法人和其他组织的合法权益，保障和监督行政机关依法行使职权。经过近二十年的法治变迁，行政复议的目的也日益丰富。行政复议与行政裁决具有相似之处，二者均是由行政机关对纠纷进行裁决，按照准司法程序进

---

[1] 参见何炼红、舒秋膂：《论专利纠纷行政调解协议司法确认的审查边界与救济路径》，载《知识产权》2017年第1期。

行。学界传统上对行政复议与行政裁决的界定表述为：其一，解决争议的性质不同。行政裁决的对象是法律规定的特定的民事争议；行政复议审查的对象是法定范围内的行政争议。其二，基础法律关系不同。行政复议的基础法律关系是行政法律关系，双方当事人的地位是不对等的；行政裁决的基础法律关系是民事法律关系，在民事法律关系中，双方当事人的地位是平等的。其三，性质不完全相同。行政复议既有行政机关解决纠纷的行政司法性质，又有行政机关内部上下级之间层级监督性质；行政裁决主要是一种具有准司法性质的行政行为，不具有行政机关内部上下级之间层级监督性质。[1]

行政裁决之所以存在，在于其纠纷解决的能力，也就是其服务质量决定它能否延续，而立法只不过是对这一效力的确认，法律法规中，没有明确地将行政裁决限于民事纠纷的处理，并且所谓的"民事纠纷"也不是那么清晰可辨，纠纷中往往夹杂着各种因素，有民事、行政，甚至有刑事的成分。尤其是在专利权纠纷解决过程中，专利权维护对时效性与专业性的要求极高，对于纠纷的性质也难以用一个简单的标准予以划分，在办案过程中，更多的是考虑解决问题的实效，而不是是否为"民事纠纷"的教条。没有必要以传统定义为坐标来展开论述，而是立足于现实解决纠纷的实际，在不违背现有法律规定的情形下进行理论性探讨，为下一步的行政复议与行政裁决的制度建构打下理论根基。

(二) 我国专利法规中的专利无效复审与行政复议

《中华人民共和国专利法》(2008年修正) 中既没有关于对行政裁决进行行政复议的规定，也没有对行政裁决进行行政复审的规

---

[1] 贺荣主编：《行政执法与行政审判实务——行政裁决与行政不作为》，人民法院出版社2005年版，第12页。

定,但是二者既不是一个统一的概念,也不是由一个部门实施的。专利复审委员会的组成是"国务院专利行政部门指定的技术专家和法律专家","主任委员由国务院专利行政部门负责人兼任"。[1] 从人员组成上看,专利复审委员会具有相对的独立性,在业务上不受专利行政部门的领导。专利复审委员会可以对"当事人对国务院专利行政部门驳回申请的决定不服的事项进行复审"[2],对当事人请求专利权无效进行确认等。[3] 专利复审委员会更倾向于专业技术的特色,也更倾向于独立性,因而,其设计完全可以作为行政裁决的复审机关。专利复审委员会的这一规定在2020年《中华人民共和国专利法》修改时被取消,是一个比较大的变动,这说明,行政机关更加注重行政主体资格的问题,更加注重行政职权的权威性与高效性,更加重视纠纷的行政裁决、行政调解等方式。

德国学者Frido Wagner认为"假使行政组织所从事的工作具有'不受指示拘束(weisungsfrei)'的必要性的话,就有可能赋予其某种组织上的独立性"。[4] 从目前我国的法治与社会发展的现状看,将行政裁决机构从层级制行政系统独立出来成为相对独立的行政裁决机构,更利于该制度的发展及其功能的更好发挥。[5]

---

[1] 参见《中华人民共和国专利法实施细则》(2010年修正)第59条。
[2] 参见《中华人民共和国专利法》(2008年修正)第41条之规定:"国务院专利行政部门设立专利复审委员会。专利申请人对国务院专利行政部门驳回申请的决定不服的,可以自收到通知之日起三个月内,向专利复审委员会请求复审。专利复审委员会复审后,作出决定,并通知专利申请人。专利申请人对专利复审委员会的复审决定不服的,可以自收到通知之日起三个月内向人民法院起诉。"
[3] 参见《中华人民共和国专利法》(2008年修正)第45条之规定:"自国务院专利行政部门公告授予专利权之日起,任何单位或者个人认为该专利权的授予不符合本法有关规定的,可以请求专利复审委员会宣告该专利权无效。"
[4] 李建良等:《行政法入门》,元照出版公司2005年版,第203页。
[5] 陆伟明:《服务型政府的行政裁决职能及其规制》,载《西南政法大学学报》2009年第2期。

墨西哥《工业产权法》中有行政复审（appeal for reconsideration）的设计。在拒绝授予专利或拒绝对实用新型、工业品外观设计进行注册的决定作出后，工业产权局可依相关利害关系人的请求对该决定复审一次，并作出适当的裁决。应当说，这种行政复审处理的是行政争议，与我国的行政复议制度有类似之处，不同的是，这种复审程序是针对行政处理（行政裁决）的适当与否所作的复审，在程序上属于第二级行政裁决。这个程序设计既是主管专利的行政部门的一次内部监督，对于纠纷双方当事人来说，也增加了一次补充救济的机会。

《中华人民共和国专利法》（2008年修正）对专利权纠纷的行政裁决并没有规定行政复议的救济程序，而是直接进入诉讼环节，这或许是出于对专利权纠纷诉讼时效性的考虑，为了节约当事人的时间成本。但是，如此设计，也错过了一次能够有效化解专利权纠纷的机会。该法对行政复审委员会的职责规定，也仅限于对专利权有效与否的确认。随着2020年的修改，专利复审委员会被取消，使得行政职权更加明确。

根据WTO相关的协议要求，条约考虑到各自国家的不同情形与执法传统，对于专利权纠纷的行政裁决持不反对态度，但是坚持专利权纠纷的司法最终解决原则。也就是说，不管有没有行政裁决的二级审理或行政复议，纠纷最终都应有诉讼解决的保底条款。据此，《中华人民共和国专利法》（2008年修正）第46条规定："专利复审委员会对宣告专利权无效的请求应当及时审查和作出决定，并通知请求人和专利权人。宣告专利权无效的决定，由国务院专利行政部门登记和公告。对专利复审委员会宣告专利权无效或者维持专利权的决定不服的，可以自收到通知之日起三个月内向人民法院起诉。人民法院应当通知无效宣告请求程序的对方当事人作为第三人参加诉讼。"

但是,《中华人民共和国专利法》(2008年修正)第47条关于宣告无效的专利权的溯及力的规定,即"宣告专利权无效的决定,对在宣告专利权无效前人民法院作出并已执行的专利侵权的判决、调解书,已经履行或者强制执行的专利侵权纠纷处理决定,以及已经履行的专利实施许可合同和专利权转让合同,不具有追溯力",也说明在进入诉讼程序前对专利权侵权及时进行处理的必要性。[1]《中华人民共和国专利法》在2020年修改后,这些规定就成为过去,但作为一种理论探讨,仍有其学术价值。

(三) 行政裁决与行政复议的制度衔接

1. 行政裁决后,选择行政复议的制度变革

最高人民法院司法解释对于行政裁决是否可以进行行政复议的态度也发生过变化:第一种意见认为,行政裁决不属于行政复议范围,行政裁决是裁决机关对平等主体的当事人的民事权利义务作出的处理,属于《中华人民共和国行政复议法》第8条第2款规定"不服行政机关对民事纠纷作出的调解或者其他处理,依法申请仲裁或者向人民法院提起诉讼"中"其他处理"的一种情形,不属于行政复议范围。因此行政裁决不属于行政复议范围。第二种意见认为,行政裁决应当属于行政复议范围。《中华人民共和国行政复议法》第6条第11项规定,公民、法人或者其他组织认为行政机关的其他具体行政行为侵犯其合法权益的,可以申请行政复议,行

---

[1]《中华人民共和国专利法》(2008年修正)第47条规定:"宣告无效的专利权视为自始即不存在。宣告专利权无效的决定,对在宣告专利权无效前人民法院作出并已执行的专利侵权的判决、调解书,已经履行或者强制执行的专利侵权纠纷处理决定,以及已经履行的专利实施许可合同和专利权转让合同,不具有追溯力。但是因专利权人的恶意给他人造成的损失,应当给予赔偿。依照前款规定不返还专利侵权赔偿金、专利使用费、专利权转让费,明显违反公平原则的,应当全部或者部分返还。"

政裁决属于该项规定的情形,属于行政复议范围。《中华人民共和国行政诉讼法》第44条规定"对属于人民法院受案范围的行政案件,公民、法人或者其他组织可以先向上一级行政机关申请复议,对复议决定不服的,再向人民法院提起诉讼;也可以直接向人民法院提起诉讼"。依据该条规定,可以提起行政诉讼的案件,都可以申请行政复议。此外,从《行政复议法》的立法宗旨等方面看,行政裁决也应当属于行政复议范围。第三种意见认为,行政裁决涉及两种不同性质的法律关系,即行政法律关系和民事法律关系。对于有关行政法律关系,属于具体行政行为,可以提起行政复议;对于民事法律关系,应当就其民事纠纷向人民法院提起民事诉讼,不应当以裁决机关为被申请人申请行政复议。

对于第一种意见,行政裁决是否属于《中华人民共和国行政复议法》第8条第2款所规定的"不服行政机关对民事纠纷作出的调解或者其他处理"成为问题的关键。调解行为对当事人的民事权利、义务虽然发生一定影响,但调解是在当事人自愿的基础上进行的。对当事人权利、义务产生影响的决定因素是当事人的意思表示而不是行政机关的意志。调解没有执行力,当事人可以遵守,也可以不遵守。而行政裁决的内容,直接确定或影响了双方的权利和义务,并且行政裁决是行政机关依法定职权单方面作出的,不以当事人意志为转移,具有行政强制执行效力的行政行为。如上文所述,行政裁决属于具体行政行为。行政裁决一经作出,即具有公定力、预决力、确定力、约束力及执行力,区别于行政机关居间对民事争议所作的调解等行为。由此可见,专利权纠纷行政裁决是可以被提起行政复议的具体行政行为。[1]

---

[1] 贺荣主编:《行政执法与行政审判实务——行政裁决与行政不作为》,人民法院出版社2005年版,第14页。

2007年施行的《中华人民共和国行政复议法实施条例》尽管是以《中华人民共和国行政复议法》为基础，但迫于法治变迁的需要，已对许多理念做了变通性的改进。扩大了行政复议的适用范围，在第3条增加了以下事项："……（一）依照行政复议法第十八条的规定转送有关行政复议申请；（二）办理行政复议法第二十九条规定的行政赔偿等事项；（三）按照职责权限，督促行政复议申请的受理和行政复议决定的履行；（四）办理行政复议、行政应诉案件统计和重大行政复议决定备案事项；（五）办理或者组织办理未经行政复议直接提起行政诉讼的行政应诉事项；（六）研究行政复议工作中发现的问题，及时向有关机关提出改进建议，重大问题及时向行政复议机关报告。"《中华人民共和国行政复议法实施条例》第27条规定："公民、法人或者其他组织认为行政机关的具体行政行为侵犯其合法权益提出行政复议申请，除不符合行政复议法和本条例规定的申请条件的，行政复议机关必须受理。"这一规定为下一步《中华人民共和国行政复议法》修改时扩充其适用范围作了理论上的铺垫，行政裁决并没有被明确禁止，那么也就有机会接受行政复议。

《中华人民共和国行政复议法实施条例》还规定了行政复议过程中的和解，并且鼓励行政相对人与行政机关进行协商，双方沟通一致，达成和解。[1] 这一点对传统行政法理念是一个不小的变革，具体行政行为的公定力与确定力，由先前的不可变更转化为可以协商与妥协的内容。这看似与行政行为的效力相违背，但据实考察行

---

［1］参见《中华人民共和国行政复议法实施条例》（2007年施行），第40条规定："公民、法人或者其他组织对行政机关行使法律、法规规定的自由裁量权作出的具体行政行为不服申请行政复议，申请人与被申请人在行政复议决定作出前自愿达成和解的，应当向行政复议机构提交书面和解协议；和解内容不损害社会公共利益和他人合法权益的，行政复议机构应当准许。"

政行为的效力，行政行为的效力之所以设立与存在，是为了实现行政行为的安定性与权威性，但最终还是出于对行政相对人权益的保护。行政机关能够及时改正自己的错误，取得行政相对人的谅解，在沟通与协商基础上达成一致，可以及时实现法律关系的稳定和社会矛盾的化解。《中华人民共和国行政复议法实施条例》第50条关于行政复议机关可以按照自愿、合法的原则进行调解的规定更是打破了以往行政复议不可以进行调解的禁忌，强调了当事人程序选择权的重要地位。[1]

2. 行政复议为诉讼环节的前置性程序设计（相对于行政裁决则是后续性程序）

《中华人民共和国行政诉讼法》的出台，以及加入WTO等因素的影响，我国行政裁决制度曾经出现了大范围的萎缩，但是在解决纠纷多元化，以及构建和谐社会的背景下，行政裁决制度的设计也出现了一些变化，甚至出现了转机。

应松年教授在考察了各种纠纷解决途径之后，认为："鉴于行政裁决和行政仲裁一般发生在专业性和技术性较强的领域，可以考虑行政裁决和行政仲裁以前置为原则，当事人对行政裁决和行政仲裁的决定不服时，再向人民法院提起行政诉讼。行政复议和行政诉讼是大多数行政领域的通用纠纷解决方式，原则上可以将纠纷解决

---

[1] 参见《中华人民共和国行政复议法实施条例》（2007年施行），第50条规定："有下列情形之一的，行政复议机关可以按照自愿、合法的原则进行调解：（一）公民、法人或者其他组织对行政机关行使法律、法规规定的自由裁量权作出的具体行政行为不服申请行政复议的；（二）当事人之间的行政赔偿或者行政补偿纠纷。当事人经调解达成协议的，行政复议机关应当制作行政复议调解书。调解书应当载明行政复议请求、事实、理由和调解结果，并加盖行政复议机关印章。行政复议调解书经双方当事人签字，即具有法律效力。调解未达成协议或者调解书生效前一方反悔的，行政复议机关应当及时作出行政复议决定。"

方式的选择权交给当事人，由当事人自主选择是先申请行政复议还是直接提起行政诉讼。二是尽可能的扩大行政诉讼的受案范围，将行政管理领域的所有法律纠纷都纳入到行政诉讼中来，让所有法律纠纷都由法院来最终把关，使得当事人对行政机关作出的纠纷解决结果不服时，都有寻求法院救济的机会。"[1]

将行政复议作为行政裁决的后续性程序，也即作为进入行政诉讼环节的前置性程序，行政复议改变行政裁决的决定的，仍然按照《中华人民共和国行政复议法》的要求，当事人应该以改变后的结论向人民法院提起诉讼，而不是原来的行政裁决决定，进入行政诉讼环节后，对于当事人之间的专利权纠纷是否可以进行附带审理，还是仅仅审理行政复议的决定，不同的选择，将对制度衔接带来不同的影响。

《中华人民共和国行政复议法》第 19 条关于复议前置的诉讼受理规定："法律、法规规定应当先向行政复议机关申请行政复议、对行政复议决定不服再向人民法院提起行政诉讼的，行政复议机关决定不予受理或者受理后超过行政复议期限不作答复的，公民、法人或者其他组织可以自收到不予受理决定书之日起或者行政复议期满之日起十五日内，依法向人民法院提起行政诉讼。"只要有法律明确规定为前置性事项的，一方当事人提起行政复议申请，而另一方当事人提起行政诉讼的，则按照行政复议前置的规定，行政诉讼应当中止，等待行政复议的进行。行政复议前置性程序的设计，主要限于几个权属性较强的领域，为了实现上级对下级的有效监督，也为了解决法院不了解情况的尴尬，另外，也避免了一方当事人向法院提起诉讼，而另一方当事人却提起了行政复议的申请，节约了

---

[1] 应松年：《构建行政纠纷解决制度体系》，载《国家行政学院学报》2007 年第 3 期。

纠纷解决时间。

我国专利法规中并没有规定行政裁决的行政复议程序，也没有禁止进行行政复议。根据《中华人民共和国专利法》（2008年修正）第58条"对实施强制许可的使用费的裁决不服的，可以自收到通知之日起3个月内向人民法院起诉"的规定，虽然时间上有进行行政复议的可能，但是关于使用费的争议，并没有太多的技术含量，专利主管部门介入进行行政裁决的目的旨在为当事人提供一次快捷解决纠纷的机会，如果当事人对行政裁决不服，可以直接去法院起诉，而不是向行政裁决机关的上级主管部门进行行政复议追究行政裁决机关的责任。

《中华人民共和国专利法》（2008年修正）第60条规定："……管理专利工作的部门处理时，认定侵权行为成立的，可以责令侵权人立即停止侵权行为，当事人不服的，可以自收到处理通知之日起十五日内依照《中华人民共和国行政诉讼法》向人民法院起诉；侵权人期满不起诉又不停止侵权行为的，管理专利工作的部门可以申请人民法院强制执行。进行处理的管理专利工作的部门应当事人的请求，可以就侵犯专利权的赔偿数额进行调解；调解不成的，当事人可以依照《中华人民共和国民事诉讼法》向人民法院起诉。"尽管没有严令禁止行政复议，但其中15日的起诉时间，显然没有给当事人提起行政复议的时间。

日本行政裁判法（相当于我国的行政诉讼法）和我国有一样的规定，当事人对一般行政官厅的行为均可以进行程序的选择，或者先行复议，或者直接起诉到法院。但日本专利法明确规定了专利行政不服案件（相当于我国的行政复议）必须先行进行行政不服审查，否则不能起诉到法院。[1] 棚濑孝雄也支持这一观点："无论在解决民事纠纷的行政解决机制当中，还是在解决民事纠纷的行政解纷机制当中，充分尊重纠纷当事人的自我意志已成为顺利、快捷、彻底、有效地解决纠纷的前提性条件。在我国目前的制度框架下，对行政裁决的行政救济的具体方式是提起行政复议。"[2] 对行政裁决进行行政复议并不侵犯当事人的程序选择自由权，而是监督行政裁决部门公正裁判，以及为当事人之间纠纷的及时化解提供一次机会。

3. 行政复议为选择性程序

行政裁决在很多领域曾经具有裁决终局的效力，在裁决终局的情形下，是排除司法审查的，只可以向上级主管部门进行申诉与复审，衔接也就极其简单。但是2001年我国加入WTO后，行政裁决制度有了较大的修改，甚至出现了大范围的萎缩。最高人民法院的态度是："为适应加入世界贸易组织的要求，我国专利法、商标法进行了相应的修改，取消了专利复审委员会和商标评审委员会的行政终局决定制度，规定当事人不服专利复审委员会和商标评审委员会的复审决定或裁定的，可以向人民法院提起诉讼。"[3]《中华人民共和国行政复议法实施条例》（2007年施行）第42条规定："行政复议期间有下列情形之一的，行政复议终止：（一）申请人要求撤回行政复议申请，行政复议机构准予撤回的；（二）作为申请人的自然人死亡，没有近亲属或者其近亲属放弃行政复议权利的；

---

[1] 穆魁良、韩晓春：《专利行政纠纷代理》，知识产权出版社2010年版，第304页。

[2] [日] 棚濑孝雄：《纠纷的解决与审判制度》，王亚新译，中国政法大学出版社2004年版，第330页。

[3]《最高人民法院关于专利法、商标法修改后专利、商标相关案件分工问题的批复》（已失效）。

(三)作为申请人的法人或者其他组织终止,其权利义务的承受人放弃行政复议权利的;(四)申请人与被申请人依照本条例第四十条的规定,经行政复议机构准许达成和解的……"[1]

行政裁决作出决定后,从尊重当事人的程序选择权的角度出发,行政复议可以作为一种选择性程序,而不是进入行政诉讼的前置性程序,不是行政裁决的后置性程序(不是必经程序),而是选择性程序。当事人如果选择行政复议,则发生与以上论述"行政裁决决定⇒行政复议 ⇒行政诉讼或行政附带民诉"相同的结果,如果不选择行政复议,则发生与上述"行政裁决决定 ⇒行政诉讼或民事诉讼或行政附带民诉"相同的情形。二者不同的地方关键在于专利权纠纷行政裁决决定是可以进行行政复议,还是必须进行行政复议。前者强调当事人的程序选择自由权,可以自主选择适合自己的救济方式,后者更强调行政裁决的居间裁判的准司法功能,具有相对的独立性,不同于一般的具体行政行为。当事人一旦选择了行政复议,行政复议过程就可以按照相关事实改变或维持原行政裁决决定,当事人不能反悔,只能再进入行政诉讼或行政附带民事诉讼程序解决纠纷,假定当事人只针对行政复议决定的不合法而起诉,那么就只能进入行政诉讼程序,如果附带解决当事人行政裁决前的专利权纠纷,则可以附带解决,这个原则充分体现了法院的解纷功能。当事人不选择行政复议,则只能提起行政诉讼,或民事诉讼,或行政附带民事诉讼程序。

六、行政裁决后与诉讼程序的"衔接"

行政裁决后,即形成行政裁决决定以后,由于行政裁决决定可

---

[1] 参见《中华人民共和国行政复议法实施条例》(2007年施行),第42条。

能会对原来当事人之间的权利与义务造成新的影响，因而，行政裁决决定作出后就形成两个纠纷，一个是当事人之间原来的纠纷；另一个是当事人对决定作出的双方权利义务的处理不服而可能产生的新的纠纷。要建立畅通的"裁诉衔接"机制。我国现行法律对于行政裁决后的诉讼选择规定不统一，当事人不服行政裁决时，往往不知道是提起民事诉讼还是行政诉讼，可能同时或先后提起不同的诉讼。而建立畅通的"裁诉衔接"机制，可以提高当事人选择行政裁决救济的积极性，让行政裁决"分流阀"的功能自动被实现。实践中，可以以行政裁决的类型作为裁诉衔接的选择依据。行政裁决分为确权类行政裁决与非确权类行政裁决，前者如自然资源权属纠纷、知识产权类纠纷，这一类纠纷不仅涉及专业知识，还涉及公共利益，对这一类行政裁决可以提起行政诉讼，依法一并审理；若是非确权类行政裁决，如交通事故、消费者权益、环境保护等纠纷，可以选择民事诉讼，行政裁决则可以作为证据在民事诉讼中使用。[1] 正因为如此，承接其后的程序也将有所不同，大致可以分为以下几种模式：

（一）行政裁决后与行政诉讼的"衔接"

1. 个案考察

2001年6月19日通过的《最高人民法院关于审理专利纠纷案件适用法律问题的若干规定》第25条规定：当管理专利工作的部门对专利权确权纠纷作出行政裁决，当事人不服向法院起诉时，法院只能就当事人的诉讼请求进行全面审查，审查确权行政裁决行为是否合法；经过审查后，也只能就确权行政裁决作出维持或撤销判决，无权直接变更或宣告行政裁决无效。行政保护与司法保护二者

---

[1] 刘志峰：《行政裁决：化解民事纠纷的"分流阀"》，载《学习时报》2021年10月20日，第2版。

间的互不对话、各自为政，不仅造成了行政处理资源的浪费，也极大地损害了管理专利工作的部门的积极性，不利于及时、高效地保护专利权人的合法权利。[1]

以"陈某等诉新疆维吾尔自治区知识产权局专利权行政裁决纠纷案"[2]为例，在该案中，原告陈某、孔某、姜某不服被告新疆维吾尔自治区知识产权局新知法字［2010］第 7 号专利侵权纠纷处理决定书，直接于 2010 年 6 月 8 日向乌鲁木齐中级人民法院提起行政诉讼。

原告对被告新疆维吾尔自治区知识产权局在专利案件行政执法、行政裁决程序中证据规则等问题提出了质疑。被告新疆维吾尔自治区知识产权局负有举证责任：举证自己在处理该起纠纷时，对案件当事人所提供的书面证人证言进行了当庭质证，庭后找证人进行了核实，其程序并不违法。且该证人证言最终并未被作为案件处理的主要证据。

在行政诉讼过程中，法院对新疆维吾尔自治区知识产权局行政裁决过程进行法律审与事实审，审理认定被告在审理此案时，对证人吴某和赛某出具的书面证明进行了质证，庭后找证人进行了核实，"对证人出庭作证并非强制性要求"，认为行政裁决过程"认定事实清楚，证据确凿，程序合法，适用法律正确，应予以维持"。

此案中对证据的认定基本上是针对行政裁决过程所采用的证据，在对该案审理中，进行了全面审查，看似在维护当事人的利益，而实际上则是对行政裁决机关的判断表示不满，尤其是对行政裁决机关的对证据的采用的公信力表示怀疑。那么，作为行政裁决机关上级的行政复议机关，有着更专业的判断，加上行政复议的启

---

［1］《最高人民法院关于审理专利纠纷案件适用法律问题的若干规定》第 25 条。
［2］ 新疆维吾尔自治区乌鲁木齐市中级人民法院（2010）乌中民三行字第 5 号。

动程序相对简单、方便，如果在进入行政诉讼前，先进行行政复议，在行政复议过程中仅对行政裁决的程序性问题进行审查，就可以快速解决行政裁决机关不当行为的问题，使得行政裁决机关及时纠正错误。

2. 行政裁决的多重价值

当事人对于行政裁决决定不满意，根据相关法规提出申请进入行政诉讼环节的过程，起到了兼有的法律效果：一方面，当事人程序选择自由权得到体现，当事人之间的纠纷有希望得到较为满意的解决；另一方面，当事人也同时启动了对行政裁决的司法审查程序，法院在对当事人之间的纠纷进行裁判的同时，也会对行政裁决过程的合法性进行审查，从而在发挥自己解决纠纷功能的同时，也对行政机关的行为进行相应的监督，发挥出自己的司法审查功能。"人们一般还是视司法审查为能够抑制行政活动中的过度行为的最重要的保障。"[1] 行政机关必须依法行使职权，怠于行使权力或者滥用权力都应当承担相应的法律责任。"没有司法审查，那么行政法治等于一句空话，个人自由和权利就缺乏保障。司法审查不仅在其实际应用时可以保障个人的利益，而且由于司法审查的存在对行政人员产生一种心理压力，可以促使他们谨慎行使权力。"[2]

为公民私权利提供最终的、有效的救济，是现代行政法治的一个基本价值追求。一方面，行政裁决是行政机关对民事争议进行裁决的具体行政行为，其裁决结果对于当事人的权利义务关系产生实质性影响，对当事人具有法律拘束力。行政裁决权解决的对象是平等主体之间的民事纠纷，其实质涉及行政权对公民民事权利的介入

---

[1] [美] 欧内斯特·盖尔霍恩、罗纳德·M.利文：《行政法和行政程序概要》，黄列译，中国社会科学出版社1996年版，第45页。

[2] 王名扬：《美国行政法》，中国法制出版社1995年版，第566页。

和处理,这一制度设置固然能够实现行政管理的目标,达到高效、便捷地处理民事纠纷的目的,但同时亦将公民权利置于受到强势的行政权侵害的较高风险之下。另一方面,行政裁决权的违法行使或者滥用,势必会造成当事人权益受损。有必要建立对行政裁决权的监督和审查制度,通过对行政主体行使行政裁决权进行有效的监督和制约,保证其最大可能地合法、公正地行使裁决权,才能防范行政权的扩张和滥用,对公民权利实行较为完善的保护。应松年先生在考察了纠纷解决的现状之后对行政解纷机制予以高度关注:"在现代社会,仅仅依靠法院来解决纠纷已不可能,行政机关理应成为解决社会纠纷不可缺少的重要力量,甚至是主要力量。认为解决纠纷只是法院的事情,这种观念已不适应现代社会的发展和要求。而且,行政纠纷因行政机关的行政管理行为而起,行政机关有义务先行处理行政纠纷,而不应当将自己引发的纠纷全部甩手给法院。现有的行政裁决、行政仲裁和行政复议制度存在的主要问题是对解决纠纷的制度必须以公正为核心的理念没有完全树立,导致现有制度中缺乏最基本的程序保障。将来的主要任务是增加这三项制度的公正性的程序设置,使绝大部分社会纠纷消化于这一层面。但是,必须指出,行政裁决、行政仲裁和行政复议,都不能具有终局效力,当事人如果对其决定不服,都有权向人民法院提起行政诉讼。"[1]

《中华人民共和国专利法》(2008年修正)第58条关于使用费争议的规定,问题的实质仍然是专利权的实现与保护问题,行政机关居间裁决,费用的多少仅仅是一种出于专业水准的判断,而不牵涉到运用行政职权对双方或当事人一方予以行政处理,所以,作为被起诉的客体,显然不合适。最好的办法是提起知识产权的民事诉

---

[1] 应松年:《构建行政纠纷解决制度体系》,载《国家行政学院学报》2007年第3期。

讼，而专利权的处理部门作为第三人，比较合适。该法第60条关于侵权纠纷的行政裁决，主管专利的行政机关，参与纠纷的处理既是一种公共服务，也是一种基于职权便利的特点对当事人之间关于专利权的权属等的关系予以及时确认，恢复专利权原初的价值。不受任何保护的专利制度，专利也就无立足之地，而对专利制度最为了解，且专业性最强的部门就是主管专利的行政部门，及时将专利的价值恢复到专利受侵犯前的状态，不仅仅是当事人的"一厢情愿"，也是责任政府服务于民的体现。因而，在进入行政诉讼程序前，给主管专利的部门充分发挥自己专业特长的机会，甚至是纠错的机会，要比单纯的寻求对主管专利部门的惩罚的所谓"救济"要科学的多。

3. 专利权纠纷经行政裁决后，进入行政诉讼程序的几个衔接点

（1）行政裁决作为专利权纠纷进入行政诉讼的前置性程序。对于行政裁决进行司法审查，也就是进入行政诉讼环节，不管从理论上，还是从实践中，都没有什么障碍。《中华人民共和国行政诉讼法》也规定公民、法人或者其他组织认为侵犯其人身权、财产权的具体行政行为属于行政诉讼受案范围，那么当行政机关的某类具体行政行为直接影响或可能侵犯到相对人的人身权和财产权时，就应当纳入行政诉讼的受案范围。行政机关的居间裁决属于具体行政行为，一经作出即确立了当事人间的权利义务关系，有可能侵犯一方当事人的合法权益，给相对人的人身权、财产权造成损失。而且，一些法律、法规还授权行政机关在作出这种裁决时可以采取强制措施或保全措施，甚至赋予行政机关对这些裁决的强制执行权。因此，对相对人权益的影响很大，应当将其纳入行政诉讼的受案范

围,以使受到该类行为侵害的合法权益获得法律救济。[1]

不管出于何种动机,专利权纠纷都应由法院作最终裁决,而不是首先由法院裁决,也不应排除在法院介入之前由其他部门,尤其是管理专利的部门先行解决。专利管理部门关于专利权纠纷的行政裁决,不仅是为了解决当事人之间的纠纷,还可以及时发现专利权保护中潜在的漏洞,可以避免类似情形的再次发生,形成较为健康的专利权保护氛围。

按照目前的立法,即使不能够在所有的专利权纠纷进入行政诉讼之前,先行进行行政裁决,也至少应该鼓励在那些专业性较强,与专利管理密切相关的领域先行进行行政裁决,后进入行政诉讼,而不是直接提起民事诉讼。

(2) 行政裁决决定的效力应该在行政诉讼决定前得以延续。行政裁决决定的效力能否得以延续,也就是行政裁决的法律效果如何,直接决定了行政裁决的发展方向。《专利行政执法办法》(2010) 第 42 条规定:"管理专利工作的部门作出认定专利侵权行为成立并责令侵权人立即停止侵权行为的处理决定后,被请求人向人民法院提起行政诉讼的,在诉讼期间不停止决定的执行。侵权人

---

[1] 林莉红教授认为:行政机关居间裁决案件应统一作为行政案件纳入行政诉讼的范围。理由如下:其一,行政诉讼的根本目的是保护公民、法人或者其他组织的合法权益;其二,居间裁决是由国家行政机关依法运用行政权作出的行政行为,具有法律效力,只有该行政机关或比它更有权威的上级行政机关或人民法院才能将其撤销或改变;其三,行政机关居间裁决民事纠纷作为一种管理手段,从中华人民共和国成立以后一直存在于实际社会生活之中。行政机关居间裁决领域的扩大,居间裁决作为一类案件的出现是随着改革开放的进程,由于社会经济生活的发展,行政管理领域扩大,专业性增强而必然出现的行政权力扩大的结果。行政权力扩大是客观现实的要求,我们必须正视这一现实,当行政权力扩大到司法领域时,司法领域继续保留对这一部分行政权力的最终审查权亦属必要。参考林莉红:《关于行政机关居间裁决诉讼性质的研讨》,载《法商研究(中南政法学院学报)》1997 年第 4 期。

对管理专利工作的部门作出的认定侵权行为成立的处理决定期满不起诉又不停止侵权行为的,管理专利工作的部门可以申请人民法院强制执行。"该条对专利权纠纷行政裁决决定效力的论述,也从另一个方面论证了行政裁决的必要性。"司法审查目标是制约行政权,而不是代行行政权,司法审查之所以有存在的必要不是因为法院可以代替行政机关做最理想的事,而是因为法院可以促使行政机关尽可能不做不理想的事。"[1] 国外的行政司法实践早已经接受并认可了这一观点,比如,英国行政裁判所赋予当事人从裁判所向法院提起上诉权利的时候,通常将该权利限于对法律问题提起上诉。[2] 美国对行政机关决定的司法审查中,法院对法律问题的审查的范围和决定权的权力比较大,可以用法院对法律问题的结论代替行政机关的法律结论。但是,对于事实问题,法院一般尊重行政机关的裁定,不能用法院的意见代替行政机关的意见。法国法院系统同样尊重行政机关自由裁量权。法院虽然对行政机关认定的事实予以审查,但是通常情况下尊重行政机关的判断。"对专利管理机关行政调处的司法审查应具有类似于民事诉讼二审的特点,对事实证据的审查具有复核性质,法律审是司法审查的重点,司法审查的根本目的在于解决当事人之间的民事纠纷。"[3] 由此,司法对行政机关裁决纠纷决定的审查应当主要限制在法律问题方面,专利管理部门在履行行政裁决的同时,应接受权力的监督,保证裁决的公正性与权威性。人民法院也应充分尊重行政裁决中的事实认定。在一般情况

---

[1] [法] 莫里斯·乌里奥:《行政法与公法精要(上册)》,龚觅等译,辽海出版社、春风文艺出版社1999年版,第49页。

[2] [英] 威廉·韦德:《行政法》,徐炳等译,中国大百科出版社1997年版,第673页。

[3] 王活涛、刘平:《专利纠纷的行政调处和司法审查协调之重构》,载《科研管理》2000年第1期。

下，人民法院充分尊重行政裁决中认定的事实，而着重进行法律审。除非当事人能够提出推翻行政裁决的证据，人民法院应当维持行政裁决对事实的认定。

一般来说，行政机关对纠纷事实的认定应当得到尊重与认可，并可以作为证据使用。但是，值得注意的是，行政机关裁决程序必须规范化和制度化，否则没有经过法定程序认定的事实关系缺乏司法的监督，事实上导致司法复审程序的虚设以及当事人的合法权利难以保障。

（3）行政裁决过程中的证据，被行政诉讼过程直接采纳。在行政裁决过程中，行政机关作出裁决的依据是由当事人提供的，基本上遵守"谁主张，谁举证"的举证规则。行政裁决机关仅对申请人提供证据的认定、采纳，法律的适用，遵循法定程序等问题承担举证责任。因此，在涉及行政裁决的行政诉讼中，被告行政裁决机构对行政裁决行为的合法性承担举证责任。法院应重点审查的是被告是否尽到了法律规定的对申请人提交证据材料的审查义务及法律适用和履行程序的情况，但法院不宜因行政机关未履行收集证据的职责而判决撤销被告作出的裁决或确认违法。

在行政裁决过程中，行政机关虽然没有收集证据的职责和义务，对事实证据的收集不负举证责任，但是为了准确把握信息，以及充分发挥行政机关的职权优势，行政裁决机关可以根据自己的职权进行必要的调查，调查到的证据不仅仅可以在行政裁决过程中加以使用，而且即使进入行政诉讼环节，行政机关主动搜集到的证据也可以作为证明行政机关行政裁决公正与否的证据。也就是说，行政机关主动收集到的证据是一把"双刃剑"，既可以对自己有利，也可以成为受到监督与拘束的不利因素，因而，行政机关在主动进行调查证据时的程序要求也就比较高，必须遵守正当法律程序。

另外一个需要注意的问题是，原告不能以在行政机关作出裁决时其未提交的证据（包括裁决后原告新取得的证据）来要求法院判定行政裁决行为违法。行政机关是根据当事人提供的证据作出裁决的，如无其他不合法之处，其作出的裁决就是合法的。当事人举证不能的责任应当由其本人承担，这一点亦符合《最高人民法院关于民事诉讼证据的若干规定》的相关规定。如第3条第1款"在诉讼过程中，一方当事人陈述的于己不利的事实，或者对于己不利的事实明确表示承认的，另一方当事人无需举证证明"。以及第2款"在证据交换、询问、调查过程中，或者在起诉状、答辩状、代理词等书面材料中，当事人明确承认于己不利的事实的，适用前款规定"。该规定第4条规定的"一方当事人对于另一方当事人主张的于己不利的事实既不承认也不否认，经审判人员说明并询问后，其仍然不明确表示肯定或者否定的，视为对该事实的承认"。第5条规定的"当事人委托诉讼代理人参加诉讼的，除授权委托书明确排除的事项外，诉讼代理人的自认视为当事人的自认""当事人在场对诉讼代理人的自认明确否认的，不视为自认"。该规定第63条规定的"当事人应当就案件事实作真实、完整的陈述""当事人的陈述与此前陈述不一致的，人民法院应当责令其说明理由，并结合当事人的诉讼能力、证据和案件具体情况进行审查认定"。当事人如果在行政裁决后取得了新的对其有利的证据，而人民法院仍判决行政裁决行为合法，对当事人来说是不公平的，也不利于维护社会稳定。在这种情况下，人民法院可以在判决行政裁决行为合法的情况下，向行政机关提出重新裁决的司法建议，或者在行政诉讼过程中引入适当协调机制，促使行政机关自行撤销原裁决，作出新的裁决。这样既可以维护行政裁判权的独立性行使，又可以起到保护当

第六章　专利权纠纷行政裁决与其他解纷方式的"衔接"

事人合法权益的作用。[1]

（二）行政调解后，与民事诉讼程序的"衔接"

《中华人民共和国民事诉讼法》第3条明确规定："人民法院受理公民之间、法人之间、其他组织之间以及他们相互之间因财产关系和人身关系提起的民事诉讼，适用本法的规定。"自中国加入WTO后，最高人民法院对专利、商标等案件的分工如下："……按照行政诉讼法有关规定，此类案件应由北京市高、中级人民法院管辖。确定人民法院审理此类案件的内部分工既要严格执行有关法律规定，又要照顾当前审判实际，避免对涉及同一知识产权的行政审判与民事审判结果发生矛盾。据此，对于人民法院受理的涉及专利权或者注册商标专用权的民事诉讼，当事人就同一专利或者商标不服专利复审委员会的无效宣告请求复审决定或者商标评审委员会的裁定而提起诉讼的行政案件，由知识产权审判庭审理；不服专利复审委员会或者商标评审委员会的复审决定或者裁定的其他行政案件，由行政审判庭审理。"[2] 如此设计，直接影响到专利权管理部门对专利权纠纷进行行政裁决的积极性。"出力不讨好，一不小心就当被告"的结局，导致行政裁决的全面萎缩，但是行政调解并没有，也不可能替代行政裁决的功能与作用。本来应该由专利管理部门完成的裁判全部留给了法院来处理，如此更加重了"诉讼爆炸"给人民法院带来的难题，以及专利权纠纷解决相对迟滞的问题。

在《中华人民共和国专利法》（2008年修正）第60条，2020年该法修订后第65条中关于"当事人可以依照《中华人民共和国

---

[1] 贺荣主编：《行政执法与行政审判实务——行政裁决与行政不作为》，人民法院出版社2005年版，第18页。
[2] 《最高人民法院关于专利法、商标法修改后专利、商标相关案件分工问题的批复》法〔2002〕117号。

民事诉讼法》向人民法院起诉"的规定中,存在以下问题:行政调解怎么与行政裁决相并列?假如将行政调解作为行政裁决的前置性程序,或者将行政裁决作为行政调解的后续性纠纷解决程序,是否更能体现对专利保护的效率?时下行政裁决让位于行政调解的作法,虽然可以避免行政裁决机关被作为行政诉讼的被告而应诉,但事实上,行政裁决与行政调解不仅不应相互矛盾,而且应该有更好的组合方式,本书建议构建行政调解作为行政裁决的前置性程序,也就是在行政裁决前先行进行行政调解,在调解无望后才可以进入行政裁决过程,即便在行政裁决过程中,能够让当事人彼此沟通与协商,随时进行调解,理性地选择最适合的保护方式,都是纠纷解决的趋向。如果在法院进行民事诉讼的过程中都力主通过当事人之间的调解来化解纠纷的话,那么在行政裁决过程就更适于当事人之间展开对话,并且在简便易行的程序下,主管专利的部门的积极引导将使当事人双方的对话与协商更有针对性。

有一种假设:行政裁决如果被看作是由行政机关代替法院而进行的初审行为。行政裁决的职能目标在于解决纠纷,而不是行政管理,行政裁决机关中的裁决人员则类同于法官,因而应给予裁决人员同法官一样的职务豁免权,即"应被保护免受针对他们的有关其司法职责方面的个人诉讼的困扰,除非经适当的司法当局授权,否则不得被起诉或控告"。[1]

对此,英国著名大法官丹宁勋爵曾在一份判词中专门言及:任何以法官在行使其审判权时的言行对法官进行的起诉都是不成立……对受害一方的补救办法是向上级法院提出上诉或者申请人身保护状,要不就申请再审令或调卷令,或者采取此类步骤以撤销法

---

[1] 樊崇义主编:《诉讼原理》,法律出版社2003年版,第445页。

官的判决。当然,倘若法官受贿或者哪怕有一点点腐化行为,或者法官滥用司法程序,那他将受到刑事法庭的惩处。但除此以外,法官不受赔偿的起诉。这倒不足以认为法官有任何犯错误和办错事的特权,而是因为他应该能够完全独立地施展履行职责而无需瞻前顾后……绝不能弄得法官一边用颤抖的手指翻动法书,一边自问:"假如我这样做,我要负赔偿损害的责任吗?"[1]丹宁勋爵的这段话虽然是针对法官而言,但是应当同样适用于一切居间调解人和裁判者,当然也包括行政裁决人。这一点已在美国充分展现,最高法院认为行政法官享有司法法官的全部特免。[2]但需要特别提出的是,裁判者免受追诉是指作为机构的裁判者,不应因自己的裁判行为而被诉诸法院,但这并不是说裁判者可以为所欲为。一旦发生裁判者个人严重违背程序规则或故意枉法裁判等行为,仍可以追究行为人个人的行政责任甚至刑事责任。

我国关于行政裁决的设计与英美不同,将行政裁决纳入行政诉讼受案范围,使得行政裁决主体的主管部门纷纷放弃裁决权转而用比较温和的方式,劝解、调解,鼓励当事人之间协商解决纠纷,而裁决主体独立于事外,不作任何评判,双方相互妥协,达成协议,则可以制作行政调解协议书,否则,可以直接起诉到法院,并非必须经过行政裁决,使得行政裁决处于名存实亡的尴尬局面。由民事审判庭审理民事纠纷,是否更便于解决纠纷当事人的争议,更利于无后顾之忧的行政裁决机关独立、客观地进行裁决,值得进一步的探索。

---

[1] [英]丹宁勋爵:《法律的正当程序》,李克强、杨百揆、刘庸安译,法律出版社1999年版,第70—72页。

[2] 王名扬:《美国行政法》,中国法制出版社2005年版,第806页。

(三) 行政裁决与行政附带民事诉讼（民行交叉）的"衔接"

所谓行政附带民事诉讼，是指人民法院在审理行政案件的同时，对与引起该案件的行政争议相关的民事争议一并审理的诉讼活动。[1]"附带"属于一个不周延的法律概念，有必要进一步予以界定。学界归纳为以下几个方面：其一，"附带"的实质是两种不同性质的诉讼的合并，行政诉讼所要解决的是被诉行政行为的合法性问题，原告是民事争议的一方主体，被告是行政主体，而民事争议的另一方主体则作为第三人参加诉讼。民事诉讼中行政主体不是当事人，民事争议双方主体各为原被告，合并的目的在于诉讼效率。其二，"附带"说明行政诉讼是主诉，民事诉讼要以行政诉讼的存在以及解决为前提，一般要遵循"先行后民"的程序。其三，"附带"意味着两个不同性质的诉，从根本上说是可以分离的，因此，两个诉要分别适用不同的诉讼原则和诉讼制度，而不能混淆。[2]

"一并审理"又当作何解释？大致可作以下解释：其一，"一并审理"的前提是民事争议当事人的申请行为，这种申请行为由一方当事人提出即可，无须就此征求对方的同意（与仲裁要求双方当事人的共同同意为前提相区别）。其二，人民法院对一方当事人的申请没有必须"一并审理"的义务，人民法院在决定是否一并审理的问题上，拥有自由裁量权。其三，"一并审理"的发生前提是行政裁决行为违法，首先须有行政主体已经进行了裁决行为，而不应包括拒绝裁决或逾期不履行裁决义务等不作为违法，在不作为情况

---

[1] 1999年11月24日，最高人民法院审判委员会第1088次会议通过《最高人民法院关于执行〈中华人民共和国行政诉讼法〉若干问题的解释》（法释〔2000〕8号）。参见该解释第61条规定："被告对平等主体之间民事争议所作的裁决违法，民事争议当事人要求人民法院一并解决相关民事争议的，人民法院可以一并审理。"

[2] 贺荣主编：《行政执法与行政审判实务——行政裁决与行政不作为》，人民法院出版社2005年版，第21页。

下，法院只能作出履行判决，而不能直接进入民事审理程序。[1]但是，在实践中这些理论均没有得到统一，因而如何适用，以及如何进入诉讼环节较为混乱。

适用行政附带民事诉讼应同时满足以下条件：其一，附带民事诉讼以行政案件成立为前提。若行政诉讼被法院裁定驳回起诉或不予受理，民事诉讼自然无法被"附带"。其二，被诉具体行政行为应是被告对平等主体之间民事争议所作的行政裁决。如果原告提起行政诉讼的标的不是行政裁决行为的，即使涉及民事争议，法院也不能一并审理。由于行政裁决是一种具体行政行为，故具有一般行政行为的效力。民事争议双方如果对行政裁决不服，要求重新解决民事争议，必须首先通过行政诉讼的途径摆脱行政裁决效力对他们的约束，但当事人提起行政诉讼的目的显然是为自己的民事争议的最终解决创造条件。因此从诉讼效率、便民的立足点出发，赋予人民法院在对行政裁决进行审查时，一并对平等主体间的民事争议进行审查是合理的。其三，在被诉的行政裁决行为违法的情况下，人民法院才可以进行合并审理。因为一并审理的目的是为了在行政诉讼中解决民事争议，若行政裁决合法，法院应当作出维持判决，那么民事争议可以依行政裁决而得以解决。其四，必须是民事争议当事人要求法院一并解决相关民事争议。在行政审判实践中，若当事人没有要求法院一并审理的，法院不应一并审理。本书主张，是否对民事争议和行政争议一并审理，应尊重当事人的意愿。若有一方当事人不同意一并审理的，法院就不应该一并审理。其五，有关联的民事诉讼请求必须在行政诉讼过程中提出。否则，应另案处理。

---

[1] 贺荣主编：《行政执法与行政审判实务——行政裁决与行政不作为》，人民法院出版社2005年版，第22页。

总之，在具备以上所列条件的情况下，人民法院在审理行政案件过程中可以考虑一并审理民事争议，但不是必须一并审理。因为在有的情况下，某些特别复杂的民事案件，不适宜由行政审判庭审理。

行政附带民事诉讼是一种以行政诉讼为主诉，以民事诉讼为附诉的法律制度。在审判实践中，通常先审理行政部分，然后再审理民事部分。如果民事部分案情较为复杂，可能延误行政诉讼审理期限的，也可以先对行政部分审理并作出判决后，再由同一审判组织继续审理民事部分。行政和民事判决、裁定一般应分别作出。值得注意的是，在行政附带民事诉讼案件的审理中，应区分行政诉讼和民事诉讼规则的不同。在各自部分分别适用各自的规则，不可混淆。具体说来，行政诉讼的被告不可提出反诉，民事诉讼的被告则可以提出反诉；行政诉讼举证责任由被诉行政主体承担，而民事诉讼的举证责任由主张权利的一方当事人承担；行政诉讼不适用调解，附带民事诉讼部分则可以在法庭主持下调解，甚至可以案外和解。此外，当事人在一审行政诉讼中没有提出附带民事诉讼的，二审中一般不宜再提出。因为在二审审理过程中再提出附带民事诉讼极易引起审级上的混乱。对此种情形法院应告知当事人另行起诉。[1]

我国《中华人民共和国行政诉讼法》第50条规定的行政案件不适用调解，应该是指行政案件中体现公权力的部分不能调解，而不是禁止对涉及的民事法律关系进行调解。而且《中华人民共和国行政诉讼法》之所以规定行政案件不适用调解，是因为当时行政诉讼制度还属于初创时期，出于对当事人利益保护和维护国家权力严肃性的目的，所以对调解结案予以禁止。就其立法本意来看，应是

---

〔1〕 李华菊、侯慧娟：《试论行政裁决的司法审查程序——兼谈行政附带民事诉讼案件的审理》，载《行政论坛》2002年第2期。

仅针对公权力而言的。由此看来，相关法律虽未直接规定行政附带民事调解结案的方式，但这种做法并不违反法律。调解与之前论证的协商，其实都意在和解，实现案结事了。"在行政诉讼过程中，作出具体行政行为的行政机关承认其具体行政行为具有违法或不当的瑕疵，因而承认相对人的请求，双方在人民法院主持下达成调解，在实体法上应该是没有问题的。"[1]

《中华人民共和国行政诉讼法》于2014年11月经历了较大幅度的修改，该次修改将司法实践中遇到的实际问题与审判经验结合起来，使得行政诉讼法迎来了一次历史性变革。该法与最高人民法院关于"立案登记制"的司法解释均于2015年的5月1日实施，对于行政诉讼来说具有里程碑意义。关于人民法院能否主持调解，该法第60条第1款规定："人民法院审理行政案件，不适用调解。但是，行政赔偿、补偿以及行政机关行使法律、法规规定的自由裁量权的案件可以调解。"该条第2款进行了一定适用上的限制："调解应当遵循自愿、合法原则，不得损害国家利益、社会公共利益和他人合法权益。"行政诉讼本身就是在司法实践的推动下产生的，反过来也在推进着司法实践的不断变革与完善。

2014年11月修正的《中华人民共和国行政诉讼法》关于行政诉讼一并审理民事争议取得了突破。该法第61条第1款规定："在涉及行政许可、登记、征收、征用和行政机关对民事争议所作的裁决的行政诉讼中，当事人申请一并解决相关民事争议的，人民法院可以一并审理。"第2款规定："在行政诉讼中，人民法院认为行政案件的审理需以民事诉讼的裁判为依据的，可以裁定中止行政诉讼。"其中对行政裁决一并审理民事争议更加体现了实质性解决行

---

[1] 郭志远：《我国行政诉讼应建立调解制度》，载陈光中、陈卫东主编：《诉讼法理论与实践（2005年卷）》，中国方正出版社2005年版，第85页。

政争议的要旨。对于行政裁决本身来说，它既具有行政机关的裁断意见，也具有民事争议的"民行交叉"的特征，因而行政诉讼法修改后关于"一并审理"民事案件的规定对于行政裁决来说，具有一定的适配性。

自 2018 年 2 月 8 日起施行的《最高人民法院关于适用〈中华人民共和国行政诉讼法〉的解释》统一了之前关于行政诉讼适用中的司法解释，并且就一些难点与热点问题进行了权威解释。该法在"十、相关民事争议的一并审理"，从第 137 条至第 144 条作了较为详尽权威的解释。其中第 140 条第 1 款规定："人民法院在行政诉讼中一并审理相关民事争议的，民事争议应当单独立案，由同一审判组织审理。"第 2 款规定："人民法院审理行政机关对民事争议所作裁决的案件，一并审理民事争议的，不另行立案。"实际上是针对行政裁决本身特点，把其作为一个整体进行审理，将审理的重点放在民事争议的解决上，而不是行政机关裁决的判断上，是在尊重行政机关行政裁决的基础上进行的全面性审查，对于当事人来说，解决了争议，对于行政机关来说，也减少了顾虑，"解决问题"而不是制造新的问题才是行政诉讼对行政裁决进行审查，或者说二者相衔接的主基调。

第七章

专利权纠纷行政裁决的进一步完善

问题是创新的起点，也是创新的动力源。只有聆听时代的声音，回应时代的呼唤，认真研究解决重大而紧迫的问题，才能真正把握住历史脉络、找到发展规律，推动理论创新。[1]

——习近平

没有不联系实际的理论，只有提高不到理论层面的实际。[2]

——黄万里

"研究未来有两种方式：一种方式是推测最有可能出现的未来，一种方式是讨论最值得期望的未来"。[3] 专利权的保护是一个动态、延续的过程。虽然世界因发明而辉煌，但发明家个体仍常常寂寞地在逆境中奋斗。市场只认同具有直接消费价值的产品，很少有

---

[1] 习近平：《在哲学社会科学工作座谈会上的讲话》，载《人民日报》2016年5月19日，第2版。

[2] 黄万里教授主张从江河及其流域地貌生成的历史和特性出发，全面、整体地把握江河的运动态势；认识和尊重自然规律，把因势利导作为治河策略的指导思想。他的这一理论，在学术界有广泛的影响。他认为：科学家应该在自己的范畴内，按照自己的理论走向，对自然界最根本的问题和运行规律提出见解。至于应用，是工程师领悟了他的理论之后，具体操作找出办法。这句话是黄万里教授被错化成"右派"时的"言论"，讲的就是这二者的关系。参见丁宁DN，"丁宁心声"，2023年1月28日发表于北京。

[3] 丁伯根定理，由荷兰经济学家J.丁伯根提出。

人会为发明家的理想"埋单"。世界上有职业的教师和科学家,同时人们认识到教育和科学对人类的重要性,教师和科学家可以衣食无忧地培育学生,探究宇宙;然而,世界上没有"发明家"这种职业,也没有人付给发明家薪水。通过以上对专利权纠纷行政裁决的分析,可以得出:该研究的核心问题不是讨论是否应取消行政裁决制度的问题,而是如何发挥这一制度的优势;也不是讨论专利权纠纷行政裁决是否应取代其他纠纷解决方式的问题,而是如何使多种纠纷解决方式发挥出各自的优势,更有效、及时地解决专利权纠纷的问题。

一、信守国际条约,追求公开、公平、公正

在国际条约中,专利经常被放在知识产权领域,作为知识产权的一项重要内容。知识产权领域的相关国际条约对行政机关解决知识产权民事纠纷不仅不予排斥,而且认为与诉讼解决方式相比,这种行政解决方式具有合理性且具有其他方式难以取代的优越性。但是,前提是必须以司法为最终的纠纷解决方式,而且,行政裁决过程也应当可以接受司法审查。从1991年邓克尔文本的TRIPS协议制定开始,国际社会已经明确承认并支持行政执法在知识产权保护中的作用。该协议作为建立新一轮保护知识产权国际标准的国际条约,不仅没有强制性要求各成员国对知识产权纠纷只能通过诉讼程序解决,反而在该协议中明确规定了行政程序作为一种独立救济程序的地位。TRIPS协议第49条规定,在以行政程序确认案件的是非并责令进行任何民事救济时,该行政程序应符合基本与本节之规定相同的原则。因此,我国在保留知识产权民事争议行政裁决制度的基础上,应当加强行政裁决的程序性立法,即修改和完善相关配套法规,力求确保行政处理程序符合公开、公平、公正和效益的原则，符合 TRIPS 要求。[1]

在我国，涉外知识产权纠纷不仅数量不断增多，规模不断加大，而且范围日益广泛，对我国相关产业影响巨大。如果说中国在入世前贸易争端涉及的主要内容是贸易平衡、人权等问题，那么，今天中国与其他国家的贸易争端主要焦点之一则是知识产权保护问题。[2] 国家知识产权局原局长田力普指出，随着我国经济的快速发展和知识产权保护力度的加大，我国已经提前进入涉外知识产权纠纷高发期，这比许多专业人士先前的预测提早了 5 年到 10 年。[3]

（一）TRIPS 协议对知识产权的行政保护有所期待

1994 年 4 月 15 日，关税与贸易总协定（GATT）乌拉圭回合谈判的最后文件终于在马拉喀什签署，标志着临时实施了近半个世纪的 GATT 的使命得以结束，世界贸易组织（WTO）也由此成立。在乌拉圭回合谈判的一系列最后文件中，就包括了《与贸易有关的知识产权协议》（TRIPS 协议），该协议的缔结是 20 世纪知识产权发展史上最具里程碑意义的两件大事之一，以此为标志，与贸易有关的知识产权协议成为世界贸易组织的重要支柱。[4] 并且，在组织机构方面，WTO 还专门成立了"与贸易有关的知识产权理事会"，监督 TRIPS 协议的实施。[5] 由此可见，随着知识经济的进一步发

---

[1] 张耕：《知识产权执法若干问题探讨——TRIPS 与我国知识产权法律有关问题的比较研究》，载《贵州大学学报（社会科学版）》2003 年第 4 期。

[2] 《加大知识产权司法保护力度，优化创新环境，构建和谐社会》，载 http://www.chinaiprlaw.cn/file200511036068.html，最后访问日期：2023 年 3 月 20 日。

[3] 邓卫华、李菲：《我国涉外知识产权纠纷进入高发期》，载《经济参考报》2006 年 6 月 20 日，第 8 版。

[4] Daniel Gervais, *The TRIPS Agreement: Drafting History and Analysis* (second edition), Sweet & Maxwell, 2003, p.3.

[5] 参见：TRIPS 协议第 68 条。

展和信息技术时代的来临,知识产权保护在 WTO 框架下所扮演的角色显得越来越突出和重要,而作为世界贸易组织三大支柱之一的 TRIPS 协议以及此后在 WTO 框架下围绕知识产权保护的各种谈判及其可能取得的谈判成果都正在和必将对各国知识产权保护产生深远的影响。作为知识产权一项重要内容的专利权,也自然被囊括其中。基于此,我们研究专利权纠纷的行政裁决不能不将其置于 WTO 的框架下来探讨。

《建立 WTO 协定》中与知识产权行政保护相关的条款:WTO 中与知识产权行政保护相关的条款主要体现在《建立 WTO 协定》(Agreement Establishing the World Trade Organization) 和作为其附件 1C 的 TRIPS 协议中。按照与知识产权行政保护的相关程度,我们将其中的相关条款分为两类:直接规定条款和间接规定条款。直接规定条款是指对知识产权行政保护的主体、程序、手段或内容等直接进行规定的条款。间接规定条款是指该条款虽然并不是直接针对行政保护的规定,但可以推导出其与知识产权行政保护相关的条款。

《建立 WTO 协定》中与知识产权行政保护相关的条款主要有第 2 条第 2 款和第 16 条第 4 款,前者是间接规定条款,后者是直接规定条款。根据该协定第 2 条第 2 款,WTO 的一揽子协定对所有成员都具有约束力,[1] 因此,作为《建立 WTO 协定》附件 1C 的 TRIPS 协议中与知识产权行政保护相关的条款也就对各成员具有法定效力。第 1 条第 4 款更直接地对行政执法程序 (Administrative Procedures) 作出了明确规定,各成员应确保其知识产权行政保护程序必须与 TRIPS 协议的相关规定相一致。《建立 WTO 协定》关

---

[1] Article II (2) of Agreement Establishing the World Trade Organization: The Agreement and associated legal instruments included in Annexes 1, 2 and 3 are integral Parts of this Agreement, banding on all Members.

于知识产权行政保护的规定虽然很少，也没有很详细具体的规定，但是，这些规定却起着"纲领性"的指导作用，各成员必须遵守。

据考察，整个 TRIPS 协议的谈判是由发达国家主导和推动的，特别是美国采用单边制裁措施相威胁，另外，有些发展中国家在筹措外债上也希望得到发达国家的支持。[1] 诸如此类的原因使得发展中国家最终还是加入了 TRIPS 协议的谈判。TRIPS 协议谈判开始后，发展中国家反对 TRIPS 协议要求按照最低标准提供知识产权国际保护的做法，它们希望在国际制度层面以更大的自由和更优惠的条件获得发达国家的知识产权成果，[2] 但是，在 TRIPS 协议的谈判过程中，发展中国家在一些具体问题上出现了分歧，[3] 这使得本来就处于弱势地位的发展中国家更是处于不利地位。所有这一切表明，虽然发展中国家在许多谈判事项上并不情愿接受，但是，在发达国家软硬兼施的情势下，它们最终只得妥协。尽管如此，发达国家不仅没有将知识产权的行政保护（包括专利权纠纷的行政裁决等）拒绝在 TRIPS 协议之外，而且还明确地将它规定在了 TRIPS 协议之中，并持积极肯定的"扬弃"态度。这一方面是发展中国家自身努力的结果，[4] 因为这毕竟可为发展中国家履行 TRIPS 协议

---

〔1〕 朱晓勤主编：《发展中国家与 WTO 法律制度研究》，北京大学出版社 2006 年版，第 83 页。

〔2〕 朱晓勤主编：《发展中国家与 WTO 法律制度研究》，北京大学出版社 2006 年版，第 268 页。

〔3〕 朱晓勤主编：《发展中国家与 WTO 法律制度研究》，北京大学出版社 2006 年版，第 85 页。

〔4〕 在 TRIPS 协议的知识产权执法问题上，发达国家主张，创设强有力的国内执法措施是优先考虑的，但是，发展中国家对此不感兴趣，主张执法应当包括行政的和民事的救济，在适当的情况下给予刑事救济，而这些救济应当与缔约方的法律和司法制度以及传统相一致，并在其行政资源和能力的限度之内。参见孔祥俊：《WTO 知识产权协定及其国内适用》，法律出版社 2002 年版，第 66 页。

节省执法成本和政府资源,同时,它也是发达国家所希望看到的结果。就是在这样的情形下,知识产权行政保护并没有成为谈判的焦点而是很顺利地规定到了 TRIPS 协议的生效文本之中。

(二)"降低执法成本、提高执法效率"原则的体现

"降低执法成本、提高执法效率"成为 TRIPS 协议的重要执法原则。在 TRIPS 协议的谈判之初,就有谈判者提出用一种"更富有效率的全新知识产权体系"来取代已有的知识产权国际保护框架。[1] 虽然最后 TRIPS 协议在知识产权保护标准、范围等内容上并没有采纳该设计者提出的"另起炉灶的全新体系"建议,而是采用了对已有知识产权国际规则进行"升级更新"的方法[2]来规定 TRIPS 协议,但是,"更富有效率地保护知识产权"的指导思想已经被采纳并体现在 TRIPS 协议中,这一点是毫无疑问的。另外,"更富有效率的全新知识产权体系"的设想虽然没有作为一个整体被 TRIPS 协议采纳,但是,TRIPS 协议第三部分的"知识产权执法规则"确实成了一个全新的内容体系。[3] TRIPS 协议知识产权执法全新体系的形成,一方面是前述设计者思想的体现,另一方面,更主要的是由于以前的相关知识产权国际公约在知识产权执法的规定上本来就存在明显的严重不足,[4] 发达国家因而全力要求予以改变。正是基于知识产权执法全新体系的这一大背景,TRIPS 协议

---

[1] Daniel Gervais, *The TRIPS Agreement: Drafting History and Analysis* (second edition), Sweet & Maxwell, London, 2003, p. 68.

[2] Daniel Gervais, *The TRIPS Agreement: Drafting History and Analysis* (second edition), Sweet & Maxwell, London, 2003, p. 68.

[3] Daniel Gervais, *The TRIPS Agreement: Drafting History and Analysis* (second edition), Sweet & Maxwell, London, 2003, p. 69.

[4] Daniel Gervais, *The TRIPS Agreement: Drafting History and Analysis* (second edition), Sweet & Maxwell, London, 2003, p. 287.

将"降低执法成本、提高执法效率"树立为执法基本原则。

"降低执法成本、提高执法效率"的精神已经很明显地体现在TRIPS协议的相关规定之中。例如,TRIPS协议对知识产权执法就有这样的明确规定:"知识产权的执法程序应该公平合理。它们不得过于复杂或者花费过高,也不应规定包含不合理的时效或无保障的拖延。"[1]该条中"不得过于复杂或者花费过高"的规定对各成员降低执法成本提出了基本要求,而"不得包含不合理的时效或无保障的拖延"则是对各成员提高执法效率的明确要求。需要指出的是,TRIPS协议的这一规定位于第三部分知识产权执法的第一节中,是以各成员必须遵守的"总义务"的一般条款形式进行规定的,因此,"降低执法成本、提高执法效率"成为TRIPS协议中知识产权执法的基本原则。与TRIPS协议这一执法原则相对应的是,知识产权行政保护(包括行政裁决在内的行政手段)能够快捷而又低成本地为权利人及时提供权利救济,这也是行政保护相对于司法保护的一个重要优势。由此,行政保护能够很顺利地被纳入到TRIPS协议中也就是很自然的事了。

行政执法的内容在TRIPS协议第49条得到体现。正如郑成思教授所言:"TRIPS协议并没有一概否定通过行政程序来确定案件的是非,也没有一概否认通过行政程序发出民事救济命令的可行性",并且,TRIPS协议第三部分第二节"民事与行政程序及救济"中的"行政程序"主要不是指中国法律中的"行政诉讼","而主要是指知识产权权利人通过行政执法机关维护自己权利或行政执法机关依职权主动查处侵权活动的程序"。[2] TRIPS协议的这些规

---

[1] 参见TRIPS协议第41条第2款。
[2] 郑成思:《WTO知识产权协议逐条讲解》,中国方正出版社2001年版,第152页。

定，实际上是基于对国家主权的尊重，尤其是对一些国家传统习惯上的行政处理知识产权纠纷和行政查处知识产权违法行为等行政保护内容的明确肯定，也为我们探讨专利权纠纷的行政裁决提供了明确的国际法依据。但是，TRIPS 协议也要求各成员废除知识产权行政保护的终局决定，所有行政保护均须接受司法审查。[1] 我国及时兑现自己的承诺，按照国际条约的要求，对我国的专利法规作了相应的修正。

（三）世界知识产权组织（WIPO）与专利权行政解决纠纷方式

20 世纪知识产权发展史上另一最具里程碑意义的大事是 1968 年斯德哥尔摩会议通过了修订后的《伯尔尼公约》和《巴黎公约》，并创建了世界知识产权组织（WIPO）。[2] 时至今日，WIPO 管理的知识产权国际条约已达二十多个，形成了以 WIPO 为核心的知识产权国际保护体系。并且，WIPO 一统知识产权国际保护的局面直到 1994 年 WTO 成立时才得以打破。那么，在当前知识产权国际保护存在 WTO 和 WIPO 两套框架体系的情形下，应该选取 WTO 体系，还是 WIPO 体系呢？

从目前的情况来看，WTO 和 WIPO 是两个独立的知识产权国际保护体系。虽然乌拉圭回合的谈判是在以美国为首的发达国家的积极倡导和极力推动下形成的，并且，在谈判过程中，美国确有一部分人希望通过 WTO 来取代 WIPO，[3] 但是，从 TRIPS 协议第 68

---

[1] TRIPS 协议第 41 条第 4 款。

[2] Article XVI (4) of Agreement Establishing the World Trade Organization: Each Member shall ensure the conformity of its laws, regulations and administrative procedures with its obligations as provided in the annexed Agreements.

[3] 刘剑文主编：《TRIPS 视野下的中国知识产权制度研究》，人民出版社 2003 年版，第 42 页。

条的规定看，这部分人的愿望并没有实现。[1] 1996年1月1日，WTO与WIPO在日内瓦签署的《世界知识产权组织与世界贸易组织协议》（Agreement Between WIPO and WTO）的生效[2]，更是标志着两大组织之间不存在任何隶属关系，它们是知识产权国际保护的两个独立体系。但是，这两个独立体系在知识产权国际保护中的地位并不相同。原因在于"由于世界经济一体化趋势的增强，各国越来越依赖于WTO，因而隶属于WTO的TRIPS协议必将居于知识产权国际保护新体系的主导地位"。[3]

TRIPS协议吸收了WIPO管理的几个重要国际公约中的相关内容。例如，TRIPS协议吸纳了WIPO管理的《巴黎公约》《伯尔尼公约》和《罗马公约》的相关规定，[4] 因此，TRIPS协议与WIPO管理的一些重要公约的主要内容具有同一性，TRIPS协议也是以此为基础发展来的。

WTO体系和WIPO体系的价值取向存在差异。WIPO虽然是知识产权国际保护中的一个独立体系，也在当前的新体制下发挥着重要作用，[5] 但是，"WIPO体系的最大特点在于对发展中国家的最

---

[1] Article 68 of the TRIPS Agreement: In Consultation with WIPO, the Council shall seek to establish, within one year of its first meeting, appropriate arrangements, for cooperation with bodies of that Organization.

[2] WIPO, *WIPO Intellectual Property Handbook: Policy, Law, and Use* (second edition), WIPO Publication, 2004, p.357.

[3] 刘剑文主编：《TRIPS视野下的中国知识产权制度研究》，人民出版社2003年版，第43页。

[4] Daniel Gervais, *The TRIPS Agreement: Drafting History and Analysis* (second edition), Sweet & Maxwell, 2003, London, p.70.

[5] 刘剑文主编：《TRIPS视野下的中国知识产权制度研究》，人民出版社2003年版，第39~44页。

大限度的支持和帮助"。[1] "可以说，二次大战之后，WIPO 的历史就是维护发展中国家利益的历史"。[2] WIPO 体系的这一特点与 WTO 体系最大限度地维护发达国家的利益存在很大差别，这也是发达国家极力推动建立 WTO 体系的重要原因。由此我们也可以看到，在当前主要由发达国家主导世界科技和知识产权的整体形势下，WTO 体系在知识产权国际保护领域正在和必将比 WIPO 体系起着更大的作用和发挥出更大的影响力。另外，2001 年 12 月 11 日，我国已正式成为了世界贸易组织的第 143 个成员。这意味着包括 TRIPS 协议在内的 WTO 相关协定和法律文件开始对我国产生约束力。根据相关国际条约的承诺，我国的专利法规进行了相应调整与修改，并且一直到现在，仍在积极探索国际条约框架下适合中国自身发展的专利法规体系。

二、专利权纠纷行政裁决融入行政法治进程

（一）公正、及时解决专利权纠纷

纠纷能否得到及时化解是一个国家法治状况的最有说服力的体现。一个良性健康的社会不是不产生纠纷，而是任何纠纷都有一定的方式予以化解，这是考察某个特定社会有无自我修复能力的一个重要指标。专利权纠纷的解决除了让双方当事人的关系得到一个按照法律所做的重新布设之外，还将影响到大众对我国专利权政策的看法，甚至影响我国专利权的外在生存空间。顾培东教授通过对纠纷解决不同层次的价值分析，论证了纠纷解决的国家责任。顾教授

---

[1] 刘剑文主编：《TRIPS 视野下的中国知识产权制度研究》，人民出版社 2003 年版，第 33 页。

[2] 刘剑文主编：《TRIPS 视野下的中国知识产权制度研究》，人民出版社 2003 年版，第 39 页。

论证：首先，纠纷的解决要求冲突的化解和消除，这意味着纠纷主观效果的全部内容从外在形态上被消灭，社会既定的秩序得到恢复，而不问纠纷解决的实体结果如何；其次，纠纷的解决要求实现合法权益和保证法定义务的履行，这是对纠纷解决实体方面的要求，它力图弥补纠纷给社会既有秩序带来的破坏；再次，纠纷的解决要求法律或统治秩序的尊严与权威得以恢复；最后，在最高的层次上，纠纷的解决还要求冲突主体放弃和改变藐视以至对抗社会统治秩序和法律制度的心理与态度，增强与社会的共容性，避免或减少纠纷的重复出现。[1]日本学者富田彻男也对中国专利权纠纷的行政裁决极为关注，他认为："中国目前正在大力关注技术转移和技术开发，能否有效利用这一制度将是决定中国发展至关重要的一环，应当像慎重利用药物一样，慎重利用这一必要制度。"[2]

专利保护制度的价值在于"给发明和创造新物品的天才之火添加了利益之油"。专利保护，使得专利制度成为技术进步、经济增长和社会发展的助燃剂。俗话说：千里马常有，而伯乐难寻！国家的专利审批部门就应承担起伯乐的角色，假如缺少慧眼，影响的就不仅仅是一项专利的称号，而是一次科技创新的机会，一种争先恐后、积极上进的科学文化之风的形成，甚至影响到公民对政府权威的信赖！

专利权是一种特殊的财产权。财产权最初产生的目的是明确物的归属，起着"定分止争"的作用。而在市场机制中，每个具有"利己之心"的人都会为了自身财富的增长而努力奋斗。财产权保

---

[1] 我国学者顾培东对纠纷解决不同层次的价值作了分析：参见顾培东：《社会冲突与诉讼机制》，法律出版社2004年版，第27~29页。
[2] [日]富田彻男：《市场竞争中的知识产权》，廖正衡等译，商务印书馆2000年版，中译本序。

护水平越高,那么个人能够获得收益的预期就越高,人们愿意为获得财富做出的努力就越大,这一努力正是推动社会发展的主要源泉。专利制度作为财产权制度的一种,其构建也是基于同样的理念。从理论上说,专利保护强度的高低,影响着人们能够从中获得预期收益的高低,那么也就影响着创新激励成效的高低。尤其是当今社会,当科学技术的发展成为社会发展的主要力量的时候,这一制度的激励作用对社会经济发展的重要性就更是可想而知了。[1]

但除了激励机制,专利制度还要实现维护社会公正的目标,实现社会公共利益的不断增长。发明家牛顿有句家喻户晓的名言:"如果我能够看得更远,那是因为我站在巨人的肩膀上。"所谓的"巨人",其实就是前人的发明创造等科研成果,牛顿的这句话也说明了专利(发明创造等)的公共属性,其消费和使用不具有排他性。正是由于专利还具有公共物品的特性,任何新的知识成果的创造都离不开对前人创造出的知识成果的继承。因而对专利予以适当的限制是必要的。不容否认,专利的广泛传播与专利权的保护之间有着一定的矛盾,需要在公共利益与个人利益之间进行合理的权衡。因为,"没有合法的垄断就不会有足够的信息生产出来,但是有了合法的垄断又不会有太多的信息被使用。"[2] 基于专利的特殊性,专利保护制度在保护专利权的同时,也在进行着社会个体与社会整体之间的利益平衡。

诚如诺思所言:"发明和创造似乎是人类所固有的癖好。发明活动不是这里的争论之点,这里争论的问题是,什么在决定着历史

---

[1] 董涛:《专利权利要求》,法律出版社2006年版,第242页。
[2] [美]罗伯特·考特、托马斯·尤伦:《法和经济学》,张军等译,生活·读书·新知三联书店、上海人民出版社1994年版,第185页。

上发明活动的速度和方向。"[1] 纠纷解决机制既是专利保护制度的一部分，也是促进科技进步、经济增长和社会发展的调节器。专利及其法律制度的主要功能不在于解决发明和创造活动及其应用的促进和推动问题，而在于提供适当的制度设计来解决这种发明和创造活动及其应用的促进和推动问题。

(二) 不断增强公共服务能力

专利权纠纷的解决也面临多方因素的干预。[2] 专利权纠纷的解决也受着专利所在国的经济、政治、法治状况的影响。"知识产权的规则、行使及发展纯属政治经济产物。发展中国家，特别是知识产权保护产品的贫穷消费国的谈判地位较低，发达国家与发展中国家的基本不对称关系的最终根源是他们的经济实力。"[3] 专利权纠纷的解决作为政府的一项重要的公共政策工具，很多国家都从国家战略的高度予以特别重视，以求在当代激烈的国际竞争中占据优势。[4]《国家知识产权战略纲要》提出"加强司法保护体系和行政执法体系建设，发挥司法保护知识产权的主导作用，提高执法效率和水平，强化公共服务"。加强对专利权利的保护力度，为专利

---

[1] [美] 道格拉斯·C. 诺思：《经济史上的结构和变革》，厉以平译，商务印书馆1992年版，第17页。

[2] 如一些企业热衷于占有和保护专利权的目的，已经背离专利权法的初衷，而蜕变为从事竞争，甚至是遏制他人竞争的商业工具，有时还可能是跨国公司一个纯粹的商业阴谋。参见袁真富：《知识产权：从权利到工具——透视跨国公司的知识产权策略》，载《电子知识产权》2003年第12期。

[3] 参见王先林等：《知识产权滥用及其法律规制》，中国法制出版社2008年版，第19页。转引自英国知识产权委员会：《知识产权与发展政策相结合》，2002年9月出版，第7页。

[4]《国家知识产权战略纲要》(2008年) 确定的五年目标就有："知识产权保护状况明显改善。盗版、假冒等侵权行为显著减少，维权成本明显下降，滥用知识产权现象得到有效遏制。全社会特别是市场主体的知识产权意识普遍提高，知识产权文化氛围初步形成。"

权纠纷的解决提供公共服务将有助于维护市场秩序，激励发明创造，促进对外开放和知识资源的引进，对经济社会发展发挥重要作用，"形成权责一致、分工合理、决策科学、执行顺畅、监督有力的知识产权行政管理体制"。[1]

关于专利的客体发明创造的价值，波斯纳认为："如果生产厂商预见到无法补偿其发明成本，他一开始就不会去从事发明；如果他不能收获，他就不会播种。而且，在一个没有专利的世界里，发明活动也严重地偏向于可能被保密的发明，正像完全无财产权会使生产偏向预先投资最小化的产品。"[2] 在美国 Atari Games Corp. v. Nintendo of America, Inc. 案中，法官指出："专利权和反托拉斯法的目标似乎是完全不同的。然而，实际上是相互补充的，因为两者的目标都在于鼓励勤勉和竞争，维护公共利益。"[3] 行政主管部门对专利权纠纷进行解决的过程，同时也是一个在公共利益与个人利益之间权衡的过程。弗兰克斯委员会在对行政裁判所进行了专门的调查之后，即在报告中写道："行政不仅需要有效率，即政策所要达到的目标一定能够迅速地实现；同时，行政也必须使一般公民认为在行政活动中合理地考虑了它所追求的公共利益和它所干预的私人利益之间的平衡。"行政上的需要和符合公平的要求必须兼顾，以平衡公共利益和公民个人的利益。

（三）促进多元化纠纷化解机制的形成

狄骥认为：公法不过是为一些组织提供某些公共服务必不可少

---

[1]《国家知识产权战略纲要》。参见《国务院关于印发国家知识产权战略纲要的通知》（国发〔2008〕18号）。

[2][美]理查德·A. 波斯纳：《法律的经济分析（上）》，蒋兆康译，中国大百科全书出版社1997年版，第47页。

[3] William C. Holmes, *Intellectual Property and Antitrust Law*, Clark Boardman Company, Ltd., 1996, pp. 75-76.

的规则体系。[1] 满足公共服务的需求是公法存在的动力。[2] 英国著名的法学家 L. D. 韦德论及公法的变迁时,也着重强调国家提供服务的给付行政。[3]

唯有构建系统化、规范化的纠纷解决体系,才能一方面及时化解社会公众围绕包括专利权在内的知识产权利益的冲突与对抗,降低纠纷给社会带来的风险和危害,减少解决纠纷的成本和周期,使纠纷解决的效果达到最佳,这是知识产权法治建设所追求的目标之一;另一方面,社会大众通过参与解决纠纷,深入了解和领会知识产权法律制度及其精神,并内化为尊重创造和创新的心理意识,有利于形成尊重知识产权的社会氛围,这是普通法制宣传教育所无法实现的。在我国,虽然专利权制度建设经过二十余年的发展已经达到了较高水平,但是由于这类制度的实践起步晚,与专利权相关的社会文化尚未形成,因而即便制定了现代的、先进的专利权制度,制度的实施由于缺乏文化底蕴和思想的支撑,也难以达到立法者所期望的制度绩效。比如,虽然我国现行专利权立法对于侵权行为有严格的规制,采用行政与司法双重途径保护专利权,并且对于严重

---

[1] 狄骥预示了公法的变迁:"公法不再是规制主权国家与其臣民之间的关系的规则体系。毋宁说,它是对于组织和管理某些服务来说必不可少的规则体系。成文法不再是主权国家的命令;它是一种服务或一群公务人员的组织规则。行政行为不再是一位发布命令的官员的行为或一位执行命令的公务人员的行为;它是一种根据服务规则而为的行为。这种行为所涉及的问题永远必须同样接受一些法院的审查。"[法] 狄骥:《公法的变迁》,郑戈译,中国法制出版社 2010 年版,第 195 页。

[2] 狄骥认为:"任何行政行为都具有一个共同的特征:每一起行政案件都会产生的问题,就是探知该行为是否具有一项预期的公共需求,以及是否符合为了满足这一需求的公共服务得以正常运营所需遵循的组织法。"[法] 狄骥:《公法的变迁》,郑戈译,中国法制出版社 2010 年版,第 119 页。

[3] 韦德形象地描述:"在 200 年前,人们希望国家不要压迫他们,在 100 年前,人们希望国家给他们更多的自由,而在今天,人们则期待国家为他们多做些事情。"参见李东方:《近代法律体系的局限性与经济法的生成》,载《现代法学》1999 年第 4 期。

侵权行为的惩处已经涉及刑事法律的规定，但是假冒、滥用等专利权侵权行为仍然普遍存在，并且具有广泛的侵权产品消费群体基础，这与缺乏保护专利权的社会文化基础和氛围有关。我们需要通过建立多元化的纠纷解决机制，倡导社会主体自主、自治的解决纠纷，并在不断消弭纠纷的实践中通过对各种实体性问题的反复交涉，推动知识产权法治的发展，并有利于逐步形成全社会范围内尊重智力创造、推崇知识产权的文化氛围，这是专利权战略的基础工程。

行政裁决在我国现行宪法中并没有直接体现，但是行政裁决作为一种法定的纠纷处理方式，必然牵扯到国家权力的配置和公民权益的保护两个方面的问题，而这两大问题恰恰是《中华人民共和国宪法》必须涉及的，也是其作为根本大法的两大支柱。反过来说，《中华人民共和国宪法》关于国家权力的配置和公民权益的保护等内容为行政裁决的施行提供了最原始的法律依据。

《中华人民共和国宪法》（1982）第2条规定："中华人民共和国的一切权力属于人民……人民依照法律规定，通过各种途径和形式，管理国家事务，管理经济和文化事业，管理社会事务。"行政职权部门行使行政裁决时，必须以人为本，必须依据相关的法律法规。这也说明，行政裁决的最终目的就是维护公民的基本权益。《中华人民共和国宪法》（1982）第123条规定："中华人民共和国人民法院是国家的审判机关。"该法第126条规定："人民法院依照法律规定独立行使审判权，不受行政机关、社会团体和个人的干涉。"这些规定往往成为学界质疑行政裁决存在的法律依据，认为只有法院具有裁判权，而行政机关不具有裁判权。

对于《中华人民共和国宪法》的规定，本书认为可以作以下理解：首先，行政裁决行使的是一种纠纷解决的非正式的裁判权，是

ADR 的一种，并不构成对法院裁判权的威胁；其次，法院并没有垄断纠纷的解决，纠纷的解决方式也不仅仅通过法院来完成，行政裁决等非诉讼纠纷解决方式仍大有可为；最后，法院在行使裁判权时，具有独立性，不受干扰，但不能就此说明，法院的独立裁判优于任何其他纠纷解决方式。毋庸置疑，法院在纠纷的解决中充当了重要的、无可替代的角色，其他纠纷解决方式的存在不仅不会对法院的裁判权构成威胁，而且必然以法院的独立审判为楷模，尤其是以法院的最终解决为原则。

国内有学者指出："由法律授权的行政机关对特定的民事纠纷进行裁决，是当今世界许多国家普遍存在的一个事实，也是现代行政表现出的一个显著特点。行政裁决的产生和发展适应和满足了社会经济发展的需要，是对国家职能分工的调整和完善，也是历史发展的一种趋势。"[1] 社会主义国家在国家权力的构成和行使上也存在分工。我国现行《宪法》第 3 条规定国家权力的配置必须以宪法为依据。[2] 行政机关参与民事纠纷的解决本身是为了给当事人提供一种化解纠纷的服务，宪法虽然没有明确规定行政机关的行政裁决职权，但是也没有明确的反对。另外，宪法关于法院系统享有司法裁判的规定里，并没有规定法院可以垄断裁判权。事实上，多元的社会存在，以及多元纠纷解决的实践也一再说明，行政裁决的存在除了具有合理性之外，也具有合宪性与合法性。

---

[1] 罗豪才主编：《行政法学》，北京大学出版社 2000 年版，第 219 页。
[2] 《中华人民共和国宪法》（1982）第 3 条规定："中华人民共和国的国家机构实行民主集中制的原则。全国人民代表大会和地方各级人民代表大会都由民主选举产生，对人民负责，受人民监督。国家行政机关、审判机关、检察机关都由人民代表大会产生，对它负责，受它监督。中央和地方的国家机构职权的划分，遵循在中央的统一领导下，充分发挥地方的主动性、积极性的原则。"

三、专利权纠纷行政裁决助推国家综合治理能力与水平的提高

（一）从"案件分流"到"纠纷化解"

行政裁决一度作为人民法院解决"案多人少"难题的办法，因起到案件"分流阀"的功能而备受推崇。行政机关进行的行政裁决可以分流人民法院的民事纠纷，减轻司法重担在一定程度上缓解了人民法院的办案压力。由行政机关解决与其管理密切相关的民事纠纷，这不仅是我国社会的现实需要，也是其他法治国家的共同经验。与行政管理密切相关的纠纷涉及的范围广、数量大，占据了民事纠纷总量的很大比重，将这些纠纷划归行政裁决，不仅可以减轻法院案件审理的数量，还可以节约大量司法资源，进而与司法形成合力，共同治理民事纠纷。[1] 行政裁决的设计与实践成为治理诉源的有力抓手，让人民法院化解纠纷的诉讼方式不再是解决纠纷的唯一方式。行政裁决是诉源治理的重要机制之一，其所调整的民事纠纷，复杂性远超过了纠纷本身，对这类纠纷法院也只能针对当事人的诉求进行判决，并不能超越其自身职责去调查纠纷背后的复杂因素而给予实质解决。行政裁决主体熟悉国家政策，执法经验丰富，可以运用其专属的行政调查权对纠纷进行全面调查，充分了解纠纷的社会成因，在必要时可以与其他行政机关形成联动，从源头上对纠纷进行综合治理，彻底化解矛盾，使纠纷不需要再通过诉讼就可以得到实质解决。[2]

"案多人少"以及对"结案率"的时效要求是我国法院当下面

---

[1] 刘志峰：《行政裁决：化解民事纠纷的"分流阀"》，载《学习时报》2021年10月20日，第2版。

[2] 刘志峰：《行政裁决：化解民事纠纷的"分流阀"》，载《学习时报》2021年10月20日，第2版。

临的严峻挑战,法院在有限的资源和时间内很难保证高质量的案件审理,有些民事案件会历经一审、二审终审生效后,仍然提起再审申请等,不仅耗费了司法资源,而且问题久拖不决影响社会秩序的正常运转,甚至可能为社会又在原来纠纷的基础上增加了新的安全隐患。行政裁决具有程序简易、高效便捷、专业优势、成本低廉以及非强制性等优势,且裁决主体可以充分发挥其调解职责,更容易促成纠纷当事人之间形成合意,快速有效地化解纠纷,解决矛盾。[1] 从而使形式上的"案件分流"变成实实在在的纠纷化解,使得问题得以及时解决,在一定程度上提升了行政机关的综合治理能力和水平。

(二)立法、执法、司法、守法的一体化构建

在多元化纠纷化解的大背景下,行政裁决与之前相比,已经有了较大的突破,但是仍然还存在着立法不足、定位不准、职权不明、缺少特色等缺陷。

1. 行政裁决立法过程需要更加科学与民主

完善行政裁决的前提是针对程序进行科学、民主的立法,必须强调立法工作的权力归属与立法过程的规范性和民主性。有必要制定《中华人民共和国行政裁决法》,只有这样,才可以名正言顺地开展相关工作。行政机关在制定法规、规章时只能在上位法规定的范围内就具体程序性规则结合行政裁决的具体事项和本部门的具体情况进行细化,才可使裁决程序成为真正的"控权程序",而不会沦为"办事流程"。[2] 立法要建立在公开、公平、公正的基础上。

---

[1] 刘志峰:《行政裁决:化解民事纠纷的"分流阀"》,载《学习时报》2021年10月20日,第2版。

[2] 参见王珺:《三维标准下行政裁决程序法制的检视与优化》,载《学术交流》2022年第4期。

立法的过程其实就是各方主体利益表达与博弈的过程，需要兼顾各方的合法权益和合理诉求才能符合科学性的要求，因此科学立法必须以民主立法为基础。[1]

2. 执法过程更需要制度设计与坚持程序正义

"好品质的程序是秩序的保护，坏品质的程序是滥权的温床。"正当程序原则是行政执法过程必须坚守的基本原则，行政裁决过程的有法可依，以及执法必严都要求科学的制度设计，行政裁决是行政机关居中裁决民事争议，中立性是裁决合法有效的前提。立法的不严密不仅难以保证裁决结果的公正性，更容易引起裁决机关对于裁决程序的忽视，进而影响当事人对行政裁决效果的判断。程序绝不是儿戏。如同医生给人治病，颠三倒四，"摸着石头过河""试试看"的态度只会使得行政裁决走向萎缩，甚至消失。

3. 行政裁决与司法过程的完美衔接是一种理想设计

行政裁决必然以司法过程为坚强的后盾，体现在：一方面，在裁判时有所参照，在程序上不会走偏；另一方面，司法过程的优点是行政裁决学习的地方，而缺点却是行政裁决引以为戒的地方，二者并不矛盾，行政裁决也绝非司法过程的"附庸"。最终的"裁断权"表面上看在于裁断者，实际上却是人民群众的判断。当事人能否"感受到公平正义"还是在于对裁决结果公平性与正义性能否予以认可。

行政裁决能否与司法过程并驾齐驱关键在于能否构筑起完善的衔接机制，使得救济途径实现"无缝衔接"。行政裁决不是要取代人民法院的司法过程，而是发挥自己的专业特长，及时高效解决问题，实现实体正义，争取"案结事了"。所以有必要规定行政裁决

---

[1] 王珺：《三维标准下行政裁决程序法制的检视与优化》，载《学术交流》2022年第4期。

的前置程序，在立法上予以承认与保护。尤其是在专利权纠纷化解过程中，及时性、专业性、便捷性等特征，使得行政裁决有着独特的优势。在实践过程中，行政裁决之所以能够延续，关键也在于司法过程本身具有的特质往往限制了一些对当事人来说极为关键的要素的发挥，而这些却恰恰在行政裁决过程中体现出来，因而，行政裁决制度仍然需要有更多的制度设计，需要不断加以完善。

4. 自觉地守法需要民众的积极参与与法治素养的普遍提升

法治社会不仅以立法、执法、司法为基本框架，而且在每一个环节都潜在着普通民众能否理解、支持与信守作为重要"参数"。可以说守法是法治社会的目标，也是其得以实施的基础。没有普遍的守法，之前的努力都可能成为空话。民众能够参与到法治建设中，并且要为其普遍的参与提供空间与条件是法治社会的必备要素。大众参与的模式可以引入两种模式，就是民主参与模式与专家理性模式。[1] 专家理性模式也是一种特殊的民主参与模式，参与的普遍性与有效性是参与的必备要素。专家参与模式实际上也就是在积极参与的前提下，对事物的理性与专业判断，而不是人云亦云。同样，大众的参与往往带有一定的"跟风""跟着感觉走"的情况，缺少专业、理性判断的民众参与的效果不仅大打折扣，而且，还极易走向偏差，不仅达不到通过参与体现全过程人民民主的目标，而且还可能适得其反，导致民主失去应有的理性，与之前设定的目标出现"南辕北辙""背道而驰"的情形。所以，民众普遍的参与与专家理性的参与相得益彰，才可以在一定程度上保障参与

---

[1] 这两种模式是：大众参与模式与专家理性模式，是要在立法中汲取专家们的专业知识，毕竟专家具有良好的专业知识储备与经验，能够对立法所涉及的专业领域与事物发展规律进行有经验性的判断，防止因认知缺陷而产生立法出错。参见张卉林：《论专家参与在民主立法中的功能定位及制度完善》，载《湖南社会科学》2017年第2期。

的效果。

专利权领域的行政裁决,更是需要专家理性的参与。因此建立专利权纠纷解决专家库,或专家团队,在行政裁决过程中引入民主机制,将民众的基本判断与专家的理性判断结合在一起,更好地发挥出行政机关居间裁断的效果,如此才可以不断提升行政机关治理的能力与水平,也使得行政裁决逐步深入人心,为更多的当事人所接纳,进而"盘活"行政裁决制度。

(三) 纠纷化解与和谐社会建构

《最高人民法院关于建立健全诉讼与非诉讼相衔接的矛盾纠纷解决机制的若干意见》中对建立健全诉讼与非诉讼相衔接的矛盾纠纷解决机制提出了主要目标和任务,其宗旨与具体要求可以归纳如下:

第一,建立健全诉讼与非诉讼相衔接的矛盾纠纷解决机制的主要目标是:"充分发挥人民法院、行政机关、社会组织、企事业单位以及其他各方面的力量,促进各种纠纷解决方式相互配合、相互协调和全面发展,做好诉讼与非诉讼渠道的相互衔接,为人民群众提供更多可供选择的纠纷解决方式,维护社会和谐稳定,促进经济社会又好又快发展。"

第二,建立健全诉讼与非诉讼相衔接的矛盾纠纷解决机制的主要任务是:"充分发挥审判权的规范、引导和监督作用,完善诉讼与仲裁、行政调处、人民调解、商事调解、行业调解以及其他非诉讼纠纷解决方式之间的衔接机制,推动各种纠纷解决机制的组织和程序制度建设,促使非诉讼纠纷解决方式更加便捷、灵活、高效,为矛盾纠纷解决机制的繁荣发展提供司法保障。"

第三,在建立健全诉讼与非诉讼相衔接的矛盾纠纷解决机制的过程中,"必须紧紧依靠党委领导,积极争取政府支持,鼓励社会各界参与,充分发挥司法的推动作用;必须充分保障当事人依法处分自己的民事权利和诉讼权利。"[1]

纠纷是五花八门的,但解决方式绝不限于我们司空见惯的这些诉讼解决方式和非诉讼解决方式,而是还包括很多新的方式。对于纠纷的解决方式,不同的评价标准得出的结论也会截然不同,因而,在没有明确的价值杠杆来进行衡量的情况下,纠纷的解决方式之间是难以区分贵贱或优劣的。从纠纷的产生开始,纠纷的当事人便至少有两种选择:一种是理性的方式,也就是我们论及的诉讼解决方式和非诉讼解决方式;另一种就是非理性方式,当事人可能用一些突破现有法律的限制的方式,去进行一些带有报复性或威胁性的行为,以达到泄愤或给对方施压以求解决纠纷的目的。后一种非理性的方式饱受批判或打击,但它还是存在着,即使是这种非理性行为,也很难排除当事人关于经济效益分析等冷静的思考,甚至有很多的行为也得到了道德与习惯的支持。非理性的纠纷解决方式也自古存在,如复仇、决斗等形式在法治不健全的时代曾是一种公开的行为规则,甚至得到了法律的认同。随着文明社会的演进,纠纷的化解不再仰仗那种按照丛林法则的力量来解决的暴力、武力方式,而是倾向于更为理性的、符合法治精神的文明方式。如果法律是有效的,如果法治建设是文明社会进步的"庇护神",那么深受纠纷困扰的当事人应该能够权衡得出,通过法律的途径,或通过其他理性的解决方式所付出的代价与得到的结果应该比非理性方式要合理得多,否则,难保非理性解决方式会大行其道,整个社会也就处于这种互相侵害的泥淖中,难以自拔。法治状况与和谐社会息息相关。在纠纷解决方面,至少要顾及两个与纠纷直接关联的问题:

---

[1] 最高人民法院2009年7月24日公布《关于建立健全诉讼与非诉讼相衔接的矛盾纠纷解决机制的若干意见》(法发〔2009〕45号)。

一是纠纷的解决方式的范围要比本书所论述的解决方式多很多，但限于文章的主旨，又不便于长篇累牍地论述这些方式，只能简要说明；二是纠纷解决的目标绝不仅仅限于纠纷解决过程中当事人表面的认同，还应该包括当事人内心对规则公平度的认同，也包括对结果的清醒认识，对双方做出的妥协与让步能够理解，也即达到内心的接受。这个要求极大地刺激了各种纠纷解决方式并存的市场，即便法院判决本身也开始融入和解与调解的元素，不再是生硬的判决和冷冰冰的法律注解，而是加入了更多的人性因素的考量。

排除掉那些非理性纠纷解决方式的干扰，纠纷的解决基本上是以一种走迷宫式的方式行进，每走一步，下一步的结果都充满了未知数。尽管在大数据时代，可以从量化的指标中得到一定程度的指引，但每一个案件的特殊性决定了解决方式以及结果的特殊性。对于专利权纠纷的当事人来说，纠纷发生了，本身已是不幸，而要讨回公道，企图抹平纠纷带给自己的创伤的过程更是一种人、财、物的考验，只有深陷其中的人，才可能感受到这种不知道该往哪里去的煎熬。纠纷的解决方式本身就应顾及这些因素的存在，以保护当事人的正当权利为出发点，除此之外的纠纷解决方式之间的衔接也极其重要。专利权纠纷行政裁决更是要顾及这些法律适用中出现的问题。实际上，专利权纠纷行政裁决也在一定程度上促进了和谐社会的建构。

结　论

"逝者如斯夫，不舍昼夜。"〔1〕人类社会的历史是一部穷穷追问、苦苦探索、紧紧攀登、久久为功，不断取得进步的历史。在这部奋斗的文明史中，纠纷却一直伴随着人类。甚至可以说，只要有人类社会存在，纠纷几乎不可避免。实践一再证实：纠纷是否发生，或发生的多寡，并不是一个社会文明程度的标志，而对于纠纷的处理方式与效果却反映了一个社会的文明程度。法治国家的首要责任，就应当是能够为当事人提供一个有效的纠纷解决方式，使得曾遭过破坏的社会关系恢复原状或达至平衡，使社会趋于稳定与有序。

纠纷已经产生，那么选择什么样的纠纷解决方式，就是当事人自己的权利，即是由当事人的程序选择自由权所决定的。从国家依法治理与构建和谐社会的角度来看，尊重当事人的选择，给当事人提供利益权衡的机会，为当事人进入某种纠纷解决设计合理的程序，确保当事人受到公正的待遇，是法治政府的责任。"法的利益，只有当它是利益的法时，才能说话。追求利益是人类一切社会活动的动因。"〔2〕当事人的程序选择自由权形成了一种对纠纷解决的

---

〔1〕 这句话出自《论语·子罕》。
〔2〕 ［德］马克思、恩格斯：《马克思恩格斯全集（第1卷）》，人民出版社1960年版，第82页。

"需方市场"。

从国家治理层面来说,国家公权力有提供公正、快捷、有效的纠纷解决方式的责任。这些纠纷解决方式(包括法院的诉讼解决方式和各种行政 ADR 等)与基于社会力量形成的社会解决方式(包括民间调解、仲裁等)和依赖自己力量的自力解决方式(包括协商、和解等)之间形成一个纠纷解决的"供方市场"。这种供需关系虽然并不像完全的市场那样按照市场规律竞争,还受制于现有法律体系的约束,但是基于这种市场的存在,提供服务的水平与质量仍然会影响到当事人的判断与理性选择。也就是庞德所主张的"法的目的和任务在于以最少的牺牲和浪费来尽可能多地满足各种相互冲突的利益"。[1]

专利权纠纷行政裁决是一种专利管理领域的行政 ADR,是专利管理部门行政机关利用自己的行政职权、管理经验为当事人提供纠纷解决服务的方式。行政机关通过行政裁决化解当事人之间的纠纷,可以及时调整管理措施、提高管理水平,发挥行政效能,减少和预防纠纷发生,促进社会和谐。也就是说行政裁决有着双重功能:既是纠纷解决机制中的一环,也是一种行政管理的辅助性手段。但是凡事都有一个"度"和主、次关系的存在,不同的领域,行政裁决的这两个功能的发挥也会有主、次之分,一般是以提供纠纷解决的公共服务为主,以提高自己的行政效能为辅,而不是并驾齐驱。由于专利权纠纷的特殊性,纠纷解决的公权力依赖性更强,专利管理部门行政裁决的功能发挥更有市场需求,关键的问题就在于专利管理部门能提供怎样的"公共服务",能否满足专利权纠纷的当事人对快捷、有效、公正解决的渴求。为避免资源的无端耗

---

[1] [美]罗斯科·庞德:《通过法律的社会控制——法律的任务》,沈宗灵译,商务印书馆 2010 年版,第 35 页。

费，还应当考虑各种纠纷解决机制之间的协调与配合，避免陷入"裁决—诉讼—再裁决—再诉讼"的循环怪圈。行政裁决程序既要争取解决民事争议，也要注意规范在民事争议裁决过程中的公权力在法定的范围内运行，并且一旦出现裁决机关违法，能够提供救济方式，从而切换到相关救济程序中，也就是说行政裁决程序必须能够起到衔接民事争议裁决和行政复议以及行政诉讼之间的桥梁和纽带作用。[1]

"衔接"是一种不可缺少的程序设计。衔接不仅仅是辅助性功能，它本身具有主导功能。没有衔接就谈不上程序选择的"自由"，更谈不上纠纷化解的"多元"。如人民调解与行政裁决之间、行政调解与行政裁决之间、行政裁决与行政复议之间、行政裁决与行政诉讼之间、行政裁决与行政诉讼附带民事诉讼之间等都需要一个良好的衔接。专利侵权纠纷办案质量效率持续提升，各地专利侵权纠纷案件通过出具侵权意见、达成和解或调解协议方式办结，持续推动矛盾纠纷多元化解、实质性化解，有效实现案结事了、定分止争，切实维护当事人合法权益。浙江、广东、江苏等地对涉及新一代信息技术、数字创意产业、生物制药产业等一批专利侵权纠纷案件及时作出行政裁决，有效制止专利侵权行为，加大对科技创新成果保护力度。专利侵权纠纷办案平均周期在10天左右，作出行政裁决决定办案平均周期约2个月，比法定时限压缩1/3，充分彰显行政保护效率高、程序简便等优势。[2]

"如果根本不知道道路会导向何方，我们就不可能智慧地选择

---

[1] 王珺：《三维标准下行政裁决程序法制的检视与优化》，载《学术交流》2022年第4期。

[2] 贾润梅：《我国知识产权行政裁决工作成效显现法治化水平提升》，载《中国质量报》2022年3月31日，第2版。

路径。"[1] 经过本书的论述，构建专利权纠纷的行政裁决制度的路径也渐趋明朗：首先，必须与中国承诺的国际条约的要求相匹配，与国际接轨，实现专利纠纷解决与保护的国际化路径。其次，完善专利主管部门行政裁决制度建构的合理性、有效性。提高专利管理中的行政裁决人员的服务水平与法治素养。形成既有程序保障形式公正，又有实体的实质正义做后盾的良好局面。再次，完善专利权行政裁决与其他纠纷解决方式中间的衔接与配合，为实现当事人的程序选择自由权提供更为经济有效的公共服务。最后，实现专利权纠纷行政裁决的最终目的：为当事人提供优质的公共服务的同时，营造一种适合专利不断涌现，专利为国家与个人带来源源不竭资源的氛围，从而促进社会进步与和谐。

数据显示，2019年至2021年，全国共立案处理专利侵权纠纷案件依次为3.86万件、4.24万件、4.98万件，同比增长依次为13.7%、9.9%、17.4%；办结专利侵权纠纷案件依次为3.66万件、4.07万件、4.95万件，同比增长依次为5.8%、11.2%、21.5%。"国家知识产权局高度重视行政裁决工作，从推进全面依法治国战略的高度，推进知识产权行政裁决改革工作，为营造良好的营商环境提供了一个个生动的案例，打造了一个亮丽的行政裁决制度样本。"[2] "知识产权行政裁决是强化知识产权保护的重要举措，其制度运行成本较低、效率更高，有利于及时解决知识产权侵权纠纷，实现知识产权人快速维权。"

行政裁决是我国知识产权行政保护的重要形式。"与知识产权

---

[1] [美] 本杰明·卡多佐：《司法过程的性质》，苏力译，商务印书馆1998年版，第63页。

[2] 张维：《行政裁决已逐步成为被信赖的知产侵权纠纷解决渠道》，载《法治日报》2022年4月1日，第5版。

司法保护相比,知识产权行政裁决有其独到的优势和特色。如具有程序简约、快速高效等优势,有利于及时定分止争,维护社会关系的和谐与稳定。"《知识产权强国建设纲要(2021-2035年)》《"十四五"国家知识产权保护和运用规划》中都对未来15年加强知识产权领域行政裁决作出战略部署和顶层设计。我国专利法第四次修改中也新增了重大专利侵权纠纷行政裁决,在药品专利纠纷解决机制中也设计了行政裁决。完善我国专利权行政裁决制度,需要建立起与司法保护相互配合、相互衔接。"在尊重司法最终解决的原则之下,提高知识产权行政裁决的效率,充实知识产权行政执法队伍,推进我国知识产权行政保护的水平不断提升。""行政裁决已逐步成为知识产权侵权纠纷当事人比较信赖的纠纷解决渠道,成为公正、便捷、高效解决与行政管理密切相关的民事争议的法治样板。随着知识产权行政裁决改革的不断推进,一个不断完善的知识产权行政裁决机制正逐步成型,这必将有力提升社会公众对于知识产权法治化的信心和期待。""在尊重司法最终解决的原则之下,提高知识产权行政裁决的效率,充实知识产权行政执法队伍,推进我国知识产权行政保护的水平不断提升。"[1] 对于未来的专利权纠纷行政裁决工作,应继续优化相关工作细则,进一步加强专业化人才培养,逐步形成专业素养高、裁决能力强、工作队伍稳定的专利权行政裁决工作人才机制。围绕人、财、物等全方面做好制度设计,不断完善专利权纠纷行政裁决制度,在立法、执法、司法、守法等各个环节建立起与专利权纠纷行政裁决相互配合、相互衔接的制度,并在实践中,不断调适,积极回应当事人的关切。

---

[1] 张维:《行政裁决已逐步成为被信赖的知产侵权纠纷解决渠道》,载《法治日报》2022年4月1日,第5版。

参考文献

一、著作类

1. 应松年主编：《行政法学新论》，中国方正出版社1999年版。
2. 应松年主编：《行政法学教程》，中国政法大学出版社2001年版。
3. 应松年主编：《行政程序法立法研究》，中国法制出版社2001年版。
4. 应松年主编：《当代中国行政法（下卷）》，中国方正出版社2005年版。
5. 应松年主编：《行政法与行政诉讼法词典》，中国政法大学出版社1992年版。
6. 马怀德主编：《行政法与行政诉讼法》，中国法制出版社2007年版。
7. 姜明安主编：《行政法与行政诉讼法》，北京大学出版社、高等教育出版社2007年版。
8. 樊崇义主编：《诉讼原理》，法律出版社2003年版。
9. 王名扬：《英国行政法》，中国政法大学出版社1987年版。
10. 王名扬：《法国行政法》，中国政法大学出版社1988年版。
11. 胡建淼主编：《行政法教程》，杭州大学出版社1990年版。

12. 叶必丰：《行政法学》，武汉大学出版社 2003 年版。
13. 翁岳生编：《行政法》，中国法制出版社 2002 年版。
14. 叶必丰主编：《行政法与行政诉讼法》，中国人民大学出版社 2011 年版。
15. 罗豪才主编：《行政法学》，北京大学出版社 1996 年版。
16. 杜睿哲、齐建辉、张芸主编：《行政法学》，南开大学出版社 2008 年版。
17. 刘志坚：《行政法原理》，兰州大学出版社 2002 年版。
18. 张尚鷟主编：《走出低谷的中国行政法学——中国行政法学综述与评价》，中国政法大学出版社 1991 年版。
19. 崔卓兰主编：《行政法与行政诉讼法》，人民出版社 2010 年版。
20. 陈晋胜、程广安：《依法行政效益研究》，知识产权出版社 2010 年版。
21. 王光辉：《中国行政裁决制度研究》，河南人民出版社 2000 年版。
22. 王小红：《行政裁决制度研究》，知识产权出版社 2011 年版。
23. 蔡小雪：《行政复议与行政诉讼的衔接》，中国法制出版社 2003 年版。
24. 熊文钊：《现代行政法原理》，法律出版社 2000 年版。
25. 徐昕主编：《司法（第 1 辑）》，法律出版社 2006 年版。
26. 杨海坤、黄学贤：《中国行政程序法典化：从比较法角度研究》，法律出版社 1999 年版。
27. 赵威、方军、吉雅杰编著：《行政复议法起草问题及条文释解》，中国人民公安大学出版社 1999 年版。

28. 贺荣主编：《行政执法与行政审判实务——行政裁决与行政不作为》，人民法院出版社 2005 年版。

29. 张树义主编：《纠纷的行政解决机制研究——以行政裁决为中心》，中国政法大学出版社 2006 年版。

30. 顾培东：《社会冲突与诉讼机制》，法律出版社 2004 年版。

31. 王先林等：《知识产权滥用及其法律规制》，中国法制出版社 2008 年版。

32. 吴汉东、胡开忠：《无形财产权制度研究》，法律出版社 2005 年版。

33. 郑成思：《知识产权法通论》，法律出版社 1986 年版。

34. 何兵：《现代社会的纠纷解决》，法律出版社 2003 年版。

35. 范愉：《非诉讼程序（ADR）教程》，中国人民大学出版社 2002 年版。

36. 贺海仁：《谁是纠纷的最终裁判者——权利救济原理导论》，社会科学文献出版社 2007 年版。

37. 胡乐明、张建伟、朱富强：《真实世界的经济学——新制度经济学纵览》，当代中国出版社 2002 年版。

38. 周林彬：《法律经济学论纲——中国经济法律构成和运行的经济分析》，北京大学出版社 1998 年版。

39. 冯晓青：《知识产权法利益平衡理论》，中国政法大学出版社 2006 年版。

40. 朱榄叶、刘晓红主编：《知识产权法律冲突与解决问题研究》，法律出版社 2004 年版。

41. 刘剑文主编：《TRIPS 视野下的中国知识产权制度研究》，人民出版社 2003 年版。

42. 董涛：《专利权利要求》，法律出版社 2006 年版。

43. 汤宗舜：《专利法教程》，法律出版社2003年版。

44. 穆魁良、韩晓春：《专利行政纠纷代理》，知识产权出版社2010年版。

45. 苏力：《送法下乡——中国基层司法制度研究》，中国政法大学出版社2000年版。

46. 范愉、史长青、邱星美：《调解制度与调解人行为规范——比较与借鉴》，清华大学出版社2010年版。

47. 贾敬华：《确定性的法向客观性的法的变迁》，人民出版社2009年版。

48. 朱晓勤主编：《发展中国家与WTO法律制度研究》，北京大学出版社2006年版。

49. 沈恒斌主编：《多元化纠纷解决机制原理与实务》，厦门大学出版社2005年版。

50. 何兵主编：《和谐社会与纠纷解决机制》，北京大学出版社2007年版。

51. 徐显明主编：《和谐社会构建与法治国家建设——2005年全国法理学研究会年会论文选》，中国政法大学出版社2006年版。

52. 上海市高级人民法院、上海市司法局、上海市法学会编：《纠纷解决：多元调解的方法与策略》，中国法制出版社2008年版。

53. 袁曙宏主编：《全面推进依法行政实施纲要读本》，法律出版社2004年版。

54. 李祖军：《民事诉讼目的论》，法律出版社2000年版。

55. 齐树洁：《民事程序法研究》，科学出版社2007年版。

56. ［德］马克思、恩格斯：《马克思恩格斯选集（第4卷）》，人民出版社1995年版。

57. ［法］布罗代尔：《资本主义的动力》，杨起译，生活·读书·新知三联书店 1997 年版。

58. 陈刚主编：《自律型社会与正义的综合体系》，中国法制出版社 2006 年版。

59. 左卫民等：《变革时代的纠纷解决——法学与社会学的初步考察》，北京大学出版社 2007 年版。

60. 王亚新：《对抗与判定——日本民事诉讼的基本结构》，清华大学出版社 2002 年版。

61. 范忠信：《中西法文化的暗合与差异》，中国政法大学出版社 2001 年版。

62. 中国大百科全书总编辑委员会《法学》编辑委员会中国大百科全书出版社编辑部编：《中国大百科全书（法学）》，中国大百科全书出版社 1984 年版。

63. 刘敏：《裁判请求权研究——民事诉讼的宪法理念》，中国人民大学出版社 2003 年版。

64. 刘荣军：《程序保障的理论视角》，法律出版社 1999 年版。

65. ［美］罗伯特·C. 埃里克森：《无需法律的秩序——邻人如何解决纠纷》，苏力译，中国政法大学出版社 2003 年版

66. ［美］韦斯顿·安森编著：《知识产权价值评估基础》，李艳译，知识产权出版社 2009 年版。

67. ［美］E. 博登海默：《法理学：法律哲学与法律方法》，邓正来译，中国政法大学出版社 1999 年版。

68. ［美］道格拉斯·C. 诺思：《经济史上的结构和变革》，厉以平译，商务印书馆 1992 年版。

69. ［美］罗伯特·考特、托马斯·尤伦：《法和经济学》，张军等译，生活·读书·新知三联书店、上海人民出版社 1994 年版。

70. ［美］劳伦斯·M. 弗里德曼：《法律制度》，李琼英、林欣

译,中国政法大学出版社 1994 年版。

71. [美] 安·兰德等:《自私的德性》,焦晓菊译,华夏出版社 2007 年版。

72. [美] 理查德·A. 波斯纳:《法律的经济分析》,蒋兆康译,中国大百科全书出版社 1997 年版。

73. [美] L. 科塞:《社会冲突的功能》,孙立平等译,华夏出版社 1989 年版。

74. [美] Y. 巴泽尔:《产权的经济分析》,费方域、段毅才译,生活·读书·新知三联书店、上海人民出版社 1997 年版。

75. [美] 唐·布莱克:《社会学视野中的司法》,郭星华等译,法律出版社 2002 年版。

76. [美] 奥里森·马登:《成功学原理》,黄维译,凤凰出版社 2010 年版。

77. [美] 伯纳德·施瓦茨:《美国法律史》,王军等译,中国政法大学出版社 1997 年版。

78. [美] 希尔斯曼:《美国是如何治理的》,曹大鹏译,商务印书馆 1986 年版。

79. [美] 道格拉斯·G. 科尔、罗伯特·H. 格特纳、兰德尔·C. 皮克:《法律的博弈分析》,严旭阳译,法律出版社 1999 年版。

80. [美] 欧内斯特·盖尔霍恩、罗纳德·M. 利文:《行政法和行政程序概要》,黄列译,中国社会科学出版社 1996 年版。

81. [美] 罗斯科·庞德:《通过法律的社会控制——法律的任务》,沈宗灵译,商务印书馆 2010 年版,第 35 页。

82. [美] 本杰明·卡多佐:《司法过程的性质》,苏力译,商务印书馆 1998 年版。

83. ［美］伯尔曼：《法律与宗教》，梁治平译，生活·读书·新知三联书店 1991 年版。

84. ［英］威廉·韦德：《行政法》，徐炳等译，中国大百科全书出版社 1997 年版。

85. ［英］丹宁勋爵：《法律的正当程序》，李克强、杨百揆、刘庸安译，法律出版社 1999 年版。

86. ［英］西蒙·罗伯茨、彭文浩：《纠纷解决过程——ADR 与形成决定的主要形式》，刘哲玮、李佳佳、于春露译，北京大学出版社 2011 年版。

87. ［法］狄骥：《公法的变迁》，郑戈译，中国法制出版社 2010 年版。

88. ［法］莫里斯·奥里乌：《行政法与公法精要》，龚觅等译，辽海出版社、春风文艺出版社 1999 年版。

89. ［法］霍尔巴赫：《自然的体系（上卷）》，管士滨译，商务印书馆 1999 年版。

90. ［德］哈贝马斯：《在事实与规范之间——关于法律和民主法治国的商谈理论》，童世骏译，生活·读书·新知三联书店 2003 年版。

91. ［日］富田彻男：《市场竞争中的知识产权》，廖正衡等译，商务印书馆 2000 年版。

92. ［日］棚濑孝雄：《纠纷的解决与审判制度》，王亚新译，中国政法大学出版社 2004 年版。

93. ［日］高见泽磨：《现代中国的纠纷与法》，何勤华、李秀清、曲阳译，法律出版社 2003 年版。

94. ［日］盐野宏：《行政法》，杨建顺译，法律出版社 1999 年版。

95. ［日］吉藤幸朔：《专利法概论》，宋永林、魏启学译，专利文献出版社1990年版。

96. ［日］小岛武司、伊藤真编：《诉讼外纠纷解决法》，丁婕译，中国政法大学出版社2005年版。

97. ［奥］尤根·埃利希：《法律社会学基本原理》，叶名怡、袁震译，九州出版社2007年版。

98. ［奥］凯尔森：《法与国家的一般理论》，沈宗灵译，中国大百科全书出版社1996年版。

99. ［奥］弗雷德里希·奥古斯特·哈耶克：《自由宪章》，杨玉生等译，中国社会科学出版社1999年版。

100. ［澳］布拉德·谢尔曼、［英］莱昂内尔·本特利：《现代知识产权法的演进：英国的历程（1760—1911）》，金海军译，北京大学出版社2006年版。

101. ［印］甘古力：《知识产权：释放知识经济的能量》，宋建化、姜丹明、张永华译，知识产权出版社2004年版。

102. ［美］刘易斯·A.科瑟：《社会学思想名家》，石人译，中国社会科学出版社1990年版。

103. ［美］迈克尔·D.贝勒斯：《法律的原则——一个规范的分析》，张文显等译，中国大百科全书出版社1996年版。

104. Crowell v. Benson, 285 U. S. 22（1932）; Thomas v. Union Carbide Agric. Products Co., 473 U. S. 568（1985）; Commodity Futures Trading Comm'n v. Schor, 478 U. S. 833（1986）.

105. Jerome Frank, *Law and Modern Mind*, New York: Tudor Publishing Co., 1936.

106. W. R. Cornish, *Intellectual Property: Patients, Copyrights, Trademarks and Allied Rights*, 4th ed. London: Sweet & Maxwell, 1999.

107. Peter, Drahos, *A Philosophy of Intellectual Property*, Aldershot: Dartmouth Publishing, 1996.

108. Daniel Gervais, *The TRIPS Agreement: Drafting History and Analysis* (second edition), Sweet & Maxwell, 2003.

109. William C. Holmes, *Intellectual Property and Antitrust Law*, Clark Boardman Company, Ltd., 1996.

110. Patent Law (consolidated in January 2007), 35 U.S.C. 134 (a).

111. U.S. Trademark Law (as amended in April16, 2007), §21 [15U.S.C. §1071].

二、论文类

1. 应松年:《构建行政纠纷解决制度体系》,载《国家行政学院学报》2007 年第 3 期。

2. 李步云:《法的内容与形式》,载《法律科学(西北政法学院学报)》1997 年第 3 期。

3. 马怀德:《行政裁决辨析》,载《法学研究》1990 年第 6 期。

4. 应松年、马怀德:《向新的高峰迈进——九十年代我国行政法学展望》,载《中国法学》1992 年第 3 期。

5. 莫于川:《中国行政法 21 世纪发展展望》,载《法学家》1999 年第 4 期。

6. 郭永长、杨素华:《试论完善我国的行政裁决制度》,载《行政与法》2003 年第 10 期。

7. 周佑勇、尹建国:《我国行政裁决制度的改革和完善》,载《上海政法学院学报》2006 年第 5 期。

8. 谢晓琳:《关于法院对行政裁决享有司法变更权的思考》,载

《佛山科学技术学院学报（社会科学版）》2003年第1期。

9. 吴汉全：《论行政裁决社会公信力的提升》，载《江苏行政学院学报》2005年第5期。

10. 沈开举：《WTO与我国行政裁决制度公正性研究》，载《中国法学》2002年第5期。

11. 陆平辉：《行政裁决诉讼的不确定性及其解决》，载《现代法学》2005年第6期。

12. 刘明远：《新时代背景下健全行政裁决制度的思考》，载《中国司法》2019年第12期。

13. 冀瑜、李建民：《试论我国专利侵权纠纷行政处理机制及其完善》，载《知识产权》2011年第7期。

14. 苏宪君、高芳：《对行政裁决行为的合法性审查》，载《黑龙江省政法管理干部学院学报》2011年第5期。

15. 吉雅：《关于不服行政裁决的复议与诉讼问题》，载《行政法学研究》1996年第1期。

16. 冯中锋：《行政裁决制度之研究》，载《湛江师范学院学报》1999年第4期。

17. 肖泽晟：《行政裁决及法律救济》，载《行政法学研究》1998年第3期。

18. 文正邦：《论行政司法行为》，载《政法论丛》1997年第1期。

19. 杨利华：《从"特权"到"财产权"：专利权之起源探微》，载《湘潭大学学报（哲学社会科学版）》2009年第1期。

20. 徐继敏：《行政裁决证据规则初论》，载《河北法学》2006年第4期。

21. 邹琳：《论专利权的权利属性》，载《湘潭大学学报（哲学社会科学版)》2011 年第 5 期。

22. 莫于川:《知识产权行政保护制度亟待改革》,载《改革》1998 年第 6 期。

23. 高萍:《我国行政裁判制度立法的法治化》,载《山西高等学校社会科学学报》2003 年第 11 期。

24. 范愉:《当代中国非诉讼纠纷解决机制的完善与发展》,载《学海》2003 年第 1 期。

25. 廖永安:《诉讼内外纠纷解决机制的协调与整合》,载《云南大学学报(法学版)》2004 年第 3 期。

26. 刘善春:《论行政程序举证责任》,载《政法论坛》2009 年第 4 期。

27. 冯晓青、刘淑华:《试论知识产权的私权属性及其公权化趋向》,载《中国法学》2004 年第 1 期。

28. 周作斌、李延禹:《论知识产权私权公权化的原因及趋势》,载《西安财经学院学报》2010 年第 4 期。

29. 王太平:《论知识产权的公共政策性》,载《湘潭大学学报(哲学社会科学版)》2009 年第 1 期。

30. 赵静:《论知识产权审判组织及审判运行模式的建制》,载《知识产权》2003 年第 3 期。

31. 张耕:《知识产权执法若干问题探讨——TRIPS 与我国知识产权法律有关问题的比较研究》,载《贵州大学学报(社会科学版)》2003 年第 4 期。

32. 邓卫华、李菲:《我国涉外知识产权纠纷进入高发期》,载《经济参考报》2006 年 6 月 20 日,第 8 版。

33. 郑贤君:《宪法的社会学观》,载《法律科学(西北政法学院学报)》2002 年第 3 期。

34. 李冰：《构建"大调解"工作格局之管见》，载《人民调解》2006年第5期。

35. 龙宗智：《关于"大调解"和"能动司法"的思考》，载《政法论坛》2010年第4期。

36. 郑艳：《论行政诉讼中的和解》，载《浙江省政法管理干部学院学报》2001年第6期。

37. 邱丹、刘德敏：《行政许可司法审查中的行政案卷制度》，载《广东社会科学》2011年第2期。

38. 林莉红：《关于行政机关居间裁决诉讼性质的研讨》，载《法商研究（中南政法学院学报）》1997年第4期。

39. 甘文：《案卷主义的价值及其限制》，载《人民司法》2005年第8期。

40. 李琦：《冲突解决的理想性状和目标——对司法正义的一种理解》，载《法律科学（西北政法大学学报）》2005年第1期。

41. 徐昕：《私力救济的性质》，载《河北法学》2007年第7期。

42. 孙笑侠：《司法权的本质是判断权——司法权与行政权的十大区别》，载《法学》1998年第8期。

43. 陈瑞华：《司法权的性质——以刑事司法为范例的分析》，载《法学研究》2000年第5期。

44. 陆伟明：《服务型政府的行政裁决职能及其规制》，载《西南政法大学学报》2009年第2期。

45. 蔡守秋：《从我国环保部门处理环境民事纠纷的性质谈高效环境纠纷处理机制的建立》，载《政法论坛》2003年第5期。

46. 王活涛、刘平：《专利纠纷的行政调处和司法审查协调之重构》，载《科研管理》2000年第1期。

47. 李华菊、侯慧娟：《试论行政裁决的司法审查程序——兼谈行政附带民事诉讼案件的审理》，载《行政论坛》2002 年第 3 期。

48. 付士成：《当代中国行政裁决制度研究》，南开大学 2007 年博士学位论文。

49. 马国强：《和谐社会视阈中的纠纷解决机制》，吉林大学 2007 年博士学位论文。

50. 倪静：《知识产权纠纷诉讼外解决机制研究》，厦门大学 2008 年博士学位论文。

51. 古祖雪：《国际知识产权法：一个新的特殊国际法部门》，载《法学评论》2000 年第 3 期。

52. 齐树洁、丁启明：《完善我国行政裁决制度的思考》，载《河南财经政法大学学报》2015 年第 6 期。

53. 贺志军：《知识产权侵权行政裁决制度检视及完善——以〈TRIPS 协议〉义务的澄清为视角》，载《知识产权》2019 年第 12 期。

54. 何炼红、舒秋膂：《论专利纠纷行政调解协议司法确认的审查边界与救济路径》，载《知识产权》2017 年第 1 期。

55. 刘志峰：《行政裁决：化解民事纠纷的"分流阀"》，载《学习时报》2021 年 10 月 20 日，第 2 版。

56. 张维：《行政裁决已逐步成为被信赖的知产侵权纠纷解决渠道》，载《法治日报》2022 年 4 月 1 日，第 5 版。

57. 王珺：《三维标准下行政裁决程序法制的检视与优化》，载《学术交流》2022 年第 4 期。

58. 张卉林：《论专家参与在民主立法中的功能定位及制度完善》，载《湖南社会科学》2017 年第 2 期。

59. P. J. Federico, Colonial Menopolies and Patents, *Journal of*

The Patent Office Society,1929.

60. Edmund W. Kitcht, The Nature and Function of the Patent System, *Journal of Law and Economile*,20(2),1997.

三、网络资料

1.《2010年中国知识产权保护状况》,载 http://www.nipso.cn/onews.asp?id=11394,最后访问日期:2013年1月20日。

2. 英国知识产权委员会:《知识产权与发展政策相结合》,载 http://www.iprcommission.org/papers/pdfs/Multi_Lingual_Dcuments_Main_Report/DFID_Main_Report_Chinese_RR.pdf,最后访问日期:2023年3月20日。

3. 李林:《法治是加强和创新社会管理的基本方式》,载 http://www.ccps.gov.cn/syzblm/sxlldt/27777.htm,最后访问日期:2012年2月3日。

4. 曹建明:《加大知识产权司法保护力度,优化创新环境,构建和谐社会》,载 http://www.chinaiprlaw.cn/file200511036068.html,最后访问日期:2023年3月20日。

后 记

"十年磨一剑"需要耐得住寂寞、经得起考验、守得住本心!经历了十多年司法实践的"淬炼",也经历了对专利权法律保护相关问题"十年如一日"的不间断地学习与思考,本书终于要面世了!

俗话说:"一个篱笆三个桩,一个好汉三个帮!"自己的些许成绩离不开众人的支持与帮助!回想十多年的奋斗历程,有那么多的场景令人感动,有那么多人的善举令人感激!对于大家的关心与支持自己没齿难忘!

感谢应松年教授的精心指导,应老师通过行政法与行政诉讼法学的教学工作,将一些基本理念、基本价值判断贯穿其中,使得学生对该科目的学习更为系统与深入,也对此产生了浓厚的研究兴趣,这种深度与多维度的思维方式,让我受益终身!

感谢马怀德教授的学术指引,他总能走在学术前沿,引领学生思考当下以及未来行政法学的热点与难点话题,使得学生不仅懂得相关知识,而且知道自己的学术使命,更加清晰地看清自己未来的学术之路!

感谢解志勇教授在百忙中给本书提出的宝贵的意见和建议!

感谢刘善春教授始终如一的支持!作为授业恩师,不仅在选题上给予指导,在研究方法、研究思路等方面均提出很多改进建议,老师的诲人不倦令人受益匪浅。

昔日同窗好友李守良教授、黄全教授、李大勇教授、张兆成教授、彭涛教授、冯俊伟教授、赵晶教授等青年才俊的在学术方面提供的无私帮助,对于本书的出版,给予诸多建议,一并表示感谢!

甘肃省高级人民法院行政审判庭的同事们对于专利权纠纷相关案件的审理曾进行过多次研讨,对于行政裁决与行政诉讼相衔接的问题,以及对于知识产权案件审判专门化问题的讨论为本书提供了不少新的思路。他(她)们是秦卫民庭长、毛胜利副庭长、何克祥、冯江、陈金瑞、刘晶、姚振勇、徐文娟、赵静莉、任少鹏、薛阳、张云霞、孙桂娟等审判专家。在实地考察、调研时,兰州市中级人民法院行政审判庭庭长王卫、城关区人民法院行政审判庭庭长赖兴平、金昌市中级人民法院行政审判庭庭长石建民、平凉市中级人民法院行政审判庭庭长穆雯、白银市人民法院行政审判庭庭长郑乐年、副庭长赵峰、定西市安定区人民法院行政审判庭庭长魏晓东、天水市中级人民法院行政审判庭庭长徐赟、副庭长杨江龙、秦州区人民法院行政审判庭庭长石亚敏、酒泉市中级人民法院行政审判庭庭长吕万平、副庭长郑杰等审判专家提供了诸多典型案例与建议。甘肃省高级人民法院民三庭(负责知识产权类案件的审理)多次邀请本人参加知识产权专题调研,贾靖平专委、周永祥庭长、马兴隆庭长、高子文、陈莉等审判专家均曾提出一些专业的观点,令我茅塞顿开。相逢是缘!感谢大家对本书的无私奉献!

中国政法大学出版社阚明旗、郭嘉珺两位老师,对于本书的初稿进行一丝不苟的审查,确保了本书的质量,对于该书的审查、印制、发行等付出了大量的劳动,在此表示诚挚的感谢!

山东建筑大学的陈国前书记、于德湖校长对本书的出版寄予了殷切期望和大力支持,法学院的王淑华院长、朱宝丽副院长、左敏副院长、李祥金、刘国涛、隋卫东、吴小帅、郝丽燕、刘成安、钟淑健等教授对于本书的出版提供了无私的帮助,在此,深表感谢!

感谢我的家人的全力奉献!没有他们的理解与支持也就没有我现在的成绩,也难有成果问世!

谨将此书奉献给所有鼓励与支持我的人,及为知识产权保护相关法律制度的日臻完善而呕心沥血的同仁们!

石鹏飞
2023 年 8 月 2 日